食药环执法办案实务丛书

中国人民公安大学食品药品与环境犯罪研究中心

网络食品药品与知识产权犯罪治理

李春雷 等 著

中国出版集团
研究出版社

图书在版编目(CIP)数据

网络食品药品与知识产权犯罪治理 / 李春雷等著. -- 北京：研究出版社，2023.1

ISBN 978-7-5199-1396-0

Ⅰ.①网… Ⅱ.①李… Ⅲ.①食品 – 侵犯知识产权罪 – 研究 – 中国②药品 – 侵犯知识产权罪 – 研究 – 中国 Ⅳ.①D924.334

中国版本图书馆CIP数据核字(2022)第231373号

出 品 人：赵卜慧
出版统筹：张高里　丁　波
责任编辑：陈侠仁

网络食品药品与知识产权犯罪治理
WANGLUO SHIPIN YAOPIN YU ZHISHICHANQUAN FANZUI ZHILI

李春雷　等著

研究出版社 出版发行

（100006　北京市东城区灯市口大街100号华腾商务楼）
北京云浩印刷有限责任公司　新华书店经销
2023年2月第1版　2023年2月第1次印刷
开本：710毫米×1000毫米　1/16　印张：15.5
字数：215千字
ISBN 978-7-5199-1396-0　定价：69.00元
电话（010）64217619　64217612（发行部）

版权所有·侵权必究

凡购买本社图书，如有印制质量问题，我社负责调换。

总　序

党的十八届三中全会通过的《中共中央关于全面深化改革若干重大问题的决定》明确："使市场在资源配置中起决定性作用和更好发挥政府作用。""市场在资源配置中起决定性作用"和"更好发挥政府作用"是现代经济体制的一体两面，"看不见的手"和"看得见的手"良性互动、发挥合力，方能保障经济社会的健康、有序和持续发展。当前，相较于其他领域，食品、药品和环境安全领域，理应更加突出地强调"更好发挥政府作用"这只"看得见的手"的作用。这是因为：第一，伴随着高度发达的现代化和工业化进程的深化，部分发达国家自由主义化的市场经济弊端日益暴露，如周期性的经济危机、经济行为的短期性、信息不对称、两极分化、外部不经济……其中，食品、药品和环境领域存在的极为严重的种种安全问题，无不显露"看不见的手"的典型弊端。为了解决这些问题，一些现代国家的"行政国家"色彩日益浓厚，以图运用强大的政府力量应对之。第二，多元主体共建共享共治的治理体系和治理格局在我国公共政策领域初见端倪，但受制于经济社会发展水平，依赖于政府执法解决公共问题是我国治理的基本特征，而且这种状态与特征会延续相当长的一段时期。更重要的是，发轫于二十世纪七八十年代的"新公共管理运动"的治理理念，体现的是新自由主义"回归市场"的呼声，它主要是解决经济性规制的政府失灵问题，但对食品有害、药品伪劣、环境污染等市场失灵问题的社会性规制之完善献策乏力，从而难以从根本上撼动政府执法保障食品、药品和环境安全的地位。同时，我们必须认识到，我国政府执法现状不容乐观、执法能力亟待提升。从"三鹿奶粉"事件到

"松花江水污染"事件再到"长生假疫苗"事件，一系列令人心悸的图片和文字报道，无不是对政府执法公信力的拷问。综上而言，我国在今后相当长时间内，政府执法能力的不足和人民群众日益增长的食品、药品和环境安全需求之间的矛盾将是我国食品、药品和环境安全领域的突出矛盾。

毋庸置疑，对食品、药品和环境安全领域的违法犯罪行为的查办是"看得见的手"的政府作用的体现，严厉执法是我国当前保障食品、药品和环境安全的中心环节。为了"更好发挥政府作用"，切实保障食品、药品和环境安全，我们必须从国家基本战略和人民根本诉求的高度上充分认识到食品、药品和环境安全执法办案能力和水平提升的极端重要性。从目前的实践来看，我国食品、药品和环境安全执法办案中的一些突出问题，主要体现在：第一，执法体制处在从部门执法向综合执法的过渡阶段，执法机构和执法人员不稳定，这在很大程度上影响了食品、药品和环境安全执法办案的专业性；第二，对食品、药品和环境违法犯罪行为的"双轨制"查办机制，使得行政执法和刑事司法难以也不可能实现"无缝衔接"；第三，食品、药品和环境安全问题，本身是现代工业技术发展的产物，也是国家和社会控制食品、药品和环境风险或者使风险最小化的结果，法律和技术、伦理和科技之间存在紧张和冲突情形，如假药的认定、食品犯罪抽象危险犯的判定、污染物排放标准的评估等，这些都会不可避免地导致食品、药品和环境安全领域立法语言的模糊、不精准，以致执法办案难以有效进行；第四，违法犯罪的升级必然加大了食品、药品和环境安全的执法办案难度，如粗线条的协查制度不足以应对跨区域甚至跨国别案件，政务信息壁垒林立又使得各部门之间的共享不畅等。正是对这些问题抱有严重的忧虑和不安，中国人民公安大学食品药品与环境犯罪研究中心的科研人员及部分一线检验检测、执法办案人员，基于保护食品、药品和环境安全的社会使命感，聚焦问题，潜心研究，形成了这套食品、药品和环境安全执法办案实务丛书。

本丛书具有这样一些主要特点：第一，实践性。即每本著作都是通过大量的调研实践，提炼归纳出食品、药品和环境安全执法办案中存在的突出问题，从理论和实践相结合的角度对食品、药品和环境安全执法办案进行比较深入的探讨，力求为执法办案人员对实务中的重点和难点问题进行释明和指引。第二，建言性。即本丛书作为理论研究与执法实践紧密互动的成果，尽可能直面我国食品、药品和环境安全领域政策和立法中存在的不足，积极建言献策，为问题的解决和制度的建设提出具有说服性的意见。第三，开放性。即本丛书对食品、药品和环境安全执法办案各个领域的问题进行了分类别的专门性和系统性研究，无论是实体问题还是程序问题，无论是行政执法问题还是刑事司法问题，只要该问题是食品、药品和环境安全执法办案实务中亟待解决的，就具有价值，就是真问题。对其给予力所能及的回答，就是本丛书作者们义不容辞的责任。总体而言，这套丛书的作者队伍专业，内容涵盖全面，写作风格朴实，针对性、指导性和实用性较强，非常适合作为食品、药品和环境安全领域的立法者以及执法者的案头书。同时，相信本丛书亦能为广大食药环领域科研人员提供有益参考。

作为总主编，我对本套丛书倾注了不少心血。早在2014年，我就萌生出版这套实务丛书的念头，但受多方面因素制约，直到今天，它们方与读者见面，也总算兑现了我对广大从事食品、药品和环境安全执法办案朋友的一个承诺。

在丛书付梓成册之际，我要真诚感谢为本丛书的编写与出版给予了大力支持和热情帮助的各位朋友！在此，就不再一一列举你们的名字，唯有带领团队，继续秉持"关注实践、注重实效"的研究理念，坚持将理论研究与社会实践相结合，不断出品更好的研究成果，并大力推动研究成果的实践转化，服务立法执法，服务社会公众，以此回报朋友们的热切期待，表达我们深深的谢意！

中国人民公安大学犯罪学学院　教授

食品药品与环境犯罪研究中心　主任

2019 年 1 月

目 录 Contents

第一章 **现状与发展：网络食品药品与知识产权犯罪及治理**
001
一、我国网络犯罪的总体态势 / 002

二、网络食品药品与知识产权犯罪现状 / 009

三、网络食品药品与知识产权犯罪的治理 / 033

四、网络食品药品与知识产权犯罪治理中的

  问题与进路 / 059

五、结语 / 078

第二章 **网络食品安全的行政治理**
079
一、食品安全行政治理概述 / 080

二、我国网络食品安全行政治理的内容 / 085

三、我国网络食品安全行政治理存在的问题 / 089

四、完善我国网络食品安全行政治理的建议 / 092

第三章 网络食品药品犯罪的刑事治理 094

一、网络食品药品犯罪治理的刑事政策 / 094

二、网络领域食品药品犯罪治理的政策性检视 / 106

三、危害食品安全犯罪刑事治理的立法问题 / 119

第四章 我国网络食品犯罪社会共治研究 133

一、问题的提出 / 133

二、网络食品犯罪社会共治概述 / 134

三、我国网络食品犯罪的态势分析 / 139

四、我国网络食品犯罪社会共治的现状及不足 / 145

五、域外网络食品犯罪社会共治的经验借鉴 / 162

六、我国网络食品犯罪社会共治的完善建议 / 168

第五章 网络时代知识产权的最新发展 187

一、网络时代我国知识产权保护的发展与挑战 / 187

二、网络时代我国知识产权行政保护的最新进展 / 191

三、网络时代我国知识产权司法保护的最新进展 / 195

第六章　网络知识产权保护
207

一、网络知识产权概述 / 207

二、网络知识产权保护 / 210

三、食品药品领域网络知识产权司法保护 / 219

第一章

现状与发展：网络食品药品与知识产权犯罪及治理

伴随着我国经济社会的发展，食品药品等公害类犯罪及侵犯知识产权等经济类犯罪，亦长期居高不下且危害严重。对此，国家一直高度重视，将食品药品安全与知识产权的保护上升、融入总体国家安全观下的国家安全战略，相关法律法规的立、改、废工作得到大力推进，执法司法的力度明显加大，相关体制机制得以重新建构。历经多年坚持不懈的打击治理，食品药品与知识产权犯罪猖獗蔓延的趋势得到一定遏制。但总体上，受社会发展阶段及法律规范不完善、执法司法不严厉、社会共治不理想等多种因素的影响和制约，当前我国食品药品犯罪与知识产权犯罪的形势依然严峻，信息化时代线上线下一体化的"双层社会"结构和"同一个世界、同一个网络"的地球村形态，更是让此类犯罪呈现涉案地域广泛、涉案金额巨大、社会危害加剧、作案方式多样、犯罪链化网化、明网暗网交织等错综复杂的新样态，导致打击治理中出现追溯经营、取证固证、案件管辖、法律适用等多方面的新困难。为此，有必要阶段性地梳理网络食品药品与知识产权犯罪现状、犯罪模式、犯罪规律，深入剖析此类犯罪治理中的问题与困惑，进而对当前的治理对策提出可操作性的完善建议，以大力提升此类犯罪治理的效能，维现为"互"的特点,相关犯罪主要是以网络作为物理性犯罪工具,并出现以侵财案件为主的传统犯罪的网络异化。两个时代的共性都是物理性。斯皮瓦克认为,Web3.0是网络发展的第三个10年即2010—2020年。在此阶段,在传统物理社会空间之外,多出了一个网络社会空间,各种网络主体之间的"互联",成为最为显著的特征。传统犯罪既可以在物理空间实施,又可以在网络空间实施,现代社会正式步入"双层社会"时代①。在此阶段,网络犯罪显现出明显的以人工智能和大数据为特征的智能性特征,各种涉网智能型、新型犯罪层出不穷,对其有效治理的智慧性元素,陡然提升。

2. 立体性

网络瞬间联通的快速性、便捷性、无疆界性等特点,加之对技术专业槛的限制和相关资源的优化匹配追求,类似于实体经济社会的专业分工细化、内外组织严密的当代网络犯罪,在传统犯罪团伙性特点的基础上,形成了上中下游分工合作的链条性、不同分工节点衍生的多层性、点面主体纵横交错连接的网格性以及由此产生的纵深性、多核性等关联关系更为复杂的"立体性"特点。这种新型的立体性犯罪特点,不但大大提升了各类网络犯罪的效能、扩散了其危害,也显著增强了其逃避监管、遥相呼应、"断臂求生"的抗打击能力。

3. 虚拟性

信息网络技术的特性,决定了大多数网络犯罪呈现犯罪主体虚拟性、犯罪过程虚拟性、犯罪场所虚拟性、犯罪损失虚拟性、犯罪危害虚拟性等特点,这在那些相对"纯粹"的、单向度的网络犯罪中体现得尤为明显。比如,针对网络基础设施的破坏、侵入行为以及对网络安全管理的懈怠和滥用等行为——非法侵入计算机系统罪、破坏计算机系统罪等。这些迥异于传统的现实性犯罪的新型虚拟性犯罪,对于犯罪人的打击与防范、被害人的自我防护以及传统实体法、程序法的

---

① 刘艳红:《网络犯罪的法教义学研究》,中国人民大学出版社2021年版,第95—97页。

理解与适用，对于行政部门的监管与稽查、公安机关的犯罪侦查等，都面临着严峻挑战。

4. 平台性

网络犯罪的一对多、多对多的离散性和辐射性，使得各类网络空间构建者成为网络时代各种新型犯罪的深度关联者。其中，网络空间构建者首先表现为电商平台、交际平台、娱乐平台等网络平台。网络平台的性质，从 21 世纪初的"从属性、工具性和中立性"发展为"主动性、自主性和空间性"，甚至成为网络空间中的一种新型"社会组织形式"①，对传统社会结构形成巨大冲击。这种与现实社会的工作生活场所迥异的虚拟平台，在便利民众购物、交际、休闲的同时，其资源配置的巨大能力以及或明或暗的异化性，客观上形成了各类网络犯罪的中枢区、集散地、主战场、加油站。

5. 跨域性

技术尤其是信息技术和生物技术，是重塑我们身体符号的主要工具。② 网络空间的虚拟性，导致网络犯罪的跨域性特征明显，相比传统犯罪中的人、地、物大多为同域同界的样态，有了颠覆性的变化。加之网络犯罪前述的立体性特点，各类涉网犯罪的跨多市、跨多省以至跨多国多境，已成为新常态。多年前，我国境内 90% 以上的诈骗网站、钓鱼网站、赌博网站的服务器就位于境外。③ 由此，非法集资、电信诈骗、黑客攻击、网络赌博、网络色情等犯罪，无不"上天入地""翻江倒海""肆意冲撞"，现实世界的地域、疆域等概念与禁忌，在网络世界荡然无存。而随着以 AR、VR 等技术支撑的"元宇宙"时代的到来，这一特征

---

① 于冲、李华章：《刑事合规视野下的网络平台的责任认定》，载邓云等主编：《现代社会与犯罪治理：网络犯罪专题研讨》，中国检察出版社 2020 年版，第 534 页。
② 周丽昀：《身体：符号、隐喻与跨界——唐娜·哈拉维"技科学"的主体解析》，载《科学技术哲学研究》2011 年第 5 期。
③ 赵秉志主编：《〈中华人民共和国刑法修正案（九）〉理解与适用》，中国法制出版社 2016 年版，第 163 页。

将更加凸显。为此，如何与时俱进地深度转型升级传统犯罪治理的理念和法律规定，成为网络时代的重要新课题。

6. 涉众性

互联网的基本特征就是将独立、散落的个体，联结在一个共同的虚拟空间。由此，借助各种平台和工具，犯罪行为人与被害人之间的联系更加快捷便利、成本低廉，犯罪行为可以轻易在短时间内危害相当多的被害人，危害后果呈几何级放大。涉网犯罪辐射广、危害大、涉众多的特点，与传统的线下犯罪形成强烈对比与反差。非法集资、非法传销、非法销售伪劣产品等犯罪行为，借助网络渠道，其影响力、蛊惑性显著增大，线上线下交互，涉案人员动辄以万人、百万人计，涉案金额往往高达上亿甚至百亿，若处理失当，极易演化为群体事件，这为相关案件的侦查取证、走访调研及善后处置，都带来巨大工作量和极大困难。

7. 演绎性

网络信息技术的发展可谓一日千里，迭代升级迅速。若以前文所述的10年为计的Web1.0、Web2.0、Web3.0时代为基准，目前的网络技术发展，应该已进入Web4.0时代。道生魔长，与之相伴，网络犯罪模式、犯罪手法，亦随之不断变化演绎。Web4.0时代的网络犯罪，无论是以网络为侵害对象、侵害手段、侵害空间的"纯粹性"网络犯罪，还是传统犯罪借助网络进行的线上线下结合的"混合性"犯罪，在犯罪主体、犯罪对象、犯罪手段、犯罪类型等方面，都必然表现出更大的确定性演绎变化趋势和不确定性发展样态[1]。为此，规范与科技密切结合的犯罪科技学，必须紧盯网络犯罪的演绎规律，进而提升防控技术、完善治

---

[1] 近些年，随着互联网信息技术的纵深发展，在我们通常接触的"浅网""明网"之外，"深网""暗网"也在暗流涌动、快速发展。"深网"是指互联网上不能被搜索引擎抓取到的数据图形等内容。而"暗网"，又称隐形网，通常被认为是"深网"的一个很小的子集。因为目前搜索引擎技术方面的限制，"深网""暗网"使用者尚难以被发现、追踪。这充分印证了网络及网络犯罪的演绎性，也为网络犯罪的深度治理提出了新挑战、新课题。

理规范。

（二）网络犯罪主要类型

目前，网络犯罪的基本特征轮廓已初步显现，但各国对网络犯罪的内涵与外延，尚未达成共识。欧洲理事会《关于网络犯罪的公约（2001）》(Convention on Cybercrime)首次制定了一个较为粗放的网络犯罪的认识框架，认为网络犯罪是指"计算机系统、网络和计算机数据的机密性、完整性和可用性以及滥用这些系统、网络和数据的行为"，并呼吁将四类九种行为犯罪化。而美国司法部对网络犯罪的界定更为宽泛，根据计算机在具体犯罪中的作用，可分为计算机是犯罪对象的网络犯罪、计算机是犯罪主体的网络犯罪和计算机是犯罪工具的网络犯罪等三种类型。有学者判断，"信息网络技术的发达，使未来病毒等计算机形似犯罪主体本身的智能型高科技犯罪更为凸显，所以美国的三分法具有前瞻性"。[①] 若从刑法学角度来审视，目前流行通用的"网络犯罪"一词，亦远非一个确切、具体的刑事罪名，而是对犯罪对象、犯罪手段、犯罪行为或犯罪危害等犯罪要素与网络相关的刑事犯罪的总称。结合上述认知，我们认为，网络犯罪是指以网络为对象或以网络为工具，运用信息网络技术及相关知识实施的犯罪行为。基于上述判断，为了深入剖析网络犯罪的具体特征，把握网络犯罪的发展趋势，通过研判 Web1.0—Web3.0 时代及最近几年我国的网络犯罪发展种类、特点及规律，结合我国刑法对网络犯罪的刑罚规定及学界对网络犯罪的分类探索，根据犯罪形态与网络结合的疏密程度，本书将当前我国网络犯罪区分为以网络为对象的"纯网"犯罪和以网络为工具的"涉网"犯罪两大类型。

1. 以网络为对象的"纯网"犯罪

以网络为对象的"纯网"犯罪，是指离开网络就基本不能实施的各类犯罪。相应地，这类犯罪的罪名也与网络密切关联，包括针对网络基础设施的破坏、侵

---

① 刘艳红：《网络犯罪的法教义学研究》，中国人民大学出版社 2021 年版，第 105 页。

入行为，以及对网络安全的懈怠和对信息网络的滥用行为。① 这类罪名，具体包括非法侵入计算机信息系统罪（典型行为模式为木马植入），非法获取计算机信息系统数据罪（犯罪手段通常表现为采用技术手段破坏系统防护或超出授权进入系统获取信息，或者采取设置"钓鱼网站""撞库"等手段），非法控制计算机信息系统罪（具体行为模式经常表现为木马控制、黑链链接、静默插件预设等），提供侵入、非法控制计算机信息系统程序、工具罪（如非法提供撞库、打码软件或抢购软件、VPN 翻墙软件等），破坏计算机信息系统罪（具体包括破坏系统功能型、破坏系统数据和应用程序型、故意制作传播病毒型），拒不履行信息网络安全管理义务罪，非法利用信息网络罪，帮助信息网络犯罪活动罪。同时，因信息化时代，公民的个人信息、隐私等大多以电子形式保存并通过网络流转传递。因此，侵犯公民个人信息罪，亦可纳入此类。上述"纯网"犯罪，主要涉及《中华人民共和国刑法》第 285—287 条、第 253 条。

2. 以网络为工具的"涉网"犯罪

以网络为工具的"涉网"犯罪，其本质是传统犯罪与网络的密切关联化。该类犯罪，或者将网络作为实施传统犯罪的工具或平台，或者二者交织混杂、难以区分。目前，根据相关统计，以网络为工具的"涉网"犯罪占比较大的有诈骗罪，开设赌场罪，非法制造、买卖、运输、邮寄、储存枪支、弹药、爆炸物罪，盗窃罪，组织、领导传销活动罪，非法吸收公众存款罪，走私、贩卖、运输、制造毒品罪，非法经营罪，制作、复制、出版、贩卖、传播淫秽物品牟利罪，合同诈骗罪。其中，诈骗罪和开设赌场罪的占比分别达 31.83%、10.45%。② 总体上，在现实空间和网络空间逐渐融合的"双层社会"大背景下，几乎所有犯罪都可能和网络发生关联，甚至传统的网下盗窃、杀人、抢劫、投毒等犯罪，也呈现出借

---

① 江溯主编：《中国网络犯罪综合报告》，北京大学出版社 2021 年版，第 27 页。
② 参见《司法大数据专题报告之网络犯罪特点和趋势（2016.1—2018.12）》，载最高人民法院网，https://www.court.gov.cn/fabu-xiangqing-202061.html。

助网络进行犯罪工具的准备、共同犯罪的勾连等趋向。

二、网络食品药品与知识产权犯罪现状[①]

（一）网络食品犯罪现状

本部分关于网络食品犯罪现状的统计分析，相关数据来源及检索条件如表1所示。

表1 网络食品类犯罪统计的数据来源及检索条件

数据来源	中国裁判文书网（https://wenshu.court.gov.cn/）
检索条件	案件类型：刑事案件
	文书类型：判决书
	审判程序：刑事一审
	案由：生产、销售有毒、有害食品罪；生产、销售不符合安全标准的食品罪；生产、销售伪劣产品罪
	裁判时间：2019.01.01—2021.12.31
	筛选条件："网络（互联网、电商平台、微商、线上）"+"食品"；"网络（互联网、电商平台、微商、线上）"+"保健食品"
检索时间	2022年2月25日

1. 犯罪数量

如图1所示，近年来，网络食品犯罪案件的数量总体呈下降态势，2021年比2019年同期的案件数量下降了近50%；与之相伴的是，涉案犯罪人数亦呈迅

[①] 本部分的案例数据源于最高人民法院主办的中国裁判文书网。但根据历年情况，受多方面因素的影响，每年判决书的上传会有一定的迟滞性。为此，本节搜集整理的网络食品、药品、知识产权犯罪案件数量中，相比于2019年、2020年，2021年的案件数量会由此产生较大的缺漏，在此特做说明。同时，本部分的案例搜集与图表制作，得益于犯罪学专业的张孟涵、吴冠桦、姜乾、周世瑞等几位同学的大力协助，亦特别说明并致以谢意。

速下降趋势。

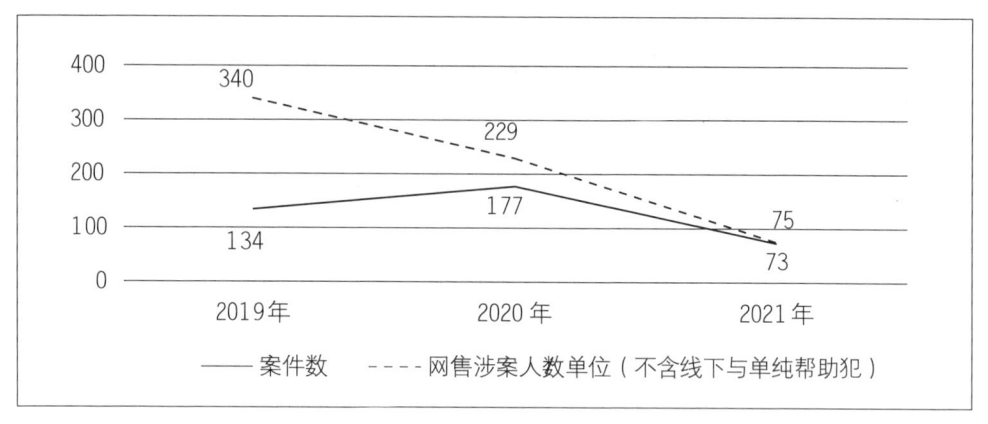

图 1　网络食品类犯罪案件数量（2019—2021）

2. 适用罪名

统计发现，三年的网络食品犯罪已决案件中，生产、销售有毒有害食品罪占据主导比例，其次为生产、销售不符合安全标准的食品罪以及生产、销售伪劣产品罪。（如图 2）

图 2　网络食品类犯罪案件罪名（2019—2021）

3. 涉案类型

2015 年 10 月 1 日起施行的新修订的《中华人民共和国食品安全法》（以下简

称《食品安全法》)对"特殊食品"进行了专节规制。第七十四条规定,"国家对保健食品、特殊医学用途配方食品和婴幼儿配方食品等特殊食品实行严格监督管理"。本质上,特殊食品仍然是食品,其生产经营除需遵守《食品安全法》的专门规定外,还需遵守该法对食品的一般性要求。为此,案例统计中,我们将涉案类型分为普通食品和特殊食品两类。其中,特殊食品指保健食品、特殊膳食用食品与特殊医疗用途食品。在搜集的三年案例中,普通食品案占比为92.24%,特殊食品占比为7.76%。(如图3)

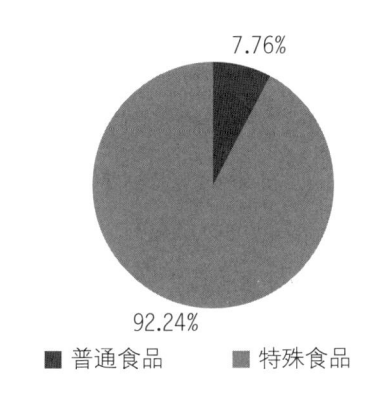

图3 网络食品犯罪案件涉案食品类型(2019—2021)

4. 犯罪地域

判决显示,犯罪地集中分布于我国沿海商贸区、长三角、京津冀地区,在我国西南部地区也有所集中。其中,排名前20的地市共计220件判决,占比如图4所示。

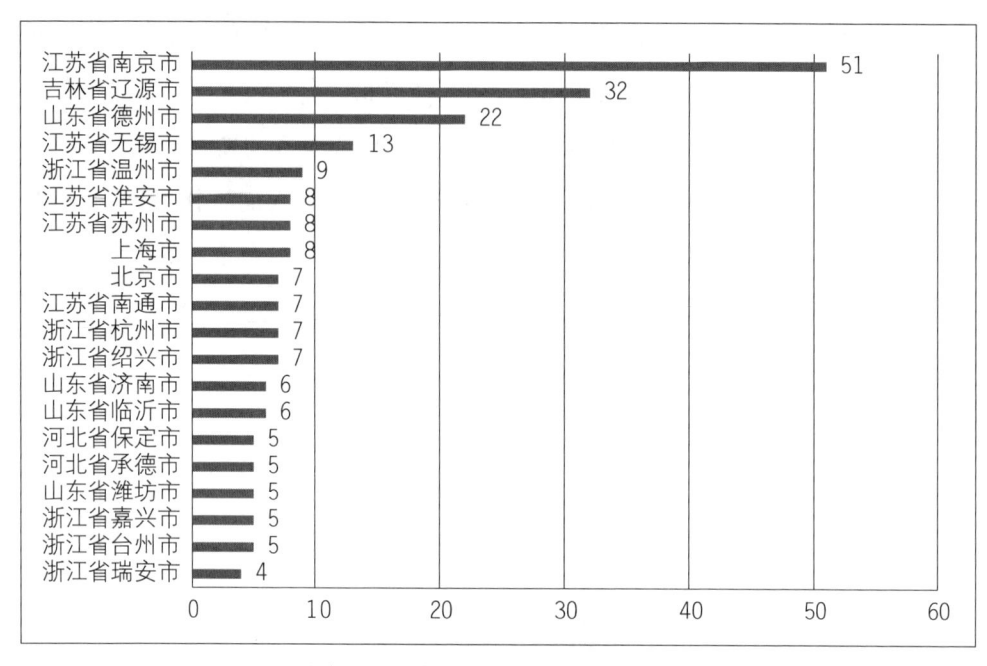

判决地	数量
江苏省南京市	51
吉林省辽源市	32
山东省德州市	22
江苏省无锡市	13
浙江省温州市	9
江苏省淮安市	8
江苏省苏州市	8
上海市	8
北京市	7
江苏省南通市	7
浙江省杭州市	7
浙江省绍兴市	7
山东省济南市	6
山东省临沂市	6
河北省保定市	5
河北省承德市	5
山东省潍坊市	5
浙江省嘉兴市	5
浙江省台州市	5
浙江省瑞安市	4

图 4 网络食品犯罪案件前 20 位的判决地（2019—2021）

5. 犯罪人户籍地

判决书信息显示，犯罪人户籍地集中分布在我国以腾冲—黑河一线以东地区，在京津冀、长三角、珠三角、东北沿海呈现聚集表现。在地市级层次上，分布较为平均。其中，户籍地前 20 名数量与占比如图 5 所示。

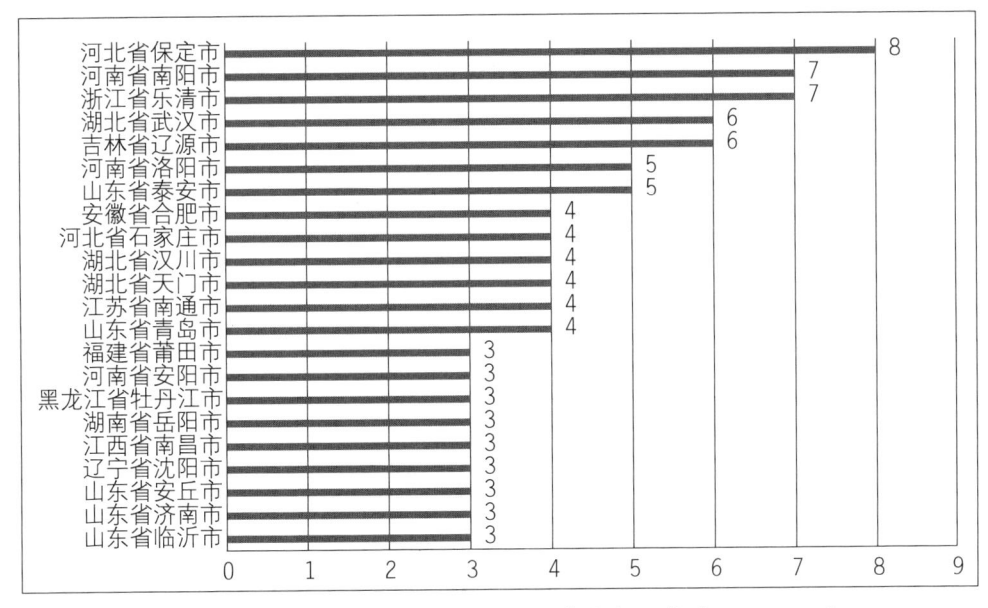

```
河北省保定市  ████████ 8
河南省南阳市  ███████ 7
浙江省乐清市  ███████ 7
湖北省武汉市  ██████ 6
吉林省辽源市  ██████ 6
河南省洛阳市  █████ 5
山东省泰安市  █████ 5
安徽省合肥市  ████ 4
河北省石家庄市 ████ 4
湖北省汉川市  ████ 4
湖北省天门市  ████ 4
江苏省南通市  ████ 4
山东省青岛市  ████ 4
福建省莆田市  ███ 3
河南省安阳市  ███ 3
黑龙江省牡丹江市 ███ 3
湖南省岳阳市  ███ 3
江西省南昌市  ███ 3
辽宁省沈阳市  ███ 3
山东省安丘市  ███ 3
山东省济南市  ███ 3
山东省临沂市  ███ 3
              0  1  2  3  4  5  6  7  8  9
```

图5 网络食品犯罪案件中的犯罪人户籍地前20位（2019—2021）

6. 专业问题的认定

食品犯罪案件办理中，往往涉及办案部门对涉案添加物、食品本身品质或危害性等方面的专业判定，这就需要专业机构、专业人士的介入，凭借专业设备、专业手段、专业知识、专业意见，辅助办案人员对相关物品和行为的规范判定，最大限度地正确理解与适用刑事法律规范。判决文书显示，司法实践中专业问题的辅助判定，仍然以具备相关资质的检验检测机构的检验检测报告为主，高居63.7%。而行政认定意见占比为15.9%、司法鉴定意见占比为6.4%，权利人证明与专家意见占比则微乎其微。（图6）

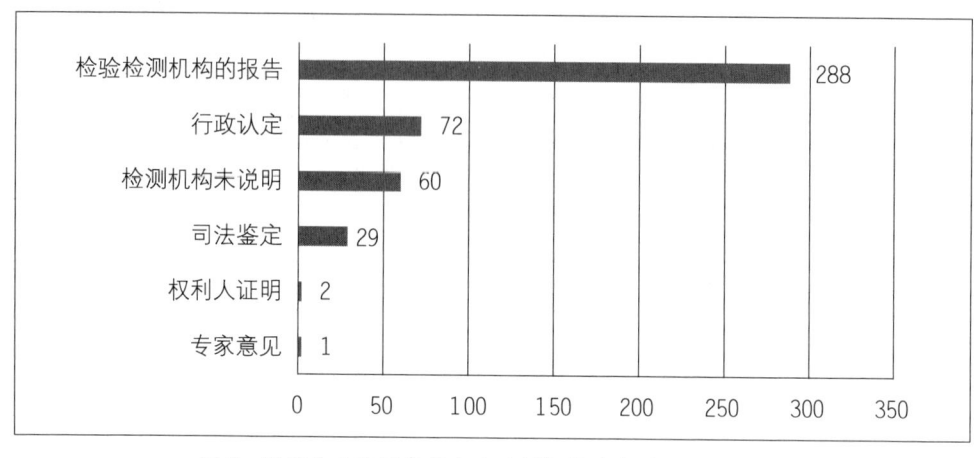

图中数据:
- 检验检测机构的报告: 288
- 行政认定: 72
- 检测机构未说明: 60
- 司法鉴定: 29
- 权利人证明: 2
- 专家意见: 1

图 6　网络食品犯罪案件中专业问题的认定（2019—2021）

7. 犯罪惩处

刑事惩罚以有期徒刑及罚金刑为主。其中，缓刑占比为 36%，400 多名犯罪人受到了 1 万—10 万元的罚金处罚，免予刑事处罚的仅有 4 例。没收财产以没收涉案财物为主，违法所得的处罚适用很少，禁止令的适用率则为 43%。

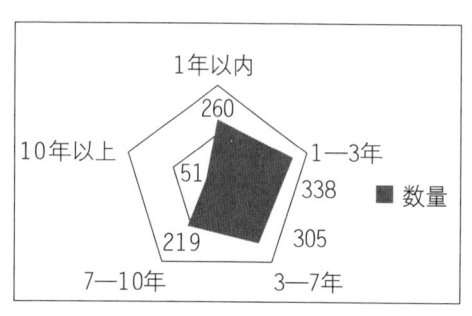

图 7（1）数据（自由刑）：
- 1年以内: 260
- 1—3年: 338
- 3—7年: 305
- 7—10年: 219
- 10年以上: 51

图 7（2）数据（罚金刑）：
- 100万及以上
- 50万—100万
- 20万—50万
- 10万—20万
- 1万—10万

图 7（1）　网络食品犯罪案件中自由刑的适用（2019—2021）

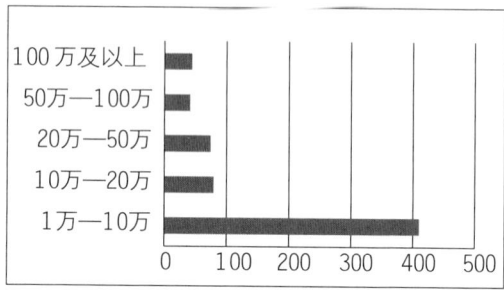

图 7（2）　网络食品犯罪案件中罚金刑的适用（2019—2021）

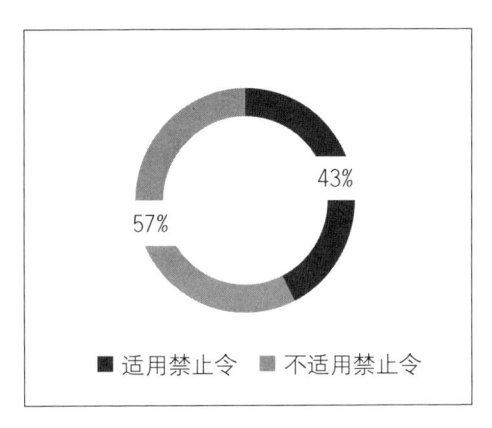

图 7（3） 网络食品犯罪案件中缓刑的适用（2019—2021）

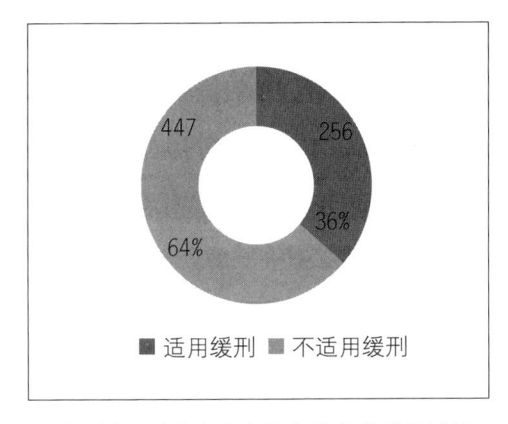

图 7（4） 网络食品犯罪案件中禁止令的适用（2019—2021）

（二）网络药品犯罪现状

本部分关于网络药品犯罪现状的统计分析，相关数据来源及检索条件如表 2 所示。按此条件，共搜索到有效判决书 264 份，涉案人员 602 人，涉及 6 个罪名。具体分析如下。

表 2　网络药品犯罪统计的数据来源及检索条件

数据来源	中国裁判文书网（https://wenshu.court.gov.cn/）
检索条件	案件类型：刑事案件
	文书类型：判决书
	审判程序：刑事一审
	案由：生产、销售假药罪；生产、销售劣药罪；生产、销售伪劣产品罪
	裁判时间：2019.01.01—2021.12.31
	筛选条件："网络（互联网、电商平台、微商、线上）" + "药品"；"网络（互联网、电商平台、微商、线上）" + "化妆品"；"网络（互联网、电商平台、微商、线上）" + "医疗器械"
检索时间	2022 年 2 月 28 日

1. 犯罪数量及适用罪名

在 2019 年至 2021 年涉案的 602 名犯罪人被判处的罪名涉及生产、销售伪劣产品罪，销售伪劣产品罪，生产假药罪，销售假药罪，生产、销售假药罪，销售不符合标准的医用器材罪六种。其中，超过半数的犯罪人被判处为销售假药罪。（图 8）

罪名	人数
生产、销售假药罪	153
生产、销售伪劣产品罪	7
生产假药罪	31
销售假药罪	387
销售伪劣产品罪	17
销售不符合标准的医用器材罪	4

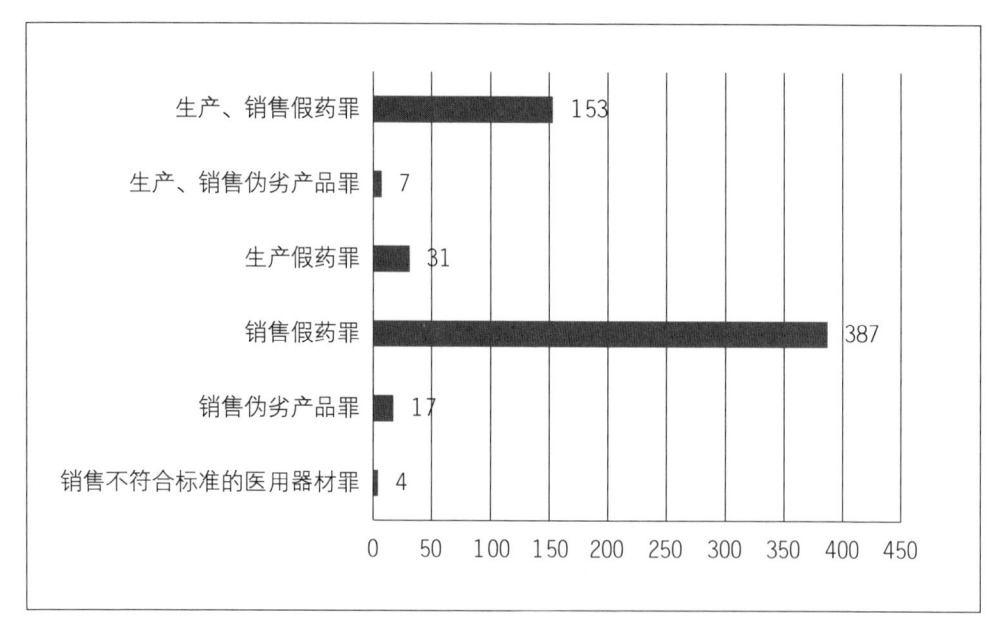

图 8　网络药品类犯罪一审案件的犯罪人数量与适用罪名（2019—2021）

2. 犯罪人户籍地

涉案被告人籍贯省份共涉及 28 个省（自治区、直辖市），主要集中于华中、华北地区。排名前五的省份分别为山东省、河南省、安徽省、广东省、河北省。犯罪人户籍地分布呈现明显的地域性特征。

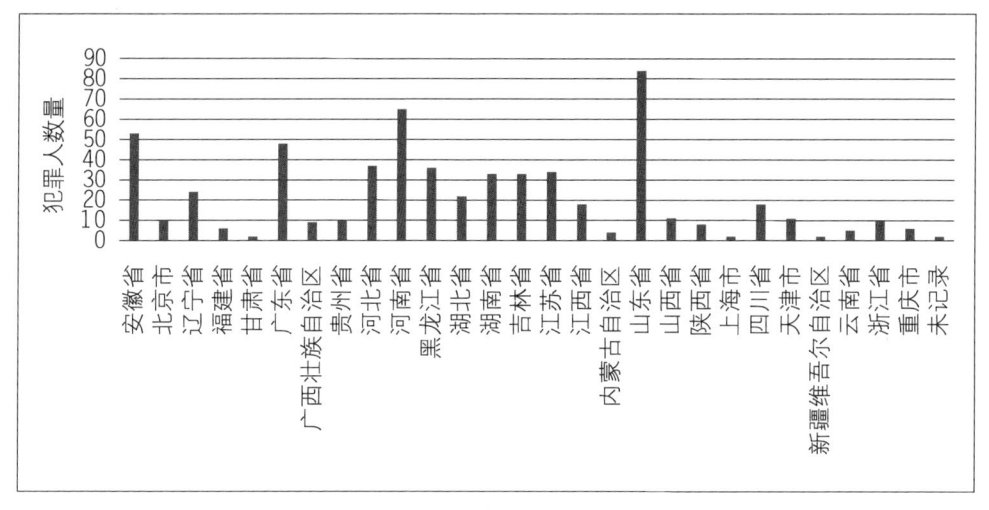

图9 网络药品类犯罪一审案件中犯罪人户籍地分布（2019—2021）

3. 犯罪惩处

三年已决案件的602名被告人中，8人被免予刑事处罚，112人被判处拘役，绝大部分犯罪人被判处有期徒刑（占比为84.78%），刑期幅度为6—180个月。其中，一年以下的261人，两年以下的422人。

在602名被告人中，229人被判处缓刑，整体缓刑适用比例为38.03%。共249人被没收违法所得（占比为41.36%），196人适用了禁止令（占比为32.56%）。其中，同时适用禁止令和没收违法所得的犯罪人207人（占比为34.38%），既未适用禁止令，又未适用没收违法所得的犯罪人243人（占比为40.37%）。根据刑法修正案（八）的规定，宣告缓刑的犯罪人可以根据犯罪情况，同时宣告禁止犯罪分子在缓刑考验期内从事特定活动。据此，在被判处缓刑的229名被告人中，有116人被禁止在缓刑考验期内从事食品生产、销售及相关活动，占比为50.66%。总体而言，适用没收违法所得和职业禁止令的被告人比例较低。（表3）

罚金方面，根据对602名被告人判决结果的梳理，以万元为单位将罚金数额分为 0—1、1—5、5—10、10—15、15—20 和大于 20 共六个组别，与之相对应的罚金适用人数和所占比例如表 3 所示。其中，罚金数额为 1 万元以下的人数占比约为 31%，罚金数额为 5 万元以下的人数占比最高，约达 38%，罚金数额在 10 万元以上的人数占据约为 19%。（百万元以上的 25 人，千万元以上的仅 1 人，其罚金数额为本次统计中最高的 2800 万元，对应罪名为生产、销售假药罪）

表 3　网络药品类犯罪案件中犯罪人惩处情况（2019—2021）

种类		数量（人）	比例
有期徒刑（月）	0—12	155	25.87%
	12—24	176	29.38%
	24—36	59	9.84%
	36—48	48	8.01%
	>48	70	11.68%
缓刑		229	38.23%
拘役		83	13.85%
罚金（万元）	0—1	185	30.88%
	1—5	228	38.06%
	5—10	72	12.02%
	10—15	30	5.01%
	15—20	60	10.01%
	>20	24	4.01%
同时适用禁止令、没收违法所得		206	34.39%
没收违法所得		249	41.56%
禁止令		171	28.54%
既不适用禁止令，也不适用没收违法所得		241	40.23%
免予刑事处罚		8	1.33%

4. 专业问题认定

因药品类案件的专业性强、复杂度高，[①]大量案件涉及涉案物或行为性质的专业认定问题。案例统计发现，案件办理过程中，基层办案人员对专业问题的认定方式和途径较为多样。其中，190个案件采用了行政认定的方式，占比最高；[②]其他案件的办理则大多采用多种手段结合、相互支撑补强的方式。如司法鉴定意见辅之以检验检测报告、行政认定意见辅之以检验检测报告、行政认定意见辅之以权利人认定意见等。

[①] 个别新型网络药品案件，因涉案物品和犯罪行为的特殊复杂性，公安机关侦查之初，往往在生产、销售有毒有害食品罪，假药罪，毒品罪，等等，多种罪名中，与相关部门会商研判、纠结难定。

[②] 统计显示，这类案件大多在《中华人民共和国药品管理法》(以下简称《药品管理法》)修改之前办理，这样切合了相关法律规定变化的背景。当时，很多"假药"案件是根据《中华人民共和国刑法》第一百四十一条、结合旧法第四十八条第三款第二项"依照本法必须批准而未经批准生产、进口"的按假药论处的规定查办的（且在所有"假药"案件中占相当高的比例），药品监管部门出具行政认定意见的依据明确、压力较小、各方共识度高，这类案件的行刑衔接相对顺畅。但随着药品管理法的修订、《中华人民共和国刑法修正案（十一）》的出台，药品监管部门在出具行政认定意见时已非常审慎，药品犯罪案件的查办，也随之呈断崖式下降趋势。在此情势下，新修《两高药品司法解释》的出台，将会在一定程度上缓解类似案件的办案难点问题。

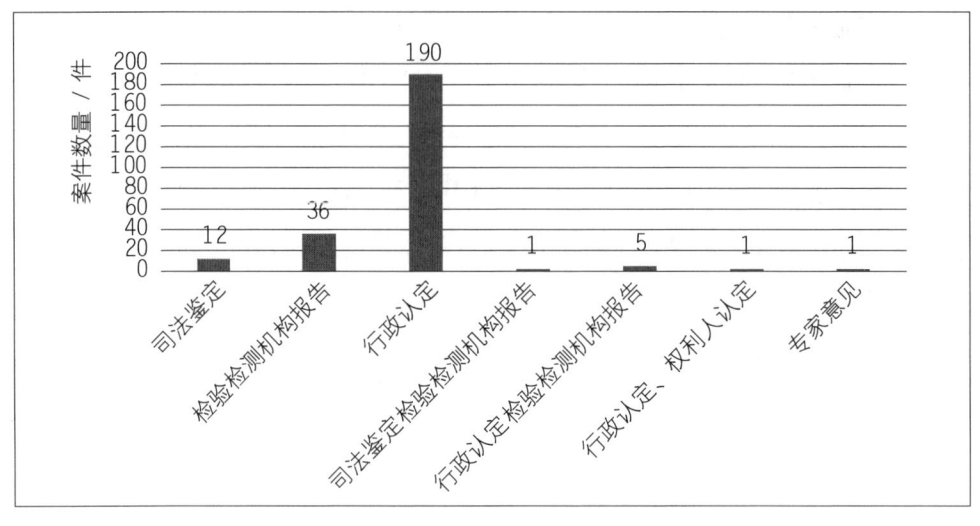

图 10　网络药品类犯罪一审案件中专业问题的认定（2019—2021）

5. 前科情况[①]

在犯罪学实证研究视野下，被告人是否具有前科，是探究其犯罪生涯、犯罪原因的重要考量因素。而在刑法学的规范评判视野下，被告人的前科情况，将直接影响其刑罚轻重甚至罪与非罪。但统计中的裁判文书显示，近三年网络药品类犯罪中的被告人大多为无前科人员，占比高达97.34%，且在有前科人员中，仅有三人有同类型刑事处罚前科，占比仅为0.5%。

---

① "前科"一词，本指以前的判定或记录，一般指不光彩的事情，后引申为法学用语。从刑法学角度而言，曾经被人民法院判处过拘役、有期徒刑以上刑罚且已经执行完毕的人又重新犯罪即构成前科。鉴于当前我国食药犯罪的刑事治理中，通常会将犯罪嫌疑人此前的行政违法行为纳入考量，为便于讨论，本书特引入"行政前科"一词。

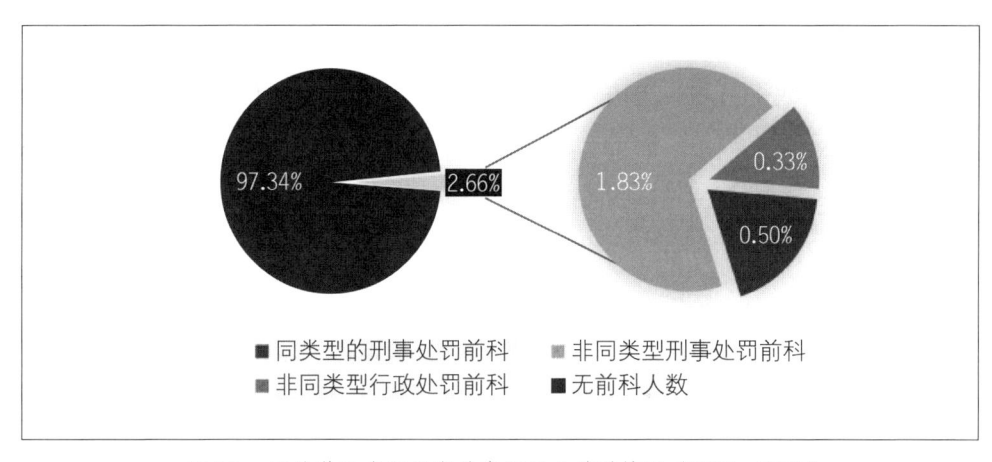

图 11 网络药品类犯罪案件中犯罪人前科情况（2019—2021）

（三）网络知识产权犯罪现状

本部分关于网络知识产权犯罪的统计分析，相关数据来源及检索条件如表 4 所示。经人工筛除无关案例后，共得有效刑事判决书 357 份，具体分析如下。

表 4 网络知识产权犯罪统计的数据来源及检索条件

数据来源	中国裁判文书网（https://wenshu.court.gov.cn/）
检索条件	案件类型：刑事案件
	文书类型：判决书
	审判程序：刑事一审
	案由：侵犯知识产权罪
	裁判时间：2019.01.01—2021.12.31
	筛选条件："网络（互联网、电商平台、微商、线上）" + "侵犯知识产权罪"
检索时间	2022 年 2 月 26 日

1. 犯罪数量

根据图 12 数据可知，2019 年网络知识产权犯罪为 158 件，占比为 44.24%；2020 年为 178 件，占比为 49.84%；2021 年为 21 件，占比为 5.88%。其中，2019 年 12 月、2020 年 6 月及 2020 年 11 月的案件裁判相对集中，分别为 55 件、31 件及 22 件。

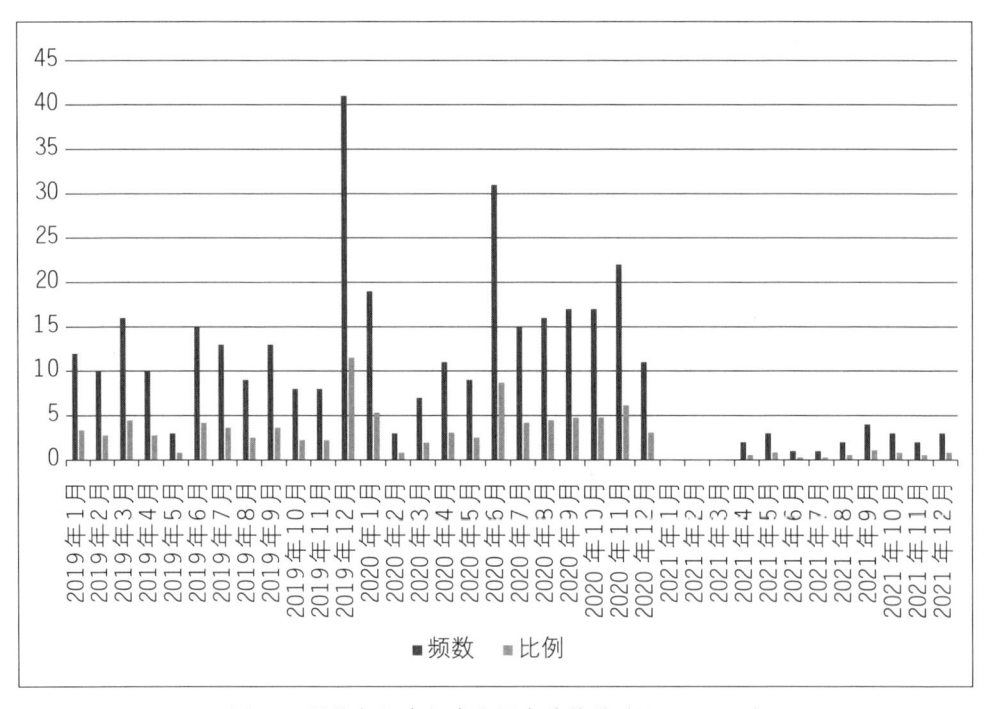

图 12　网络知识产权类犯罪案件数量（2019—2021）

2. 犯罪地域

从犯罪学分支学科之一——犯罪地理学的角度，通过文献研究与实证研究，统计分析某一类犯罪的空间分布规律、区域差异及其演变趋势，具有较高的理论和实践价值。研究者可借助上述犯罪现象的相关数据，探析该领域犯罪行为同地理位置、自然环境、人文环境等外在因素间的关系与规律，进而探寻该类犯罪的高发点、高发线和高发区，靶向性提出防控该类犯罪的方向、途径与具体措施。

为此，本部分结合裁判文书信息，分别从案件裁判地角度，①并借助 Stata15.1 软件、使用"tabulate"命令进行描述性统计并生成数据表格，借助 Origin9.1 软件输出雷达图，对犯罪地域情况进行了简要梳理与可视化的图表勾勒（图13、图14）。统计显示，网络知识产权犯罪案件判决数量最多（据上述分析，相当程度上也可粗略表明犯罪发生最多）的前三个省份分别为广东省、江苏省和山东省，上海市、浙江省、北京市、四川省等地区的案件数量则紧随其后。

表5　网络知识产权类犯罪案件裁判地分布（2019—2021）

行政单位	案件数量/件
上海市	69
云南省	6
北京市	39
吉林省	14
四川省	37
天津市	5
安徽省	3
山东省	72
山西省	8
广东省	122
广西壮族自治区	7
江苏省	85
江西省	18
河北省	27

---

① 《中华人民共和国刑事诉讼法》第二十五条规定，"刑事案件由犯罪地的人民法院管辖。如果由被告人居住地的人民法院审判更为适宜的，可以由被告人居住地的人民法院管辖"。为此，司法实践中，绝大部分案件的判决地为犯罪行为地或结果发生地。据此进行的数据统计，能够在很大程度上反映犯罪地域分布情况。

续表

行政单位	案件数量/件
河南省	25
浙江省	46
湖北省	26
湖南省	23
甘肃省	2
福建省	2
贵州省	13
辽宁省	12
重庆市	8
陕西省	2
青海省	1

3. 犯罪人户籍地分布

表6 网络知识产权类犯罪案件犯罪人户籍地分布（2019—2021）

行政区划	犯罪人数量/人
广东省	108
河南省	67
湖南省	51
山东省	47
江西省	42
福建省	41
河北省	39
四川省	37
安徽省	32

续表

行政区划	犯罪人数量/人
湖北省	30
广西壮族自治区	25
浙江省	23
江苏省	20
上海市	18
山西省	14
贵州省	13
吉林省	12
辽宁省	9
北京市	7
重庆市	7
黑龙江省	7
陕西省	6
甘肃省	4
天津市	3
云南省	2
内蒙古自治区	2
宁夏回族自治区	1
海南省	1
数据缺失	4

通过对裁判文书中被告人户籍地信息统计可知，犯罪人户籍地数量最多的前三个省份分别为广东省、河南省及湖南省，江苏省、湖南省、山东省及河南省等地亦是侵犯知识产权类犯罪的高发区域。对照上述案件裁判地的数据可发现，两

份数据有着高度的关联性：即广东省无论作为犯罪人户籍地还是作为犯罪发生地，都是侵犯知识产权类犯罪的重灾区，一定程度上揭示了广东本地人在本地作案的情形较多的犯罪规律。

4. 罪名适用

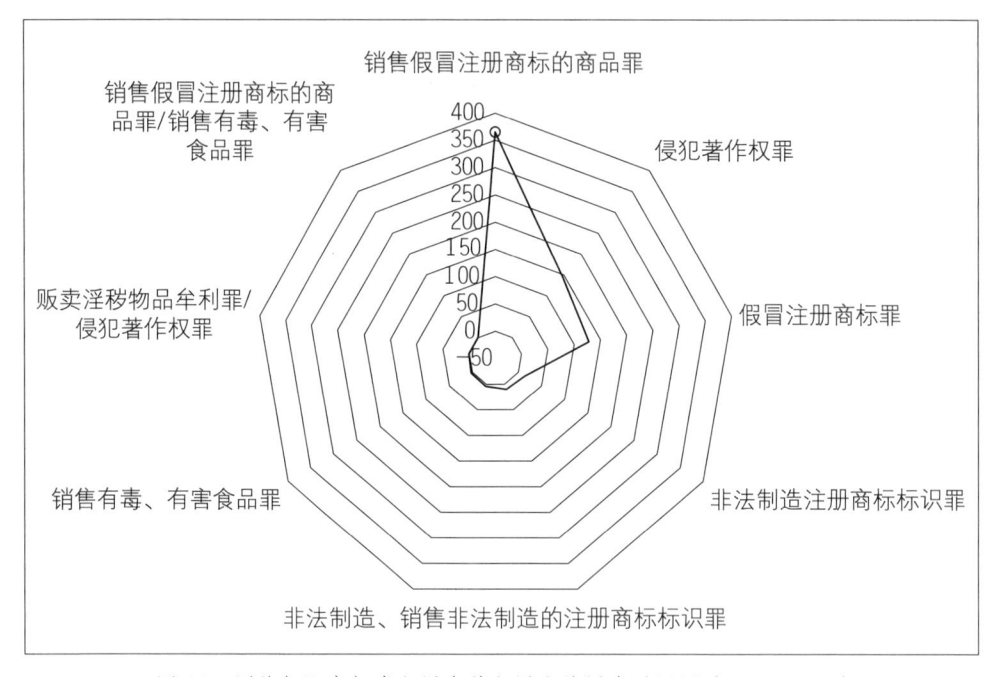

图 13　网络知识产权类犯罪案件犯罪人的罪名适用图（2019—2021）

根据统计数据，2019—2021 年网络知识产权犯罪中主要涉及罪名包括销售假冒注册商标的商品罪、侵犯著作权罪、假冒注册商品罪等 9 项罪名。在犯罪数量方面，销售假冒注册商标的商品罪发生频数最高，达 365 起，占比为 54.32%；而侵犯著作权罪发生频数次之，达 146 起，占比为 21.73%；假冒注册商标罪发生频数位列第三，达 128 起，占比为 19.05%。案例的交叉分析显示，侵犯著作权罪常常与贩卖淫秽物品牟利罪伴随发生，销售假冒注册商标的商品罪则常常与销售有毒、有害食品罪伴随发生。

5. 刑期分布

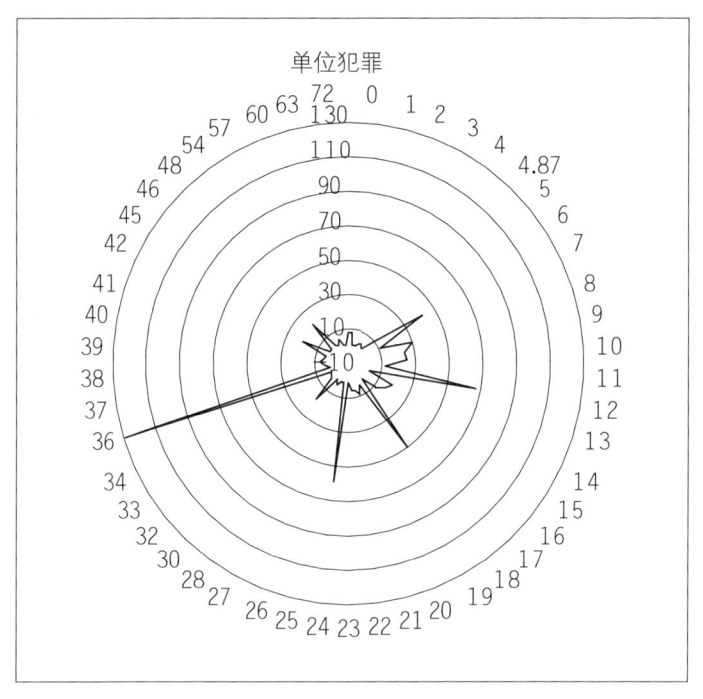

图 14　网络知识产权类犯罪案件的刑期分布（2019—2021）

根据 2019—2021 年网络知识产权犯罪的被告人刑期统计数据，被告人被判处有期徒刑的刑期幅度主要为 36 个月、12 个月及 24 个月。其中，个别案件的最长有期徒刑刑期为 72 个月（6 年）。整体上，数据显示，网络知识产权犯罪案件的量刑幅度较轻。

6. 缓刑适用

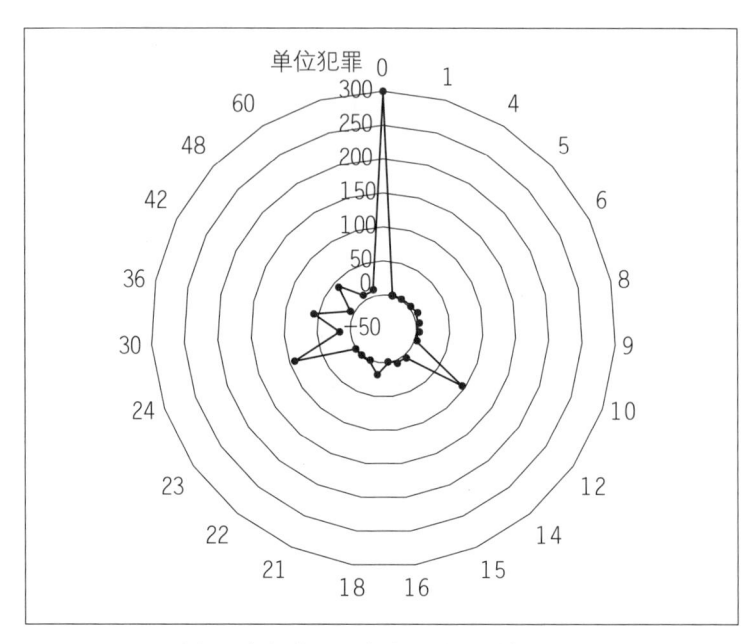

图 15　网络知识产权类犯罪案件缓刑适用情况（2019—2021）

统计数据显示，网络知识产权犯罪案件中，除去 8 例单位犯罪主体，"不适用缓刑"的犯罪人数量为 298 人，占比为 44.35%；"适用缓刑"的犯罪人数量为 366 人，占比 54.46%（其中，"适用缓刑 12 个月"的犯罪人数量为 95 人，占比 14.14%；"适用缓刑 24 个月"的犯罪人数量为 92 人，占比为 13.69%）。整体上，"适用缓刑"的发生频数超过数据总量的一半，适用率偏高。

7. 罚金适用

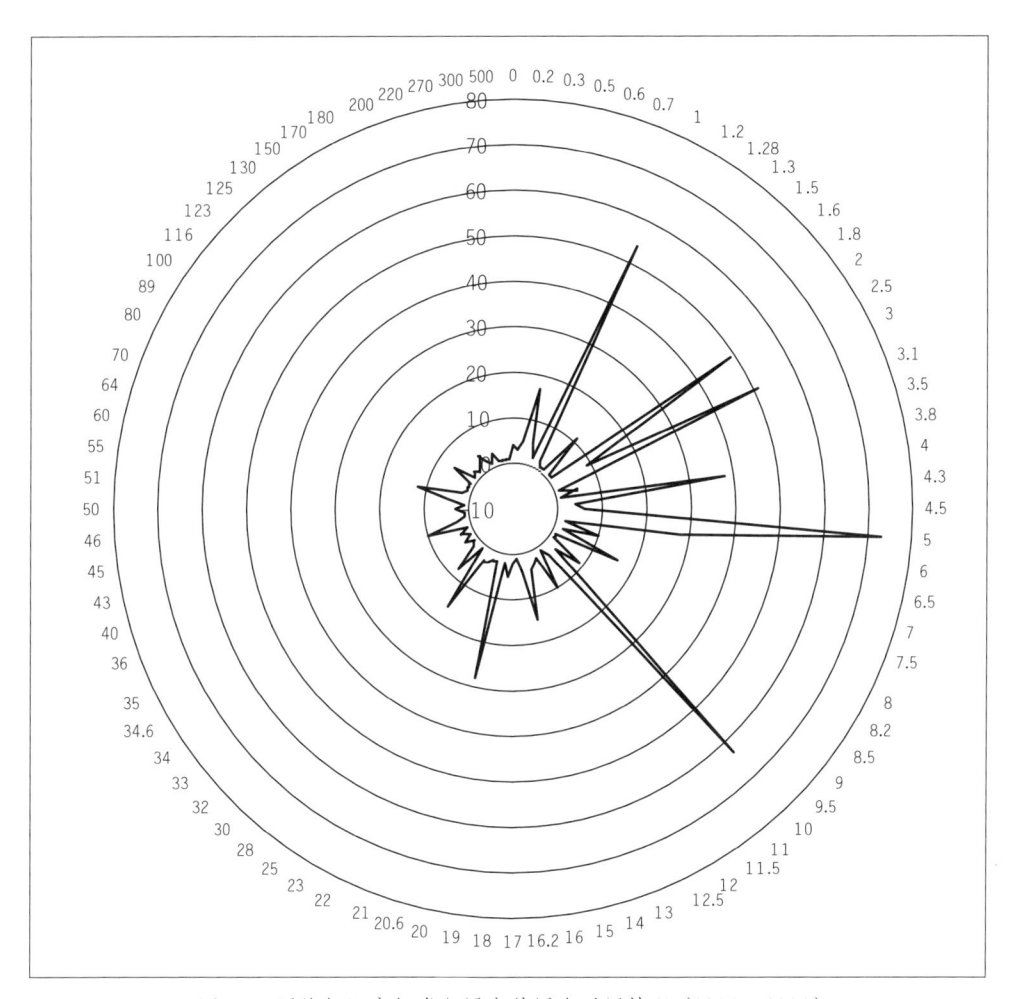

图16 网络知识产权类犯罪案件罚金适用情况（2019—2021）

网络知识产权犯罪案件的附加刑罚金的判罚中，"判处罚金5万元"发生频数最高，达73次，占比为10.86%；"判处罚金10万元"发生频数次之，达63次，占比为9.38%；"判处罚金1万元"发生频数位列第三，达54次，占比为8.04%。在所有案例中，判处罚金最高额达500万元，发生频数仅1次，占比为0.15%。总体上，判处罚金的金额较低。

8. 没收违法所得

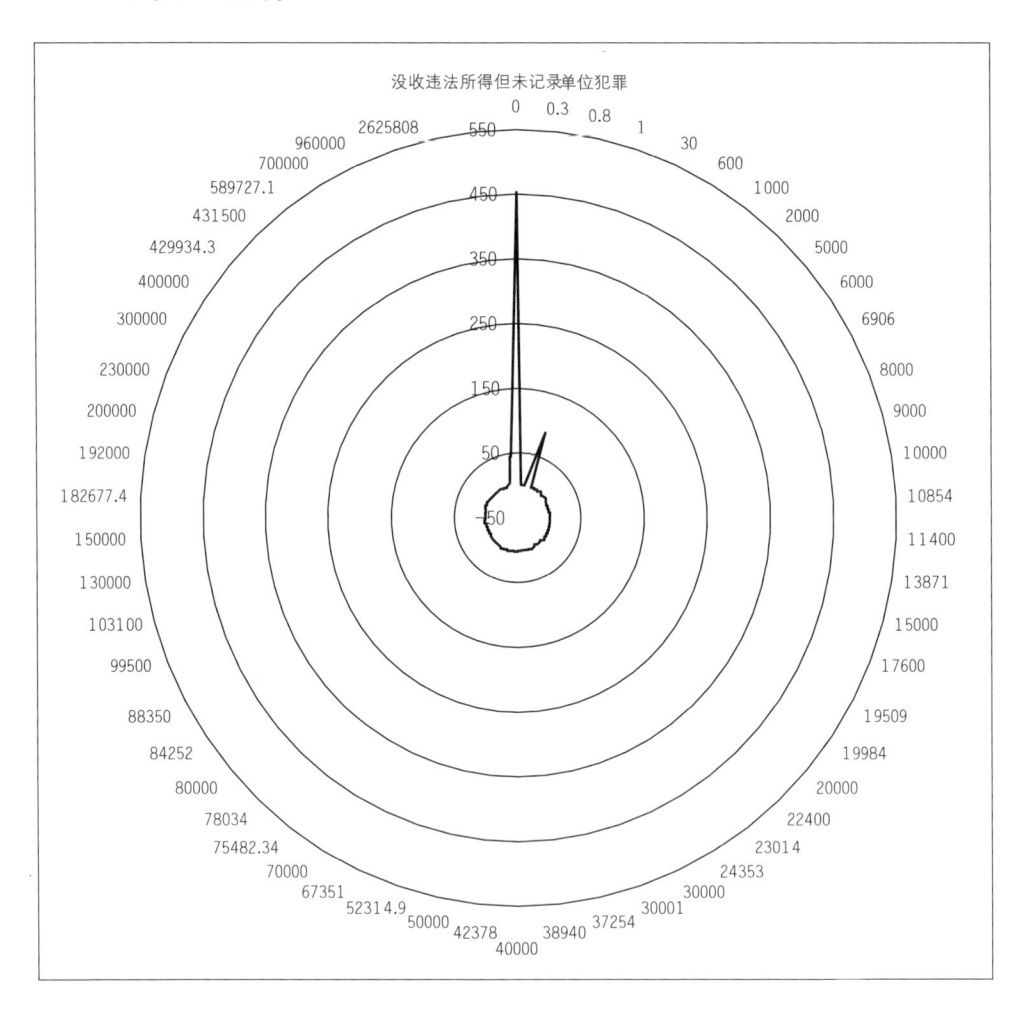

图17 网络知识产权类犯罪案件没收违法所得情况（2019—2021）

根据统计数据，明确对犯罪人判处"没收违法所得"发生频数为89次，占比为13.24%。由于裁判文书中统计噪声较大，整体数据未反映出明显特征。

9. 禁止令适用

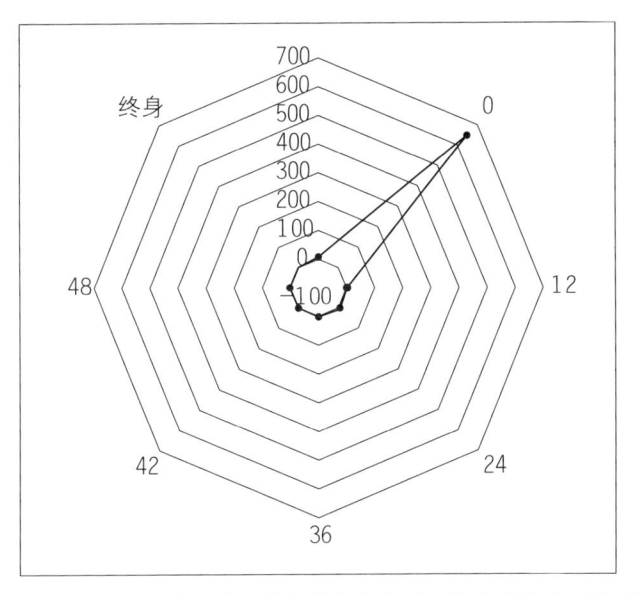

图 18　网络知识产权类犯罪案件禁止令适用情况（2019—2021）

根据图表数据，"未明确判处禁止令"发生频数较高，达 648 次，占比为 96.43%。整体数据存在较大噪声，但反映出"判处禁止令"的发生频率较低。

10. 专业问题的认定

表 7　近年网络知识产权类犯罪案件中专业问题的认定

专业问题认定	频数/次	比例/%
abcdE	107	29.97
Abcde	84	23.53
aBcde	58	16.25
数据缺失	42	11.76
abCde	21	5.88
abcde	14	3.92
AbcdE	9	2.52

续表

专业问题认定	频数/次	比例/%
aBcdE	6	1.68
abCdE	6	1.68
ABcde	4	1.12
AbCde	2	0.56
ABcdE	1	0.28
AbCdE	1	0.28
aBCdE	1	0.28
aBcDe	1	0.28

注：A 为司法鉴定，B 为行政认定，C 为检验检测机构的报告，D 为专家意见，E 为权利人证明；a 为无司法鉴定，b 为无行政认定，c 为无检验检测机构的报告，d 为无专家意见，e 为无权利人证明。

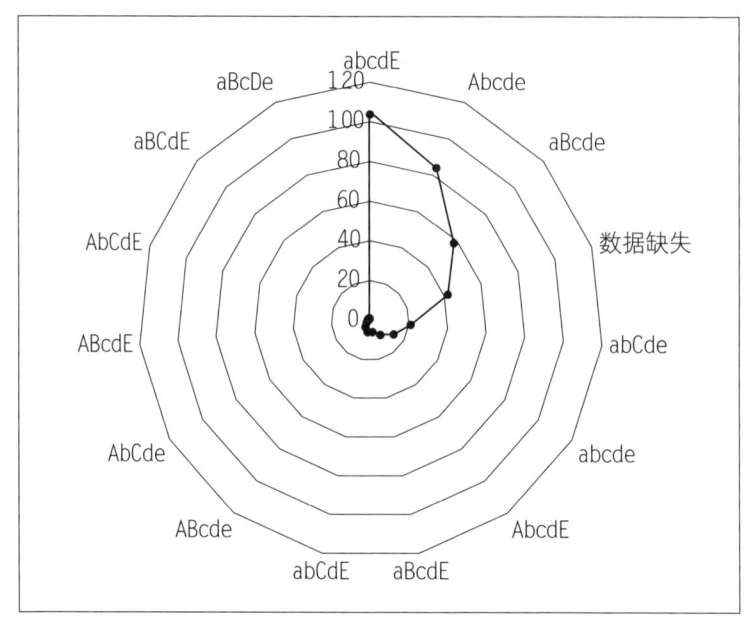

图 19　网络知识产权类犯罪案件中专业问题的认定

根据图表数据统计，"abcdE"发生频次最高，达 105 次，占比为 15.63%，其代表专业认定方式为"权利人证明"；"Abcde"发生频次次之，达 84 次，占比为 12.5%，其代表专业认定方式为"司法鉴定"；"aBcde"发生频次位列第三，达 58 次，占比为 8.63%，其代表专业认定方式为"行政认定"。由于数据缺失等统计噪声，整体上无法反映出明显的专业认定特征。但据此可知，在 2019—2021 年侵犯知识产权犯罪中，权利人证明及司法鉴定具有重要意义。

三、网络食品药品与知识产权犯罪的治理

20 世纪 80 年代初，波澜壮阔的改革开放大潮，极大地促进了我国经济社会的发展。1994 年，国际互联网正式接入。1997 年，原国内贸易部制颁《全国食品流通电子网络管理试行办法》，规定官方电子网可为入网网员提供代理购销、代理结算等电子商务服务。虽然还未多涉及商务交易，但毕竟迈出了网络交易的第一步。① 经过八年实践探索，2005 年，国务院办公厅正式发布《关于加快电子商务发展的若干意见》（国办发〔2005〕2 号），这份文件对我国电子商务的发展起到了重要的开创性、历史性推进作用。此后，在总结实践探索经验并仿鉴发达国家做法的基础上，国家先后密集出台鼓励政策、规制办法。（表 8）自此，"互联网+"开始在包括食品药品领域的各行各业发力，电子商务取得了弯道超车般的显著成就。

---

① 1997 年，原国内贸易部发布了《全国食品流通电子网络管理试行办法》。该办法的主要目标是利用电子联网技术规范食品、副食品商业企业统计、信息工作，推动信息产业的发展。其内容涵括电子网络的服务方式和内容、网员及其权利与义务以及此项工作的组织与管理。只有第八条规定涉及些许委托性质的电子商务即电子网为网员可提供"开展代理购销、代理结算等电子商务服务"的服务。

表 8　关于电子商务管理的一般性法律规范及政策文件

序号	法律规范或政策文件名称	制定部门	发布时间（按先后顺序）
1	《国务院办公厅关于加快电子商务发展的若干意见》（国办发〔2005〕2号）	国务院办公厅	2005 年
2	《国务院办公厅转发商务部等部门关于实施支持跨境电子商务零售出口有关政策意见的通知》（国办发〔2013〕89号）	商务部等部门制定，国务院办公厅转发	2013 年
3	《国务院关于同意设立中国（杭州）跨境电子商务综合试验区的批复》（国函〔2015〕44号）	国务院	2015 年 3 月
4	《国务院关于大力发展电子商务加快培育经济新动力的意见》（国发〔2015〕24号）	国务院	2015 年 5 月
5	《国务院办公厅关于促进跨境电子商务健康快速发展的指导意见》）（国办发〔2015〕46号）	国务院办公厅	2015 年 6 月
6	《国务院办公厅关于促进农村电子商务加快发展的指导意见》（国办发〔2015〕78号）	国务院办公厅	2015 年 10 月
7	《国务院关于同意在天津等 12 个城市设立跨境电子商务综合试验区的批复》（国函〔2016〕17号）	国务院	2016 年
8	《国务院关于同意在北京等 22 个城市设立跨境电子商务综合试验区的批复》（国函〔2018〕93号）	国务院	2018 年
9	《国务院关于同意在石家庄等 24 个城市设立跨境电子商务综合试验区的批复》（国函〔2019〕137号）	国务院	2019 年
10	《国务院关于同意在雄安新区等 46 个城市和地区设立跨境电子商务综合试验区的批复》（国函〔2020〕47号）	国务院	2020 年
11	中共中央印发《法治社会建设实施纲要（2020—2025年）》第二十二条"完善网络法律制度"	中共中央	2020 年
12	《国务院关于同意在河南省开展跨境电子商务零售进口药品试点的批复》（国函〔2021〕51号）	国务院	2021 年
13	《国务院关于同意在鄂尔多斯等 27 个城市和地区设立跨境电子商务综合试验区的批复》（国函〔2022〕8号）	国务院	2022 年

但随着网络经济的快速发展，线上线下的假冒伪劣违法犯罪问题也随之攀

升，危害严重。为此，十八大以来，中央以前所未有的决心和力度，大力加强线上线下食品药品与知识产权领域的全方位、立体性保护，执法司法机构强力撤、并、建，系列政策方针密集出台，相关法律法规大幅立、改、废，取得了前所未有的成效。随着电子商务的飞速发展，相关部门对食品药品和知识产权的犯罪治理，进一步向网络空间延伸，相关政策方针、战略规划与法律法规陆续出台，重点领域的涉网专项整治工作亦频频启动。

（一）网络食品犯罪治理

1. 政策的引导与规制

"民者，国之根也，诚宜重其食，爱其命。"① 食品安全既是重大的民生问题，也是重大的政治问题，甚至是对党的执政能力的考验。为此，2019年10月，党的十九大报告首次提出"实施食品安全战略，让人民吃得放心"。随后，按此部署，《中共中央 国务院关于深化改革加强食品安全工作的意见》（以下简称《食品安全工作意见》）制定发布。这是第一个以中共中央、国务院名义出台的食品安全工作纲领性文件，对今后我国食品安全工作的指导思想、基本原则和主要举措等进行了规划，首次提出食品安全治理的"四个最严"的政策性要求，并首次从中央政府层面，对网络餐饮、网络食品安全治理进行了规定，强调要"严格落实网络订餐平台责任，保证线上线下餐饮同标同质，保证一次性餐具制品质量安全，所有提供网上订餐服务的餐饮单位必须有实体店经营资格"；要"实施进口食品'国门守护'行动，落实跨境电商零售进口监管政策，严防输入型食品安全风险"。在全球新冠肺炎疫情肆虐的当下，更显示出其前瞻性和重要性。

2. 法律的明责与惩处

政策是法律的渊源与指引，法律是政策的转化与固化。20世纪90年代我国正式接入国际互联网以后，国家即开始研究制定规制网络食品交易法律规范。

---

① 《三国志·吴书·陆凯传》。

十八大以来，随着网络经济的快速发展，为落实党的政策与战略规划，涉网食品安全的制度建设与完善工作更是大幅推进，取得了明显成效。

表 9　食品业电子商务管理的法律规范及政策文件

序号	法律规范或政策文件名称	制定部门	颁布时间
1	《全国食品流通电子网络管理试行办法》（内贸商统办字〔1997〕第 5 号）	原国内贸易部	1997 年
2	《网络食品安全违法行为查处办法》（总局令第 27 号）	原国家食品药品监督管理总局	2016 年公布，2021 年修订
3	《网络餐饮服务食品安全监督管理办法》（总局令第 36 号）	原国家食品药品监督管理总局	2017 年公布，2020 年修订
4	市场监管总局办公厅关于开展网络餐饮服务食品安全专项检查的通知（市监食经〔2018〕63 号）	市场监管总局办公厅	2018 年
5	《中共中央 国务院关于深化改革加强食品安全工作的意见》第十二条	中共中央　国务院	2019 年
6	《食品安全法》第六十二条、第一百三十一条	全国人大常委会	2009 年颁布，2015 年修订，2018 年、2021 年修正

（1）涉网违法行为的严厉规制

国家和民众对食品安全日益重视，2015 年，对食品安全领域的综合性法律《食品安全法》进行了大幅修订。该法的第六十二条、第一百三十一条，对网络食品交易第三方平台提供者、入网食品经营者等相关主体的义务与责任，进行了明确而严格的规定。这也为以后各种法律规范的出台，奠定了主基调。2016 年、2017 年，原国家食品药品监督管理总局接连制定发布了专门规制网络食品安全、网络餐饮服务的两个办法——《网络食品安全违法行为查处办法》《网络餐饮服务食品安全监督管理办法》。第一个查处办法对网络食品经营者的义务、违法行为的查处管理和法律责任等，进行了网络食品安全的一般性规定；第二个管理办法，对网络餐饮服务食品安全的管理，进行了操作性极强的特别细化规定。为了了解掌握相关主体对管理办法的落实情况、督促网络餐饮服务第三方平台提供者和入网餐饮服务提供者落实食品安全主体责任、进一步规范经营行为、提升网络餐饮服务食品安全水平，2018年，市场监管总局办公厅发布了《关于开展网络餐饮服务食品安全专项检查的通知》，指导各省市市场部门，在全国进行了为期近4个月（自2018年10月初至2019年1月底）的专项检查，首次开启了餐饮安全网上专项整治工作。

其一，食品安全领域的综合性法律《食品安全法》的"最严监管"。作为食品安全治理的综合法，2015年10月1日起实施的新修《食品安全法》，引入全新的食品安全治理理念，"预防为主、风险管理、全程控制、社会共治"的原则贯穿全法。这部"史上最严"的食品安全法，适应网络经济新形势，建立了严格的网络食品安全法律责任制度，突出了对网络平台食品交易的"严""管""罚"。该法第四章（食品生产经营）的第二节"生产经营过程控制"的第六十二条、第九章（法律责任）的第一百三十一条对平台的管理职责与法律责任进行了明确规定：网络食品交易第三方平台提供者应当对入网食品经营者进行实名登记或审查其许可证。对入网食品经营者的一般性违法行为应及时制止并立即报告监管部门。发现严重违法行为的，应立即停止提供平台服务。平台违反上述规定的，由监管部门责令改正、没收违法所得，并处五万元以上二十万元以下罚款；造成严重后果的，责令停业，直至吊销许可证；使消费者的合法权益受到损害的，应当与食品经营者承担连带责任。

其二，电子商务领域的综合性法律《中华人民共和国电子商务法》（以下简称《电子商务法》）的严厉规制。2019年1月1日起实施的《电子商务法》的法律责任一章中，第七十四条提示性规定了电子商务经营者侵权的民事责任；第七十五至八十五条则集中规定了电子商务经营者各种违法情形下的行政责任；第八十六条特别规定了"黑名单"制度，各类电子商务经营者的违法失信行为，将记入信用档案并予以公示；第八十七条对监管部门的失职渎职行为，进行了依法追责的提示性规定；第八十八条对行政违法与刑事犯罪行为，进行了提示性规定。其中，特别提及"构成违反治安管理行为的，依法给予治安管理处罚"，表明违法行为情节较为严重的，除了上述一般性的行政处罚，执法部门还可对违法者处以包括5—15天治安拘留在内的治安处罚。当然，这类处罚的实施，涉及行政监管部门与公安机关"行刑衔接"的配合与制约。

其三，《电子商务法》与《食品安全法》等相关法律法规的紧密衔接。《电子商务法》是电子商务领域的综合法，涵盖多个交易环节与节点。改革后的市场监管局是个综合执法部门，覆盖多个领域的行政执法。为此，网络商事活动中的合同签订与履行、知识产权保护、消费者权益保护、广告宣传等内容，将会大量涉及由市场监管部门执行的法律法规。因此，执法司法中，做好《电子商务法》与《食品安全法》等相关法律法规的适当衔接，就非常重要。根据我国法律体系的内在逻辑关系，结合现有法律规定，相关法律衔接应坚持"已有规定的延展适用原则""补充规定的配套适用原则""根据法律位阶适用原则"三个基本原则。

首先，已有规定的延展适用原则。《电子商务法》第二条规定，"法律、行政法规对销售商品或者提供服务有规定的，适用其规定"即现行法律法规中已有规定可延展至电子商务领域适用。其次，补充规定的配套适用原则。《电子商务法》对同一行为作出的适应网络交易特点的补充性规定，则应与其他法律法规配套适用。比如，关于网络无证经营和违反信息提供义务行为的处罚。《电子商务法》第七十五条规定，未依法获得许可从事经营活动和违反信息提供义务的，依照有关法律、行政法规的规定处罚。这就涉及《食品安全法》和《网络交易管理办法》。其中，《食品安全法》第一百二十二条只对"未依法获得许可从事经营活动"作出了规定，"食品领域未依法获得许可从事经营活动的处罚由市场监管部门负责"；而《网络交易管理办法》第二十一条和第五十一条则对"经营者违反信息提供义务"的情形及罚则作出了明确规定。为此，有关违法行为即可分别按照这两个法律规定处罚。最后，根据法律位阶适用原则。《电子商务法》对同一行为的规定与其他法律规定不一致的，则应根据《中华人民共和国立法法》规定的特别法优于一般法、新法优于旧法的法律适用原则确定。例如，关于电子商务平台经营者不履行核验、登记义务，不按规定报送有关信息的，未对违法情形采取必要的处置措施，或者未报告行为的处罚问题，《电子商务法》第八十条第一款对此作出了具体规制，第二款则规定了"法律、行政法规对前款规定的违法行为的处罚另有规定的，依照其规定"，而《食品安全法》第一百三十一条第一款对此有着明确而严厉的规定。为此，依照特别规定优于一般规定的原则，对网络食品平台经营者未履行相关义务的处罚，应当适用《食品安全法》第一百三十一条的规定进行处罚。

（2）涉网犯罪行为的严厉惩处

随着食品安全行政性法律及相关制度的完善，相关刑事法律的修订工作也迅疾启动。最高人民法院、最高人民检察院2013年颁布实施的《关于办理危害食品安全刑事案件司法解释》的修改工作业已完成，新修订的食品司法解释已于2022年1月1日实施。该《解释》第十四条规定，"明知他人生产、销售不符合食品安全标准的食品、有毒、有害食品，具有下列情形之一的，以生产、销售不符合安全标准的食品罪或者生产、销售有毒、有害食品罪的共犯论处：……（二）提供生产、经营场所或者运输、贮存、保管、邮寄、销售渠道等便利条件的……（四）提供广告宣传的；（五）提供其他帮助行为的"。其中，各类网络平台如果为犯罪人提供虚拟经营场所、网络销售渠道、广告宣传或其他帮助行为，将可能成为销售不符合安全标准的食品罪或者销售有毒、有害食品罪的共犯。

3. 执法优化与司法强化

（1）行政执法力量的优化。2018年初至2019年初，新一轮大规模的党政机构改革全面展开。食品安全监管机构的部门设置、职责划分等，亦随之进行大幅调整。其中，与网络食品安全监管密切相关的改革，是不再保留国家工商行政管理总局、国家质量监督检验检疫总局、国家食品药品监督管理总局，成立正部级的国务院直属机构国家市场监督管理总局。原国家食品药品监督管理总局的食品、保健食品等相关监管与执法职能，划归至新成立的市场总局。本次机构改革，进一步加强了线上线下食品经营的安全治理。

其一，设立专门的网络交易监督管理司。其职责包括拟订实施网络商品交易及有关服务监督管理的制度措施、组织指导协调网络市场行政执法工作、组织指导网络交易平台和网络经营主体规范管理工作、组织实施网络市场监测工作等，可谓网络食品交易监管的主要执法力量。其二，保留原国家食品药品监督管理总局即有的执法稽查局。主要担负指导查处市场主体准入、生产、经营、交易中的有关违法行为和案件查办工作，承担组织查办、督查督办有全国性影响或跨省（自治区、直辖市）的大案要案工作，并负责指导地方市场监管综合执法工作。这两个内设机构，是指导全国线上线下食品安全监管和违法稽查的主导力量。其三，相关部门的职责叠加与执法强化。在上述两个机构的基础上，食品经营安全监督管理司（负责监管普通食品）、特殊食品安全监督管理司（主要监管保健食品、特殊医学用途配方食品和婴幼儿配方食品等特殊食品），都有组织查处相关重大违法行为的职责；食品安全协调司，肩负推动健全食品安全跨地区跨部门协调联动机制的工作；而总局下设的中国网络安全审查技术与认证中心，则在批准范围内开展网络安全相关产品、管理体系、服务、人员等的认证业务。①

（2）刑事司法力量的强化。在行政部门调整的同时，政法机关的内设机构改革也在同时进行。其一，为了加强食品药品与知识产权保护，公安部整合多个业务局相关职责，专门组建了食品药品犯罪侦查局，统一承担打击包括食品犯罪在内的几类公害犯罪和知识产权等部分经济犯罪的职责。其二，最高人民检察院重新整合设立了十个业务检察厅。其中，第四检察厅负责办理包括食品类、药品类犯罪案件在内的破坏社会主义市场经济秩序犯罪案件的审查逮捕、审查起诉、出

---

① 相关部门的职责分工，参见国家市场监督管理总局网站：https://www.samr.gov.cn/。

庭支持公诉、抗诉，开展相关立案监督、侦查监督、审判监督以及相关案件的补充侦查。第八检察厅则负责办理包括线下实体和线上平台食品安全在内的民事公益诉讼及行政公益诉讼案件。在线下机构改革调整的同时，线上机构的探索也在同步展开。鉴于电商交易量逐年上升、相关纠纷逐渐增多，而涉案当事人往往又遍布不同省市，不便参与诉讼，各地积极顺应互联网和电子商务的需求，深化"互联网＋审判"改革，在 2017 年杭州成立全国第一家互联网法院之后，2018 年，集中审理涉网案件的互联网法院先后在北京、广州等地成立，全流程在线解决立案、送达、证据交换、庭审、调解和判决。"网上案件网上审"，正在成为网络信息时代的"新常态"。这类审判机构与工作模式的探索性改革，为网络交易和技术创新明晰了规则，促进了新技术、新业态、新模式的有序发展。

（3）专项治理工作的常态化。《食品安全工作意见》指出，当前，我国食品安全形势依然复杂严峻。微生物和重金属污染、农药兽药残留超标、添加剂使用不规范、制假售假等问题时有发生。而且，新业态、新资源潜在风险增多。为此，要"重典治乱，加大检查执法力度，依法从严惩处违法犯罪行为"。在此背景下，在"四个最严"的食品安全治理政策指导下，针对线上线下食品安全问题的食品监管部门的专项整治、公安机关食药警的专项行动密集展开，起到了较好的市场整饬作用。2018 年 10 月，国家市场总局成立伊始，便迅即开展了粉丝粉条面制品专项整治，对该领域的违法行为、行业潜规则等，进行了为期八个月的集中惩治与清理；2019 年 9 月至 2020 年 12 月，最高人民检察院、国家市场监管总局、国家药监局联合开展了落实食品药品安全"四个最严"要求专项行动。开展专项行动期间，全国市场监管部门查办涉食品安全违法案件 28.48 万件，罚没款 27.25 亿元；2021 年 5 月，在国家市场总局的直接推动下，全国各省市开展了保健食品行业专项清理整治工作，严厉打击了保健食品市场存在的违法生产经营、违法宣传营销、欺诈误导消费等违法行为，一定程度上推动了保健食品违法犯罪治理中的条块结合、联合打击、行业自律、社会共治；2022 年 4 月初，根据舆情信息、投诉举报及有关省份查处通报的案件,市场监管总局开展为期四个月的检验检测市场专项整治行动,大力整治检验检测报告造假行为,部署各地市场监管部门集中力量对辖区内包括食品检测机构在内的六个领域的检验检测机构进行全面排查、悉数检查、严格整顿,对检验检测造假问题进行严厉查处。[①]

综上所述,伴随着我国经济社会的快速发展,包括食品行业在内的各领域的潜规则问题、灰黑产问题甚至违法犯罪问题还较为猖獗。针对某类顽瘴痼疾的专项治理或专项打击工作,具有针对性强、投入大、时间短、见效快等特点,是当前行政执法部门和公安机关应对某一时期某类突出违法犯罪问题常用的一种有效工作方法。这种高强度的"资源动员"及其外溢效应,不但能迅速调动全部门执法力量,还会引导其他相关部门、社会团体或个体成员自愿服从和主动配合,起到整饬行业秩序、净化社会环境的立竿见影的作用,实现以打促防、以整促管的目标,有其一定的必要性与合理性。但是,违法犯罪的有效治理,更需依靠标本兼治、静水深流的工作模式。若从根本上减少某领域的违法犯罪现象,仍需努力建立强化日常监管、避免问题积累的综合整治、防打结合的长效工作机制,不能过于倚重这种事后疾风暴雨式的"雷霆"行动。否则,很难避免相关部门事前消极、日常懒政、治标不治本、流于形式甚至"养猪"待打的诸多弊端。

(二)网络药品犯罪治理

1. 网络药品安全保护的机构改革与制度演变

随着网络信息技术的快速发展,虚拟空间与现实社会密切结合、深融一体的"双层社会"已然形成,药品销售逐步从网下实体店销售的单一模式走向"网下 + 网上"的混合模式。药品安全的执法监管,面临新形势、新压力。为了适应药品安全监管的新形势,药品监管机构的改革也随之启动。2018年初,随着《深化党和国家机构改革方案》的出台,新一轮的大规模党政机构改革随之全面展开。

---

① 参见国家市场监督管理总局网站:https://www.samr.gov.cn/,2022年4月10日访问。

药品安全方面,考虑药品监管的特殊性,在国家市场监督管理总局之下,单独组建副部级的国家药品监督管理局,药品、化妆品、医疗器械等药品类的行政监管职责由其担负。市场监管实行分级管理,药品监管机构只设到省一级,药品经营销售等行为的监管,由市县一级市场监管部门统一承担。随着网络经济的发展,网络销售药品的规制历经了完全禁止、试点探索、有限放开并实行许可、取消专门许可审批四个发展阶段。总体上,二十多年来,在不断探索、积累经验的基础上,在保证安全、规范的前提下,药品网络销售的政策越发明朗,前景可期。

表10 网络销售药品制度规制的历史演变[①]

序号	规制阶段	法律规范或政策文件名称	主要内容
1	完全禁止阶段	《关于印发处方药与非处方药流通管理暂行规定的通知》(国药管市〔1999〕第454号)	处方药与非处方药不得在网络销售
2	试点探索阶段	《药品电子商务试点监督管理办法》(国药管办〔2000〕第258号)	开始允许部分省市进行试点非处方药电子商务
3	有限放开并实行许可阶段	《互联网药品交易服务审批暂行规定》(国食药监市〔2005〕第480号)、《互联网信息服务管理办法》(国务院令第588号;2011年修正)、《互联网药品信息服务管理办法》(国家药监局令第26号;2017年修正)、《药品流通监督管理办法》(局令第26号;2021年)、《医疗器械网络销售监督管理办法》(原国家食药监总局令第38号;2017年发布)	药品方面,逐步有条件放开非处方药网络销售,初步建立互联网药品信息发布和交易服务审批和监管法律框架,但仍然禁止网络销售处方药

---

① 部分内容参见国家药品监督管理局编:《药品管理法 疫苗管理法读本》,法律出版社2021年版,第110页。

续表

序号	规制阶段	法律规范或政策文件名称	主要内容
4	取消专门许可审批阶段	《药品管理法》(1984年审议通过；2015年第二次修正；2019年第二次修订)第61条：药品上市许可持有人、药品经营企业通过网络销售药品，应当遵守本法药品经营的有关规定。具体管理办法由国务院药品监督管理部门会同国务院卫生健康主管部门等制定。《网络交易监督管理办法》(国家市场监督管理总局令第37号；2021年发布)	药品上市许可持有人、药品经营企业可以网络销售药品（但依然明确规定：疫苗、血液制品、麻醉药品、精神药品、医疗用毒性药品、放射性药品、药品类易制毒化学品等国家实行特殊管理的药品不得在网络上销售）。同时，授权药监部门和卫健部门制定具体办法，为实践探索进一步留下了空间

按照"宜疏不宜堵"的思路，结合"放管服"改革要求，新修定的《药品管理法》第六十一条以"包容审慎"为指导思想，规定药品上市许可持有人、药品经营企业可以有条件地网络销售药品。在第六十一条开放性、"伏笔"性规定基础上，第六十二条进一步对药品网络交易第三方平台进行了规制，要求药品网络交易第三方平台提供者应当按照国务院药品监督管理部门的规定，向所在地省（自治区、直辖市）人民政府药品监督管理部门备案。同时，平台提供者还应依法对申请进入平台经营的药品上市许可持有人、药品经营企业的资质等进行审核并对平台药品经营行为进行管理。平台提供者发现违法行为的，应当及时制止并立即报告所在地县级人民政府药品监督管理部门，发现严重违法行为的，应当立即停止提供网络交易平台服务。

2. 网络药品犯罪治理的法律完善

药品安全领域，科学评价药品安全的公众舆论成为推动相关行政、刑事法律本轮修订的社会基础。原《药品管理法》规定，"依照本法必须批准而未经批准生产、进口的"药品，以假药论处。刑法原第一百四十一条规制的生产、销售假药罪，亦涵括了此类药品，且明确规定"本条所称假药，是指依照《中华人民共和国药品管理法》的规定属于假药和按假药处理的药品、非药品"。应当说，在当前的检验检测能力与执法司法能力下，上述规定有其一定的合理性与实操性，总体上有利于保护公众用药安全。但从实质危害角度审视，一些未经批准进口的药品未必具有危险性，甚至还具有较好的医治效果。为此，生产、销售此类药品被认定为生产、销售假药罪，就会产生法律规范评价与公众认知认同上的较大反差。这一反差与矛盾，随着"陆勇代购进口药案"的舆情发酵及电影《我不是药神》的播出而引发民众进一步关注，并最终引发立法机关的高度重视，药品领域行政与刑事法律修订工作随之迅速推进。

（1）行政法律的修订

2019年12月1日起施行的新《药品管理法》，坚持以民众健康为中心，坚持"风险管理、全程管控、社会共治"的修法原则，主要以药品质量功效为标准，回归假劣药的本来面目，删除了"按假药论处""按劣药论处"的药品类别，将原来的假药、劣药和按假药、劣药论所列十五种情形，分三种情况进行处理：一是列为假药（四种），二是列为劣药（七种），三是将违反药品管理秩序的行为单独规定，从严设定法律责任（第一百二十四条）。在严格执法、精准惩治方面，新法在多个方面体现了最严厉的处罚：一是综合运用包括行政拘留在内的多种处罚措施，打好组合拳，二是大幅提高罚款数额，三是对一些严重违法行为实行双罚制，四是实行惩罚性赔偿制度。其中，尤需提及的是，新修《药品管理法》首次引入行政拘留处罚，其第一百一十八条、第一百二十二至一百二十四条规定了可适用行政拘留的九种违法行为，[①] 构建起从申诫罚到自由罚的全覆盖处罚网，进一步增强了对线上线下药品违法行为的惩戒力度。在此形势下，药品违法行为的行政拘留处罚的适用可能性明显增大，但如何促进药品监管部门与公安机关的有

---

① 需要说明的是，根据新修《药品管理法》，这九种可行政拘留的违法行为的实施者均是特定的企业或者机构。这些企业或者机构可能是取得合法资质从事药品生产经营的企业或者机构，也可能是无证从事药品生产经营的企业或者机构。这点与《食品安全法》第一百二十三条规定的可适用行政拘留的情形有所不同。

效衔接、规范适用这一涉及人身自由的最严厉行政处罚措施，尚存较大的讨论空间。比如，新药品法规定的"由药品监督管理部门处相应药品行政处罚，并可以由公安机关处五日以上十五日以下的拘留"中的"并可以"应如何理解、把握与适用？① 这些都有待探索、总结并尽早出台国家层面的规范性文件。与此同时，为了直接规范药品网络销售行为，国家药监局正在原征求意见稿的基础上，结合新修《药品管理法》的最新规定，深入调研、广泛征求意见，紧锣密鼓地推动《药品网络销售监督管理办法》的制定。②

在《药品管理法》修订前后，药品安全领域的其他相关法律规范，也密集出台。其一，疫苗法的迅疾制定。逐步暴露的疫苗市场的安全隐患尤其是"山东庞氏母女疫苗案""长春长生百白破疫苗事件"的连续发生，极大催生了《疫苗管理法》的制法工作。2018年底启动制法工作、2019年12月1日即生效实施的《中华人民共和国疫苗管理法》的"法律责任章"开篇即强调"违反本法规定，构成犯罪的，依法从重追究刑事责任"，这为从严打击疫苗犯罪定下了明确

---

① 新修《药品管理法》所增设的九种行政拘留适用方式上，均是"由药品监督管理部门处相应药品行政处罚，并可以由公安机关处五日以上十五日以下的拘留"。据此，理论和实践层面需要探讨的问题：第一，行政拘留适用前提条件的"情节严重的"判定主体是药监部门还是公安机关？第二，"情节严重的"，药监部门作出相应行政处罚的，公安机关是否既能"可以"也能"不可以"并处拘留？第三，应该由药监部门将案件移送至公安机关适用行政拘留，还是公安机关不需移送就能直接适用？第四，公安机关在药监部门移送后是"可以"还是"应当"作出拘留处罚？为此，为了便于药品执法中的"行刑衔接"，国家药监局应联合公安部共同制定《药品行政案件适用行政拘留办法》，对"情节严重的"标准、适用程序、法律后果、相应救济等内容予以明确、系统规定，以规范药品案件的行政拘留适用，避免"同案异办、一地一策"。

② 为规范药品网络销售行为，原国家食药监总局研究起草了《药品网络销售监督管理办法（征求意见稿）》。根据新修订的《药品管理法》，机构改革后新成立的国家药监局对《药品网络销售监督管理办法（征求意见稿）》作了一定修改。2020年11月12日，国家药监局综合司就《药品网络销售监督管理办法（征求意见稿）》向社会各界再次公开征求意见。根据药品领域相关法律规范的最新修订情况，结合各方意见，部分重点问题讨论厘定之后，2022年有望发布实施。

基调。其二，化妆品条例的修订。为了加强新形势下化妆品的产销管理，原《化妆品卫生监督条例》废止，自 2021 年 1 月 1 日起施行的新修《化妆品监督管理条例》（国务院 727 号令），完善了对化妆品原料及产品的分级分类管理制度，确立了生产经营企业主体责任，同时还加大了对违法行为的惩处力度，在我国化妆品监管和立法史上具有里程碑意义。随着新条例的出台，受化妆品犯罪的行政犯罪属性的影响，司法实践中，生产、销售假冒伪劣化妆品犯罪的定罪量刑，随之发生相应变化。其三，医疗器械条例的修订。2021 年 6 月 1 日起施行的新修《医疗器械监督管理条例》，则依照"四个最严"要求，同样加大了对涉医疗器械违法行为的行政处罚力度。一是对涉及质量安全的违法行为提高处罚力度，最高可以处货值金额 30 倍的罚款；二是加大行业和市场禁入处罚力度，视违法情节对违法者处以吊销许可证、一定期限内禁止从事相关活动、不受理相关许可申请等处罚；三是增加"处罚到人"措施，对严重违法单位的相关责任人员处以没收收入、罚款、5 年直至终身禁止从事相关活动等处罚。

（2）刑事法律的修订

鉴于药品犯罪的"行政犯罪"属性，为了与新修《药品管理法》相衔接，2020 年启动修订、2021 年 3 月 1 日起施行的《刑法修正案（十一）》，主要对原来视为假药的情形做了大幅修改，这类药品不再作为假药或劣药。但随着刑法修正案生效实施，因打击对象的调整，打击难度陡增，假药犯罪司法认定更加倚重成分检验，进口药案件查办面临巨大挑战，导致全国假药犯罪立案数量明显减少，部分地区甚至出现"断崖式下降"。同时，司法实践中，新增的"妨害药品管理秩序罪"的认定存在一定困难。在现有技术与评估条件下，此类案件中"足以严重危害人体健康"的认定存在诸多困难，需要执法办案人员进一步探索、破解。总体上，入罪标准不明、证明标准不清的问题突出，严重影响线上线下药品犯罪的司法治理。在此形势下，最高人民法院、最高人民检察院及时修订现有司法解释，联合发布《关于办理危害药品安全刑事案件适用法律若干问题的解释》

（以下简称《新修药品司法解释》）。该解释自2022年3月6日起施行。《新修药品司法解释》贯彻"四个最严"政策导向，充分回应民众用药安全关切、系统规定相关犯罪的定罪量刑标准，相当程度上解决了司法实践中一些突出的法律适用问题：一是依法严惩妨害药品管理犯罪。妨害药品管理罪系《刑法修正案（十一）》增设的罪名。《新修药品司法解释》第七条对该罪的入罪门槛"足以严重危害人体健康"的具体情形做了明确规定，重点惩治包括"黑作坊"在内的非法生产、销售药品等妨害药品管理的行为。涉案药品若被认定为假劣药，还可能构成生产、销售假药或劣药罪等处罚更重的犯罪。此点可谓本解释最大亮点。二是依法严惩非法收购、销售骗保药品的犯罪。当前利用医保骗保购买药品、倒卖牟利问题突出。《新修药品司法解释》第十三条本着宽严相济政策，重点惩治此类犯罪的组织者、职业骗保人和借职务便利进行骗保人员。相关犯罪涉嫌"掩饰、隐瞒犯罪所得罪"或诈骗罪。

3. 网络药品犯罪治理的执法司法

随着互联网经济的蓬勃发展，药品网络销售已成为快速发展的新业态。药品网络销售在便利民众用药的同时，也暴露出一些亟待规范的问题。保障网络销售药品安全成为新时期监管工作面临的新任务。为了规范管理药品网络销售，药监部门以"风险管理、全程管控、科学监管、社会共治"为指引，持续强化药品、化妆品、医疗器械（以下简称"两品一械"）领域高风险产品的日常监管与专项整治，不断加大风险隐患排查化解以及对线上线下违法行为的治理力度。与此同时，行刑联勤联动以及刑事司法机关的个案打击与专项治理工作亦同步深入展开。总体上，日常行政执法与刑事司法以及常态化的药品领域专项整治工作，对药品市场起到了明显的净化作用。

（1）智慧监管，以网管网。为适应药品网络销售新业态监管需要，国家药监局从2016年开始，组织国家药监局南方医药经济研究所筹建国家医疗器械网络销售监测平台及国家药品网络销售监测平台，坚持"以网管网""线上线下一体整治"的监管理念，强调以智慧监管协同提升监管针对性和靶向性，推动实现线上线下融合监管、常态化监测。与此同时，着手建立完善监管法规制度，在加快推进《药品网络销售监督管理办法》及其配套文件的基础上，研究起草《网络交易服务第三方平台合规评价方案》，探索开展第三方平台合规性测评工作，以进一步规制、督促第三方平台履行主体责任。

（2）问题导向，突出重点。近年来，药监部门针对"两品一械"的历次专项整治，其共同点皆是坚持问题导向、强化突出重点，以问题导向和效果导向为牵引，对疫苗等重点产品、城乡接合部等重点区域、新建企业等重点对象、网络销售第三方平台等重点渠道，[①]分类施策，有针对性地开展专项整治行动。通过持续强化经营主体的内部自律机制和药监部门的外部监管机制，提升对上述"四类重点"对象的监管效益。其中，药品网络销售涉及互联网诊疗服务、网上交易以及配送服务等多个环节，风险较大。为此，夯实药品网络销售主体责任、确保经营全过程持续合规，便成为历次专项整治的重中之重。药品网络销售第三方平台是否已切实落实平台管理责任、对入驻的药品网络销售者资质是否严格审查、对发生在平台的药品经营行为是否合规管理、对发现的违规违法问题是否及时制止，成为检验平台是否"持续依法合规经营"的四个关键靶标。

（3）行刑联动，严格执法。药化械类犯罪，具有鲜明的行政犯罪特点。为此，多年来，虽然行刑衔接尚存诸多梗阻，但药监部门与刑事司法机关的联勤联动、专项整治工作，仍然盘旋推进并取得了一定效果。2019年9月至2020年12月，最高人民检察院、国家市场监督管理总局、国家药品监督管理局联合开展了落实食药安全"四个最严"要求的专项行动。其间，药监部门查办药品、化妆品和医疗器械领域违法案件10.77万件，罚没款18.40亿元；检察机关批准逮

---

① 国家药品监督管理局近日公布的8起民生领域典型案例中，有2起案例涉及网络直播的医美产品。参见国家药品监督管理局网站 (https://www.nmpa.gov.cn/yaowen/shchjgyw/20220415140049108.html):《2022民生领域案件查办"铁拳"行动典型案例（第一批）》，2022年4月17日访问。

捕涉食品药品安全犯罪案件 3945 件 7298 人，起诉 8791 件 17066 人；2020 年，全国各级药监部门共查处涉及线上线下的生产销售和使用假劣药案件 7361 件，案件涉及原料药、化学药品等各类药品。涉案货值金额 52317.17 万元，罚款 129534.26 万元，吊销许可证 38 件，移送司法机关 168 件；同时，在新冠肺炎疫情防控期间，国家药监局组织开展了疫情防控药械的线上线下一体化集中整治的专项工作；[1] 2021 年，药监部门的执法办案力度持续强化。从案件数量来看，全年共查办"两品一械"案件 13 万余件，较 2020 年增幅达 27%。从案件货值金额来看，全年案件查办货值超 19 亿元，罚款金额超 16 亿元，没收违法所得近 2 亿元，较 2020 年分别增加 44%、36% 和 12%；责令停产停业企业 500 余户，吊销许可证约 60 件。在上述日常监管与违法稽查工作的基础上，在药监部门与公安机关的行刑衔接机制作用下，多个大案要案被查处，近 700 件涉罪案件被移送，[2] 取得了一定的行政执法部门与刑事司法机关的联动效果。但毋庸置疑的是，在线上线下"两品一械"违规违法经营形势依然较为严峻、行政违法案件居高不下的局面下，两个部门的信息共享、线索通报、案件移送等衔接工作，尚有很大深入发掘的潜力，亟待进一步夯实、拓展。

（三）网络知识产权犯罪治理

1. 网络知识产权保护的政策发展与机构改革

因应自身发展的内在需求和国际协作形势的复杂变化，我国对科技创新的倚重、对知识经济的呵护，亦达到历史高峰。国家对知识产权保护的战略定位、制度设计，随之跃升到了一个历史性新高度。2019 年 11 月，中共中央办公厅、国

---

[1] 参见国家药品监督管理局网站 (https://www.nmpa.gov.cn/directory/web/nmpa/yaowen/ypjgyw/20210218103654166.html)：《落实食品药品安全"四个最严"要求专项行动成效显著 检察机关起诉涉食品药品安全犯罪案件 8791 件 17066 人》，2022 年 4 月 17 日访问。

[2] 参见国家药品监督管理局网站 (https://www.nmpa.gov.cn/yaowen/ypjgyw/20220323113947112.html)：《2021 年，我国药品案件查处力度持续加大》，2022 年 4 月 17 日访问。

务院办公厅印发了《关于强化知识产权保护的意见》，要求各地区各部门结合实际认真贯彻落实，要"牢固树立保护知识产权就是保护创新的理念，坚持严格保护、统筹协调、重点突破、同等保护，不断改革完善知识产权保护体系，综合运用法律、行政、经济、技术、社会治理手段强化保护，促进保护能力和水平整体提升"。

在此政策背景下，最高人民法院根据《最高人民法院关于深化人民法院司法体制综合配套改革的意见——人民法院第五个五年改革纲要（2019—2023）》，对知识产权案件的审理，进行了体制机制改革的规划与推进。纲要明确，要根据经济社会发展需要，研究完善知识产权等专门法院的设立标准、职能定位和配套机制。同时，强调要"加强专业化审判机制建设"，积极推进审判机制改革，完善专利案件的审判规则与审判机制。

2. 网络知识产权保护的法律完善

随着国家对知识经济的日益重视，涉及线上线下知识产权保护的法律规范也逐步走向完善。在联合国国际贸易法委员会于1996年通过《电子商务示范法》二十余年后的2018年，我国第十三届全国人大常委会表决通过、2019年1月1日起施行的《中华人民共和国电子商务法》①第四十一条特别强调，"电子商务平台经营者应当建立知识产权保护规则，与知识产权权利人加强合作，依法保护知识产权"。随着知识产权保护前端部门法的完善，作为后端保障法性质的刑法，亦随之演变推进。1997年《中华人民共和国刑法》颁布实施后的20余年来，十次刑法修正案均未对知识产权犯罪进行修正，但随着经济社会的发展和知识产权犯罪形势的变化，相关法律逐渐出现与其他法律规定不一致、与刑事治理形势不相符等问题。为此，2020年9月两高发布的《关于办理侵犯知识产权刑事案件

---

① 1996年12月16日，联合国国际贸易法委员会第85次全体大会通过的世界第一部电子商务领域的统一法规——《电子商务示范法》，向世界各国提供了一套达成国际共识、可供各国制定电子商务法律规范时参鉴的法律规则。

具体应用法律若干问题的解释（三）》（法释〔2020〕10号），规定了侵犯商业秘密罪的定罪量刑标准，明确了假冒注册商标罪"相同商标"、侵犯著作权罪"未经著作权人许可"、侵犯商业秘密罪"不正当手段"等的具体认定，明晰了知识产权犯罪刑罚适用及宽严相济刑事政策的把握等问题。在此基础上，2021年3月1日起实施的《刑法修正案（十一）》，坚持问题导向，回应"新经济"模式，进一步修改了8条知识产权相关条文，强化了注册商标保护及权利人利益维护，加大了侵犯商业秘密犯罪和商业间谍罪的处罚力度，其修改涉及犯罪数额的计算、犯罪行为类型的细化、个罪刑种刑期的设置等，呈现从严从重的处罚趋势。

表11 网络知识产权保护相关法律规范[①]

法律规范	规范类别	发布部门	实施日期	相关内容
《最高人民法院关于审理涉电子商务平台知识产权民事案件的指导意见》	司法解释	最高人民法院	2020.9.10	全文
《关于依法加大知识产权侵权行为惩治力度的意见》	司法解释	最高人民法院	2020.9.14	14.通过网络销售实施侵犯知识产权犯罪的非法经营数额、违法所得数额，应当综合考虑网络销售电子数据、银行账户往来记录、送货单、物流公司电脑系统记录、证人证言、被告人供述等证据认定
《最高人民法院关于审理侵害信息网络传播权民事纠纷案件适用法律若干问题的规定》（2020年修正）	司法解释	最高人民法院	2021.01.01	全文

[①] 因我国当前的知识产权保护深度涉及民事、行政与刑事法律规范，有关违规越轨行为的民事侵权性、行政违法性与刑事犯罪性亦常常羁绊缠绕，由此，司法实践中知识产权案件的审理也往往是"三审合一"。有鉴于此，在网络知识产权保护相关法律规范的梳理中，与前文的食品类、药品类法律规范的梳理有所不同，此处除了收录了密切相关的行政、刑事法律规范外，部分重要的民事法律规范亦统合其间，以便总体审视、综合研判。

续表

法律规范	规范类别	发布部门	实施日期	相关内容
《最高人民法院关于审理涉及计算机网络域名民事纠纷案件适用法律若干问题的解释》（2020年修正）	司法解释	最高人民法院	2021.01.01	全文。其中，第四条规定了人民法院审理域名纠纷案件时认定被告注册、使用域名等行为构成侵权或者不正当竞争的具体情形；第五条规定了认定被告主观恶意的具体情形
《中华人民共和国著作权法》（2020年修正）	法律	全国人大常委会	2021.06.01	第十条（含信息网络传播权等在内的著作权包括的人身权和财产权的具体种类）、第三十九条（表演者对其表演享有的包括许可他人通过信息网络向公众传播其表演并获得报酬在内的具体权利）、第四十四条（录音录像制作者对其制作的录音录像制品，享有许可他人复制、发行、出租、通过信息网络向公众传播并获得报酬的权利）
《中华人民共和国著作权法》（2020年修正）	法律	全国人大常委会	2021.06.01	第四十七条规定的广播电台、电视台有权禁止包括将其播放的广播、电视通过信息网络向公众传播在内的未经其许可的行为、第四十九条规定的为保护著作权和与著作权有关的权利，权利人可以采取技术措施、第五十三条规定的侵权行为的民事、行政及刑事责任
《计算机软件保护条例》（2013年修订）	行政法规	国务院	2013.03.01	全文
《信息网络传播权保护条例》（2013年修订）	行政法规	国务院	2013.03.01	全文
《中华人民共和国反不正当竞争法》（2019年修正）	法律	全国人大常委会	2019.04.23	第十二条主要规定了经营者不得利用技术手段，通过影响用户选择或者其他方式，实施妨碍、破坏其他经营者合法提供的网络产品或者服务正常运行的行为

续表

法律规范	规范类别	发布部门	实施日期	相关内容
《中华人民共和国商标法实施条例》（2014年修订）	行政法规	国务院	2014.05.01	第七十五条 为侵犯他人商标专用权提供……网络商品交易平台等，属于商标法第五十七条第六项规定的提供便利条件
《中华人民共和国网络安全法》	法律	全国人大常委会	2017.06.01	第十二条……不得利用网络……侵害他人名誉、隐私、知识产权和其他合法权益等活动 第十六条 国务院和省、自治区、直辖市人民政府应当统筹规划……保护网络技术知识产权……
《网络安全审查办法》	部门规章	国家互联网信息办公室、工信部、公安部等13个单位	2022.02.15	第十七条 参与网络安全审查的相关机构和人员应当严格保护知识产权，对在审查工作中知悉的商业秘密、个人信息，当事人、产品和服务提供者提交的未公开材料，以及其他未公开信息承担保密义务；未经信息提供方同意，不得向无关方披露或者用于审查以外的目的
《最高人民法院 最高人民检察院关于办理侵犯知识产权刑事案件具体应用法律若干问题的解释（三）》	司法解释	最高人民法院、最高人民检察院	2020.09.14	第三条 采取非法复制、未经授权或者超越授权使用计算机信息系统等方式窃取商业秘密的，应当认定为刑法第二百一十九条第一款第一项规定的"盗窃"。以贿赂、欺诈、电子侵入等方式获取权利人的商业秘密的，应当认定为刑法第二百一十九条第一款第一项规定的"其他不正当手段"

续表

法律规范	规范类别	发布部门	实施日期	相关内容
《中华人民共和国刑法》（2020年修正）	法律	全国人大常委会	2021.03.01	第二百一十七条（侵犯著作权罪）：以营利为目的，有下列侵犯著作权或者与著作权有关的权利的情形之一，违法所得数额较大或者有其他严重情节的，处三年以下有期徒刑，并处或者单处罚金；违法所得数额巨大或者有其他特别严重情节的，处三年以上十年以下有期徒刑，并处罚金： （一）未经著作权人许可，复制发行、通过信息网络向公众传播其文字作品、音乐、美术、视听作品、计算机软件及法律、行政法规规定的其他作品的； （二）出版他人享有专有出版权的图书的； （三）未经录音录像制作者许可，复制发行、通过信息网络向公众传播其制作的录音录像的； （四）未经表演者许可，复制发行录有其表演的录音录像制品，或者通过信息网络向公众传播其表演的； （五）制作、出售假冒他人署名的美术作品的； （六）未经著作权人或者与著作权有关的权利人许可，故意避开或者破坏权利人为其作品、录音录像制品等采取的保护著作权或者与著作权有关的权利的技术措施的

3.网络知识产权保护的执法司法

随着网络经济的飞速发展，网络成为侵权商品销售的重要渠道。行为人通过电商平台、微信群、QQ群等展销侵权商品或留下相关信息，通过微信、电子邮件等联络方式，借助便捷的物流、寄递公司进行两点一线的运营和销售。对此，在国家常态开展的打击侵犯知识产权和制售假冒伪劣商品执法活动中，网络知识产权保护的行政执法与刑事司法工作成为其中一项重要工作内容。在几乎每年都要开展的专项整治行动中，执法部门探索总结出了一套工作模式，形成了较为稳定的指导思想、工作原则和工作重点。

（1）问题导向。近年来，市场监管部门、政法机关或单独进行，或联勤联动的一些网络知识产权保护专项整治工作，无不是以密切关系群众生命健康、财产安全的假冒伪劣等方面突出的违法犯罪现象为重点，持续开展雷霆治理，以罚促管、以打促防，不断发现新问题、新漏洞，进而从主体角度、规范角度、技术角度等不同层面，完善防范措施、提升防范效能，以有效化解某一领域的系统性、区域性风险。近年多次开展的专项整治电商领域侵犯知识产权和销售假冒伪劣商品违法行为的行动，几乎都是以网络销售的食品药品、电子产品、汽车配件、儿童用品、老年用品等民众投诉集中、关系生命健康、影响公共安全的日常消费品为重点。一定程度上，在当前侵犯知识产权的伪劣违法犯罪依然较为猖獗的态势下，这类问题导向的专项行动，取得了以优势兵力集中、高效解决重大节点问题的良好效果，也起到了特殊预防、一般预防的双重预防作用。为此，问题导向下的日常监管与专项治理相结合、违法稽查与犯罪打击相配合的工作模式，成为我国当前网络知识产权保护的新常态。

（2）一体治理。结合前文的已决案例统计分析及实地调研可知，目前网络知识产权犯罪中，总体上犯罪分工精细化、产业链条化特征较为突出。犯罪分子往往长期配合、共谋实施犯罪，将整个犯罪行为进行链条化切割，各环节地理位置分开，呈现人货相分离、货品商标相分离、组装加工场所和库房相分离、侵权地和销售地相分离等特征。同时，犯罪分子还往往借助云存储技术、境外设置服务器等技术手段，并通过非法支付平台收取货款快速转移资金，隐蔽犯罪轨迹与行踪，形成一条"线上线下"并行、境内境外交织、跨时空跨地域的犯罪产业链，①极大增加了线上线下一体化打击治理的难度。有鉴于此，近年来，围绕网络知识产权保护工作，线上线下一体化治理的政策指向越发明确、多部门联动的专项治理力度不断加大。首先，在政策指引方面，中共中央、国务院印发的《知识产权强国建设纲要（2021—2035年）》特别指出，要在传统的保护知识产权制度建设和工作模式基础上，"有效利用信息技术、综合运用线上线下手段，提高知识产权公共服务效率""建立健全新技术、新产业、新业态、新模式知识产权保护规则。探索完善互联网领域知识产权保护制度。研究构建数据知识产权保护规则。完善开源知识产权和法律体系。研究完善算法、商业方法、人工智能产出物知识产权保护规则"。《法治市场监管建设实施纲要（2021—2025年）》则同样强调，要"推进线上线下一体化监管"。其次，在专项整治方面，历年的专项治理工作亦无不线上线下一体进行。其中，2020年知识产权执法"铁拳"行动中，重点加强电子商务执法，要求完善线上排查、源头追溯、协同查处机制，强调利用信息技术加强对网络销售行为的监测和排查，提高案件线索的发现、识别能力，推进线上线下结合、产供销一体化执法，全链条查处侵权假冒违法行为；2020年，全国打击侵犯知识产权和制售假冒伪劣商品工作的"清风""龙腾"行动中，在严厉打击线下的跨境制售侵权假冒商品违法犯罪行为的同时，严厉打击网络盗版侵权等违法犯罪活动；全国"扫黄打非"办公室开展的"秋风2020"专项行动，严厉打击线上线下销售非法盗版出版物行为；《化妆品监督管理条例》于2021年1月1日起实施后，化妆品除了上述常态化的线上线下一体化治理的各类专项行动，剑锋直指线上伪劣侵权产品的"网剑行动"和"剑网行动"，更是连续开展多年且目前无丝毫停歇之势。其中，"网剑行动"是市场监管总局、公安部等网络市

---

① 北京市海淀区检察院：《知识产权服务科创检察白皮书》，2021年4月21日。http://www.ipraction.gov.cn/article/xwfb/gnxw/202105/343822.html.

场监管部际联席会议14家成员单位自2018年起联合开展至今的"网络市场监管专项行动"的简称,其重点打击对象为涉网侵权假冒等违法犯罪行为。多年来,该行动一直坚持线上线下一体化监管原则,通过强化线上线下联合监管和信息共享,形成多部门的执法合力;而始于2005年、持续至今的"剑网"专项行动,由国家版权局会同工信部、公安部等联合开展,每年的行动主题随线上问题而略有不同。"剑网2021"的行动重点即为对短视频、网络直播、体育赛事和在线教育领域版权的监管和相关侵权行为的打击治理。总体上,连年密集开展、声势浩大地对侵权产品线上线下一体治理的各类专项行动,取得了一定成效,具有鲜明特色。但与此同时,也暴露出屡打不净、容易反弹、成本较大等诸多问题。

(3)综合协同。网络知识产权保护,涉及多主体、多渠道、多部门。由此,"企企协同、政企协同、监管协同、管查协同、行刑协同、社会协同、跨域协同"的"七位一体"的内外协同综合治理,便成为历次专项行动的又一较为稳定的工作机制。其中,企企协同是指各类大大小小的网络平台与依附平台经营的各类市场主体之间的协同、配合与合规。网络经济时代,电子商务经营者尤其是电商平台和即时通信工具等平台类企业,既是直接的市场经营主体,也是肩负一定管理职责的监管主体,其对平台上海量商户的管理水平,直接影响着市场秩序和知识产权保护的状态。同时,在政府部门的引导与鼓励下,加强电商平台与权利人的密切合作,为侵权商品的鉴别建立良好的沟通机制;政企协同是指市场监管部门对各类线上线下企业的引导与规制以及双方的彼此影响与良性互动。执法部门综合运用行政约谈、行政指导、行政处罚、宣传引导等手段,强化对网络交易平台的监管,督促电子商务经营者履行法定责任和义务;监管协同是指不同市场监管部门在日常监管与执法中的同方向、同步调以及遥相呼应、互为补充的配合与默契。2018年以来,为了堵塞监管漏洞、提高执法效能,铲除侵权商品产供销链条,市场监管部门进行了综合执法的体制改革,对网络知识产权分段、分部门的传统监管方式,开始向跨区域、全链条、综合式的监管转变,日常执法及专项治理中的监管力量的内部协同性得到了明显改善；管查协同是指市场监管部门内部的日常监管部门与执法稽查部门之间的信息共享、衔接顺畅、以查促管、以管促改的内部协同机制；行刑协同是指行政执法部门与刑事司法机关之间的信息共享、线索通报、案件移送、证据转换、涉案物品鉴定、涉案物品处置等多方面工作的密切协同与顺畅衔接。历次影响较大、效果较好的专项整治工作，大多是两类部门、多个机关之间的联合发起、联勤联动；社会协同是指各类行业协会、民间组织、媒体记者、职业打假人、企业内部"吹哨人"及消费者等的积极参与，构建优势互补的网络知识产权保护共治格局；跨域协同是指在网络环境下跨区域、跨国境的知识产权违法犯罪日渐增多的情况下，国内不同地区或境外相关国家、地区的执法部门之间的通力协作。近年查办的跨域、涉网知识产权重大案件，无不深赖于国内不同地区或相关国家的执法司法力量的深度交流与执法协作。

（4）技术支撑。网络侵犯知识产权的违法犯罪，具有较强的技术性、复杂性、隐蔽性。发现线索、锁定证据、摸清链条都有相当难度。为此，与传统的线下侵权行为治理不同，网络知识产权保护中，科技思维和技术力量在平台内部的自我监管和外部的行政监管、执法办案中，都有着重要作用。通过多年的打击治理，行政执法部门与刑事侦查机关也敏锐地注意到这一问题，并开始着力强化执法中的科技支撑，加强自身科技素养的提升和必要的科技装备、科技手段的配备。但总体上，在行为人日趋狡猾、违法犯罪的技术含量不断提升的背景下，执法办案的技术支撑，仍大有潜力可挖。

四、网络食品药品与知识产权犯罪治理中的问题与进路

（一）网络食品药品与知识产权犯罪治理中的问题

现实社会食品药品与知识产权犯罪治理中的问题，同样存在于虚拟社会中，甚至有过之而无不及。这些问题主要包括以下几个方面。

1. 多主体多层面的共识度尚待提升。随着网络经济的快速发展，针对网络交易的安全与秩序维护，相关各方的重视度都大幅改观，但在治理理念、治理重点、治理方式、边界把握以及立法执法的取向、"宽严相济"的政策践行①等方面的共识度，尚待磨合提升。

2. 法律制度与标准规范亟待完善。第一，在涉案制度的总体完善方面，食药与知识产权案件，往往同时涉及标准规范、行政规范和刑事规范，而且相互关联咬合。为此，这三类规范都需要与时俱进、不断完善且需彼此科学呼应，并"针对法律规定之间不一致、不协调、不适应的问题，及时组织清理""加强立法的协同配套工作，实行法律草案与配套规定同步研究、同步起草，增强法律规范整体功效"。②不然，执法实践中，一些案件的办理将会陷入于法无据、缺失标准、行刑冲突、难以操作等困境。第二，在法律规范本身的完善方面，涉及程序法与实体法的跟进。首先，程序法层面，网络环境下，线上线下结合、跨多个区域甚至横跨多个国家的食品药品与知识产权违法犯罪案件，并不鲜见。为此，传统社会环境中延传多年的基于本土本乡犯案的行政执法与刑事司法程序下，串案、并案及长链条、跨区域经营案件，都遇到很大阻碍，已不能很好地适应，并案管辖难。其次，实体法层面，因食药犯罪是致使不特定多数人的健康、财产遭受损害或有损害的危险的行为，具有行为隐蔽性、多元参与性、结果发生的迟缓性和难以感知性、行为手段的专业性和难以认知性、风险及结果的难以计算性和延展性等特性，呈现出明显区别于传统的自然犯罪、经济犯罪、政治犯罪的公害犯罪特征。按照现有的犯罪构成要件理论与规范，很多此类案件都难以有效证成违法行为与危害结果之间的因果关系。

---

① 对此类问题，中共中央于2022年3月印发的《法治中国建设规划（2020—2025年）》中指出，在法治建设中，要"统筹解决食品药品、生态环境、安全生产等领域法律法规存在的该硬不硬、该严不严、该重不重问题"。
② 中共中央：《法治中国建设规划（2020—2025年）》。

3. 网上行刑衔接梗阻不畅。与线下行刑衔接状况相似，涉网食药与知识产权安全治理的行刑衔接同样远未畅通。第一，涉网案件行刑衔接的"五重五轻"问题同样突出——重视执法层面的行刑衔接而轻视立法层面的行刑衔接、重视制度规范衔接而轻视部门主管衔接、重视行政执法机关向司法机关的"正向移送"而轻视司法机关向行政执法机关的"反向移送"、重视涉罪案件移送而轻视涉罪线索通报与信息共享、重视涉罪案件的刑罚衔接而轻视违法案件的拘留衔接。第二，行刑衔接的"四不问题"依然存在——行政部门对食品药品和知识产权领域涉罪案件大多存在"不愿移、不会移、不能移、不敢移"的问题。[①] 其中，因各种主客观原因导致的"不愿移"仍将是今后相当一段时期内的主要矛盾，但因部分公安机关各种主客观原因引致的"不能移"问题、部分纪委监委部门对监管渎职要素把握的偏颇引致的"不敢移"问题，亦应引起相当重视并尽快解决。

4. 网上执法办案的综合能力有待提升。鉴于网上案件与网下案件的较大差异，目前的行政执法、刑事侦查与刑事司法能力明显不足。同时，因食品药品及知识产权违法犯罪案件，无不深度涉及该领域的民事、行政、刑事法律规定及行业标准、相关技术规范，案件在制度规范和技术规范之间的"穿透性""跨界性"特点突出，而受岗位职责与知识技能所限，各个执法主体往往是"少博多专"，遇到疑难复杂问题更是束手无策。为此，在新形势下的"综合案件"面前，单层社会下相关部门之间既相互制约又协同配合的综合能力，面临更大挑战，亟待大力提升。

5. 涉网案件查办的科技支撑严重不足。当前的网络食药与知识产权案件查办，与传统的违法犯罪差别巨大，大多涉及信息情报技术、检测鉴定技术及危害评估技术等，但目前相关事业单位及市场第三方机构，在人员素养、平台设备、

---

① 李春雷等：《食品药品与环境资源犯罪分析报告》，中国人民公安大学出版社2021年版，第12—20页。

标准方法及资格资质等方面,都还存在程度不一的短板,科技支撑严重不足。涉案物品及专门问题的专业认定技术、设备、机构、人员与相关制度(包括检验检测、专家认定、行政认定、司法鉴定、权利人证明)以及上述专业认定意见缺失下的证据规格要求等,有待进一步提升与完善。

6. 网络社会共治依然任重道远。传统的单层社会,越来越强调多方主体深度参与、密切配合的"共治"。该治理模式被推崇为"良治""善治"的必然模式。线上线下一体化的复杂环境下,这一治理模式无疑更凸显其必要性。但经过多年发展,目前电子商务公司及其附随经营者的严格自律、各类行业组织及民间团体的勤勉自治、执法司法部门兜底保障的联通协作机制尚不理想,线上线下的社会共治依然任重道远。

而上述问题中,第 4 点提及的针对涉网案件的"执法办案能力有待大力提升"问题,目前尤为紧迫、亟待解决。多年来,执法司法的制度设计和相关岗位人员的能力训练等,主要基于现实社会、有形市场的单纯场景,这在行政执法中表现得尤为突出。针对涉网销售伪劣商品的违法行为,市场监管部门的日常监管与稽查手段,更多强调强化执法力量的协作配合以增强网络市场监管合力、探索新型监管机制以提升网络市场监管效能、大力推进市场监管部门联合开展的"双随机、一公开"等。但这些工作方式,已难以有效适应网络环境下的执法办案,特别是面对涉网假冒伪劣行为的新手法、新模式,执法理念、执法方式、取证手段等都明显滞后。一是调查取证、锁定证据困难。在网络销售点多面广、消费者广布全国各地甚至世界各地的情况下,传统地针对线下有形场所的调查措施、取证手段,难以适应这种电子经营业态,对证言的收集、对售出商品的鉴定、对货值金额与违法所得的计算等,难以有效实现。二是溯源摸排、案件经营困难。当前,网络经营企业良莠不齐,经营理念、经营方式及日常管理制度等方面差别较大。一些平台企业门槛设置较低,日常的监管、警示、下架、驱离等管理制度不严密、不严厉,一些违法经营者便采取经营地与注册地不一致、冒用他人身份信息等手段在这类平台开设店铺、卖假售劣,加之部分物流快递企业没有严格执行"收寄验视""保存记录"等邮政管理制度,导致办案中很难层层追溯到批发、生产源等上家,难以做到案件查处的"斩链条、端窝点、清源头"。三是落地查处、人赃俱获困难。为了逃避打击治理,违法人员往往采取"订单加工""化整为零""人货分离""货标分离"等手法,以达到货物与标识异地存放、人员与货物疏离、避免大宗伪劣货物积压仓库的效果,导致证据不足、难以定案。因应上述种种新变化、新问题,对该类犯罪的打击治理对策,也必须随之作出实质性调整。

(二)网络食品药品与知识产权犯罪治理的对策探讨

网络信息技术的发展,亦伴随着与日俱增的被滥用的技术风险、人为风险与制度风险。互联网的风险规制、管理和控制,变得更加迫切、重要而复杂。如何应对信息技术的发展,对互联网进行科学、必要、合理的治理,在技术创新、经济发展与法律规制的平衡中制定和完善相应的技术控制与法律治理规则,日益成为一个全球性的共同挑战。[①] 对此,多年前,国外有研究者敏锐指出,网络空间并非天然地应受地域性规则的统治,它是一个具有(更具法律意义的)新边界的"场所",对其适用特别的法律,应当是自然而然的事。[②] 由此,在此网络风险环境下,我们有必要对网络食品药品与知识产权犯罪治理中的问题,作出必要的梳理总结,并立足中国环境、结合网络技术的发展趋势,与时俱进、未雨绸缪,加强综合治理和顶层设计,从理念变革、政策调整、法律完善、执法司法、社会参与、网企自律等方面,提出相应的"一揽子"解决之道。

[①] 梁根林:《传统犯罪网络化:归则障碍、刑法应对与教义限缩》,载《法学》2017年第2期,第3—13页。

[②] See David R. Johnson&David Post, "Law and Borders:The Rise of Law in Cyberspace",Stanford Law Review,vol.48(May,1996),pp.1370.

1. 思想与理念：从单层社会管理向双层社会治理转型

发展，是人类社会特殊的存在方式。几十年来，信息网络技术的突飞猛进及其与现实社会的密切结合，将人类社会带入了亘古未有的信息时代，虚拟空间的样态逐渐形成。为此，有学者惊呼，"虚拟空间中已经逐渐形成了现实社会，网络实现了由信息媒介向生活平台的转换，成为人们日常活动的第二空间。网络开始由虚拟性向现实性过渡，网络行为不再单纯是虚拟行为，它被赋予了越来越多的社会意义，无论是电子商务还是网络社区，网络已经逐渐形成自身的社会结构……互联网的代际发展逐步使它本身从虚拟性的空间转向虚实结合、虚拟向现实过渡的空间……网络空间与现实空间正逐步地走向交叉融合，双层社会正逐步形成"。① 在此形势下，网络食品药品与知识产权的交易秩序维护，面临着与原来单层现实社会中规制该领域违规行为的明显不同的新环境。一方面，合规交易与违规交易发生的环境已由单层面、单维度转向双层面、多维度，规制场景已发生巨大变化；另一方面，随着交易环境的复杂化，交易主体和规制交易的主体亦随之多元化、去中心化，除政府之外的其他社会力量尤其是以各类电商平台和即时通信工具为核心的新型电子企业等的力量，起着越来越大的秩序规制作用。正如英国学者斯科特所指出的，"不同于传统社会的'管理''治理'概念与公司治理有着密切关联。'治理'的主体已不限于国家，而是涉及政府主体之外的各种非政府主体，治理更为强调国家与非国家主体之间的相互作用，以'治理网络'乃至以'新治理'的方式，去实现相应的行政任务"。② 由此，该类违法犯罪防控的思想和理念，必定要随之因时而变、因时制宜，及时从单层社会的单向管理转向双层社会的多维治理。

---

① 于志刚：《"双层社会"中传统刑法的适用空间——以"两高"〈网络诽谤解释〉发布为背景》，载《法学》2013年第10期。
② ［英］科林斯科特：《规制、治理与法律：前沿问题研究》，安永康译，清华大学出版社2018年版，第6页。

思想是行动的指南。只有深彻适应新形势，形成体悟崭新环境后的新理念，才有可能以此为指引，在该领域的总体制度框架搭建、法律政策的立改废释、制度落实的执法司法、相关主体的权责设定等各项工作的开展方面，真正出陈易新、迭代新生，达到焕然一新的治理效果。为此，在涉网犯罪治理理念的转型方面，以下几点值得重视。

（1）犯罪控制理念。根据实证犯罪学派的代表人物菲利的"犯罪饱和法则"，所有社会的犯罪在数量上均有一定的饱和状态，除非社会环境等因素产生急剧变化。而随着自然条件和社会条件的变化，该法则有两种典型的表现，一是犯罪的周期性变动，二是犯罪的周期性增长。[1]为此，在当前的信息化时代，一定时期内，在综合条件没有发生较大变化的情形下，网络犯罪亦不会发生剧烈的或增或减的明显变化。为此，网络规范制定者与执行者，都应科学、理性、客观地看待包括食药与知识产权犯罪在内的各类涉网犯罪，做好标本兼治、稳扎稳打、持久作战的规划与准备，不能强求通过几次专项整治的雷霆行动就能实现对所有犯罪类型的根治，而是应力争通过多方努力，将犯罪的数量、类型、危害程度、发展趋势等控制在该时期政府和民众都能承受的范围。

（2）审慎治理理念。涉网犯罪控制理念，还内含着相关各方对电子商务、网络经济这种新业态的必要的审慎包容、鼓励创新的意旨。2019年1月1日起实施的《电子商务法》第三条特别强调，"国家鼓励发展电子商务新业态，创新商业模式，促进电子商务技术研发和推广应用，推进电子商务诚信体系建设，营造有利于电子商务创新发展的市场环境，充分发挥电子商务在推动高质量发展、满足人民日益增长的美好生活需要、构建开放型经济方面的重要作用"。这一规定，确认了电子商务在推动高质量发展、满足人民日益增长的美好生活需要、构建开放型经济方面的重要作用。为此，总体上，对于电子商务发展过程中出现的新业

---

[1] 王宏玉主编：《犯罪学》，中国人民公安大学出版社2021年版，第68—69页。

态、新技术,要通过政策鼓励、制度完善予以促进,要按照审慎监管的理念予以引导。但与此同时,审慎包容不等于一味迁就,审慎治理并非等同于软弱治理、犹豫治理。对行业内已公认通行的规矩规则,应及时总结、提炼,升华、固化为制度规范,不能一味摸着石头过河。而对明显违规、违法、涉罪的行为和领域,更应时刻保持高压态势,严厉打击整治、重典整非治乱。

(3) 一体治理理念。随着电子信息技术的迅猛发展及其与人类活动的深度融合,现实社会与网络空间的虚拟社会已密不可分。为此,有必要树立线上线下平等监管、一体治理、融合发展的理念。这一原则也被称为线上线下一致原则,即在政策法律制定、标准规范设计以及执法司法活动等层面,对采用网络信息系统进行的经营活动和在传统网下实体场所开展的经营活动平等对待,不能采取厚此薄彼的歧视性政策措施,更不能滥用行政权力排除、限制市场竞争。这一原则既是技术中立原则的具体体现,也是维护公平竞争、公正司法的现实需要。因此,2015年,国务院发布《关于积极推进"互联网+"行动的指导意见》,推进"互联网+"行动成为我国推进经济提质增效的重要政策。在此基础上,2019年实施的《电子商务法》第四条进一步明确,"国家平等对待线上线下商务活动,促进线上线下融合发展,各级人民政府和有关部门不得采取歧视性的政策措施,不得滥用行政权力排除、限制市场竞争"。《电子商务法》把这一理念和政策提升到法律层面予以确定,为线上线下同步和谐发展提供了明确的法律依据,利于实现交易活动的高效和深度融合中的创新。当然,需要注意的是,对此原则不能机械、狭隘地诠释为不考虑线上线下差异而必须绝对一致,而是要求公权部门线上线下总体性、实质性的公平对待。

(4) 社会共治理念。在国家治理中,追求法治框架下的社会共治,已成为当今世界大多数国家治理社会问题的方向,在理论界也取得了高度共识。《法治中国建设规划(2020—2025年)》明确倡导,要"广泛推动人民群众参与社会治理,打造共建共治共享的社会治理格局"。因此,在包含食品药品与知识产权安全在内的网络安全保护、交易秩序维护中,需要政府宏观调控、行业有效自治、企业自律合规及相关社会力量深度参与。这一理念的核心要义包括以下几点:其一,在此架构中、当前国情下,在相当长的一段时期内,政府宏观调控的核心地位难以动摇。其应通过多种政策工具进行综合施策、精准发力、靶向治理,凝聚、引导各种相关社会力量参与其间,实现对网络空间有效的宏观管理、间接管理、重点管理。同时,这种政府责任也意味着各级政府要着力改善与消除引发网络犯罪的根源性因素。其二,在上述基础上,行业有效自治、企业合规自律、相关社会力量深度参与[①]的效度,便成为影响网络秩序的直接因素。为此,相关行业协会要真正担负起自身职责,积极开展双层社会环境下的市场研究、权益维护、信用评价,培育和鼓励第三方机构参与企业的权益保护等工作。不过,在各种社会力量中,在当前显著区别于传统市场环境的信息网络环境下,各类大大小小的电子商务企业的自我管理程度和水平,成为影响我国网络生态环境的各种社会力量中最为重要的一点。由此,《电子商务法》第五条规定,"电子商务经营者从事经营活动,应当遵循自愿、平等、公平、诚信的原则,遵守法律和商业道德,公平参与市场竞争,履行消费者权益保护、环境保护、知识产权保护、网络安全与个人信息保护等方面的义务,承担产品和服务质量责任,接受政府和社会的监督"。在协同治理层面,该法第七条明确,"国家建立符合电子商务特点的协同管理体系,推动形成有关部门、电子商务行业组织、电子商务经营者、消费者等共同参与的电子商务市场治理体系"。为此,高度重视电子商务企业的合规建设,设法规束、引导其依法依规经营、公平理性竞争,应成为相关领域制法执法

---

① 在公安机关创新群防群治、推动基层治理的实践过程中,苏州等地公安机关率先创新引入"义警"这一群众志愿力量参与警务工作,取得了很好的效果。2017年,国务院颁布《志愿服务条例》,党的十九届五中全会则进一步提出要健全志愿服务体系,将志愿服务提升至治国理政的重要地位。为此,网络空间的违法犯罪治理,亦可适当借鉴这一做法,区分领域、有序引入部分有参与热情和网络技能的"网络义警",以充实网络空间的共治力量。

工作的重要指向。在上述工作基础上，进一步加强执法部门与食品药品企业及知识产权权利人、平台电商和社交电商、物流寄递企业等的沟通协作，为执法办案提供强有力的数据资源支持。除了上述几点，鉴于网络世界的跨域性、全球性，涉网行为治理中，还需注意以共治、善治为指引，保持必要的地区性开放和国家间的开放与合作。

在上述理念引导下，涉网违法犯罪治理新路径的探寻，才有可能。总体上，在网络社会、风险社会背景下，有必要以"共治共享"为目标、以"防患于未然"为指引、以"市场化、社会化、法制化、信息化"为路径，推进包括食品药品与知识产权犯罪在内的犯罪治理模式的转型。

2. 立法与执法：从物理世界向虚拟空间的拓展

随着信息技术的飞速发展，网络社会+现实社会的"双层社会"模式已然初步形成。网络社会与网络犯罪的典型特征主要包括虚拟性、交互性、超时空性。传统刑法理论要想适应"双层社会"的发展趋势，必须在思维体系与方法论上做出重大调整与改变，重点关注犯罪惩治与刑法谦抑的平衡、传统法益的坚守与新型法益的构建、刑法解释技巧的灵活运用、定罪量刑标准的多元化等四个方面的问题。①

（1）行刑立法的深度变革

随着网络空间与现实空间的不断交叉融合，现实社会+虚拟社会的"双层社会"已初步成型。由此，犯罪发生的场域，也已由"现实物理空间"一个平台，发展为"现实物理空间"与"网络虚拟空间"两个平台，一个犯罪既可能在网络空间完成"全部规范动作"，也可能同时跨越虚拟与现实两个平台空间而实现，而"两个犯罪平台的并存，迫切需要让传统刑法能够适用于两个平台之上的

---

① 刘夏：《双层社会背景下刑法思维之转型》，载《时代法学》2016 年第 4 期，第 30 页。

解释路径和套用规则"。① 虚拟空间并非法外空间。在此形势下，二十多年来，我国网络犯罪立法几经重大变迁。总体上，犯罪立法视角从微观向宏观转变，犯罪防控思想越来越注重犯罪预防，犯罪惩治手段逐渐多元化，反映了网络犯罪治理思想、治理路径和治理措施的转变。② 但总体上，对于虚实混合一体环境下不断产生的大量新型越轨行为，传统的法律规范已不能妥当规制，犯罪治理实践对新制度的需求与日俱增，而面对与传统犯罪区别明显的网络食药与知识产权犯罪等新型犯罪，相关立法存在诸多明显不足。除了受传统的单层社会环境影响深远的立法理念、体系架构的巨大惯性延传之外，涉网法律体系的行刑一体及实体与程序一体的内在统一协调性不足、立法明显滞后于网络信息技术的发展、法律规范与技术规范的疏离、惩治力度的不严不厉或厉严失当、个人信息安全与国家安全的保护偏弱等问题，都较为突出。

综上所述，总体上相对于构建更加安全、开放、有序、和谐的网络环境的实践需求，我国网络犯罪立法体系建设，尚有较大提升空间。线上线下一体治理的法律制度的与时俱进、及时完善、配套跟进，已成为我国当前及今后相当长时期内的一项重要而紧迫的工作。为此，《法治中国建设规划（2020—2025年）》要求，今后的法治建设需"坚持问题导向和目标导向""坚持立改废释并举，加强重点领域、新兴领域、涉外领域立法"，强调要"加强信息技术领域立法，及时跟进研究数字经济、互联网金融、人工智能、大数据、云计算等相关法律制度，抓紧补齐短板"，以"切实增强法治中国建设的时代性、针对性、实效性"。纲举目张。依次要求与指向，《法治社会建设实施纲要（2020—2025年）》进一步强调，"推动社会治理从现实社会向网络空间覆盖，建立健全网络综合治理体系，加强依法管网、依法办网、依法上网，全面推进网络空间法治化，营造清朗的网

---

① 于志刚：《"双层社会"中传统刑法的适用空间——以"两高"〈网络诽谤解释〉的发布为背景》，载《法学》2013年第10期。
② 廖根为、陆璟妍：《论我国网络犯罪有关立法的变迁》，载《犯罪研究》2021年第4期。

络空间",并专设"完善网络法律制度"模块,对未来一段时期的网络立法的框架、方式与重点等进行了擘画:"通过立改废释并举等方式,推动现有法律法规延伸适用到网络空间。完善网络信息服务方面的法律法规,修订互联网信息服务管理办法,研究制定互联网信息服务严重失信主体信用信息管理办法,制定完善对网络直播、自媒体、知识社区问答等新媒体业态和算法推荐、深度伪造等新技术应用的规范管理办法。完善网络安全法配套规定和标准体系,建立健全关键信息基础设施安全保护、数据安全管理和网络安全审查等网络安全管理制度,加强对大数据、云计算和人工智能等新技术研发应用的规范引导。研究制定个人信息保护法。健全互联网技术、商业模式、大数据等创新成果的知识产权保护方面的法律法规。修订预防未成年人犯罪法,制定未成年人网络保护条例。完善跨境电商制度,规范跨境电子商务经营者行为。积极参与数字经济、电子商务、信息技术、网络安全等领域国际规则和标准制定"。

"法与时转则治,治与世宜则有功。"[①] 随着网络社会维度的渐趋成熟,行政与刑事立法必须及时回应网络社会新维度下违法犯罪形态的科技转型、深度变革。近年来,网络立法也确实正在从起步、发展走向完善,但制度规范供给不足的疲态依然开始显现。为此,涉网制度的完善,将会是一项持久工作。但任何制度的变革,都是一把"双刃剑",需要决策者审时度势、权衡利弊。总体上,在关乎民众人身财产权利和社会经济发展的法律制定修订过程中,针对网络行为这种新事物,规范制定者有必要秉持上文论及的相关理念尤其是"包容审慎"理念,宽严有度、分类规制。作为万法之中的"保障法",刑法在与时俱进的同时,更是要时刻坚守自身定位,保持必要的谦抑审慎,避免沦为网络问题治理的"猛药"。为此,首先,在涉网越轨行为的犯罪化过程中,严格考察相关行为的非难性与可谴责性,以免消解民众对刑事法律的认同与敬畏;其次,在新型网络犯罪治理

---

① 韩非:《韩非子·心度》。

中，刑法相关罪名构成要件的释解与适用，确实有必要对线上线下类似行为进行一体化涵摄，但也必须注意线上线下行为手段、危害后果等方面的区别，更不能违反罪刑法定原则、不符合相关法益保护的要求，法言法语亦不能超出刑法用语的最大射程以及社会大众的预测可能性。在上述理念和原则下，如何科学有效规制与网络伴生的各类新型犯罪形态，可能其关键点之一，还是在于能否全面、清晰地认知当前双层社会的链接点——"数据"。"数据犯罪随双层社会固化而持续扩张，立法、司法均提出各自的应对思路，但规制现状并不乐观。以数据犯罪为核心，分析该犯罪形态在立法与司法领域的表征，并结合其技术与社会的双重价值属性，针对受损法益展开分析，最终实现对相关罪名适用的逻辑化探索"。①

（2）执法司法的智慧升级

当前，网络食药与知识产权违法犯罪活动呈现出地域广布化、分工精细化、行为组织化、虚实一体化等特点，反监管、反稽查、反侦查手段不断翻新。其中，既有"含技量"确实较高的"使用网络技术"行为，也不乏"含技量"较低的各种"涉及网络技术"行为，但都对日常监管、执法办案形成了现实阻滞和严峻挑战。相较于较为单纯的单层社会、实体市场的调查取证，目前相关执法主体对网络案件的办理能力明显不足，执法司法的智慧升级成为大势所趋。

其一，完善技术规则。网络技术环境下，制度规范与技术规则密切融合并深切地影响民众的各类日常行为与市场交易。若欲顺利实现事中、事后的动态监管，就必须首先厘清并确定事前的国家层面的具有强制性规制作用的"正规技术规则"以及社会层面的具有引导性规束作用的"非正规技术规则"。为此，国家层面，在现有相关法律制度完善的同时，市场监管等执法部门有必要会同工信部、行业研究院等技术单位，着重从技术角度进一步细化规范相关市场主体的行

---

① 李琪、姜俊鹏：《双层社会视阈下数据犯罪的法益规制思路》，载《犯罪研究》2021年第1期，第95页。

为，以做好上位法的补充。例如，国家层面，应尽快制定颁布《中华人民共和国数据安全法》《中华人民共和国个人信息保护法》等法律规范的配套规则、禁止网络不正当竞争行为的详密细则，细化实化平台企业的数据获取及处理规则、研制与平台经济相关的国家标准等；社会层面，相关行业协会、研究会等非政府组织，真正发挥行业引领作用，组织业内代表性企业和权威科研单位，推进制定行业公约、行业标准、团体标准，鼓励、帮助业内优秀网络企业制定高于国标和行标的企业标准，研究编制电商平台知识产权保护的行业管理标准与技术规范，引导第三方平台制定交易规则并备案等，进而推动行业自治、企业自律，引领、督促网络平台企业依法合规经营。通过国家与社会的多方努力，建立正向、健康的业内技术明规矩和"潜规则"。鉴于网络经济的跨域性，还有必要积极参与数字经济、电子商务等领域国际性技术规则和技术标准的制定。由此，事中、事后的网络经营主体的自我监管与外部的公权规制，才能有明确而完整的、具有实操性的涵括技术规则的规范依据。

其二，夯实技术基础。网络技术环境下的行为约束，除了需要明确上述技术与非技术层面的规范，还要建设各类数据库、系统等基础平台及附着于上的相关信息资源的调度和运行制度。这种带有顶层设计性质的软硬规则明确、技术平台建立后，事中、事后的覆盖线上线下的全景式日常动态监管与执法司法，才可能真正实现智慧升级。基于此，必须尽早完成国家层面的技术监测平台建设、执法司法系统建设，将线上线下的执法基础数据、执法程序流转、执法信息公开等汇聚一体、即时录库、良性循环，建成全国线上线下一体的行政执法数据库、刑事侦查数据库、刑事司法数据库，并在数据信息的去密化清洗、处理后，尽快实现多平台数据的联通汇聚并设置面向全社会的高开放度的使用授权，以便于不同政府部门的日常工作及相关行业企业的自我监管活动、促进信息汇聚后实务部门和理论界的大数据研判与形势分析。同时，引导行业与头部企业等建立涉及侵权假冒的行业数据资源数据库并合理开源共享，以有力补充政府数据池。信息时代，数据资源的互联互通互补、共建共用共享极为关键。不然，各种孤立、陈旧、碎片化的数据的价值将大打折扣甚至误导管理与决策。应该说，目前这块工作已提上日程但进展仍不理想，大量主要的基础数据库有待建立与完善，政府和社会现有数据库和系统平台的开放共享亦待积极推进。

其三，创新监管模式。当前，食品药品与知识产权网络交易呈现不同于传统市场交易的新特点、新风险，各类侵权假冒行为也不断显现出新手法、新模式。为此，确定新的市场环境下的监管重点、监管方式和监管频次，并充分利用技术手段创新监管模式，推进线上线下一体化的精准监管、智慧监管，便成为相关部门今后工作的主要方向。监管部门也对此高度重视，国家层面的法治市场建设实施纲要及相关政策文件，不断倡导、推进新形势下的"互联网+"监管执法。[1] 为了显著提高对违法线索的发现、甄别、深入发掘、预测预警能力及案件处理中的探源追溯、应急处置能力，在这种新型智慧监管模式下，监管主体必然要不断接受专业培训以提升自身素养，执法技术与装备亦需不断创新以适应科技化执法环境，大数据、移动网络、人工智能、区块链、云计算等技术在执法监管中的研发运用将被持续强化。同时，鉴于算法技术在网络经济中的无处不在、海量使用，监管部门还要注意跟进研判算法领域技术发展的新动态并随时运用到日常监管工作中。以远程监管、移动监管、预警预防为特征的非现场监管与传统的现场监管，将会并行不悖并交互补充。总体上，以上述技术支撑、严罚重管的"硬手段"为主，再辅之以行政指导、行政奖励、行政和解等"软手段"的工作模式，将成为今后市场监管的新常态。

其四，智慧执法司法。为了有效应对网络环境、大数据环境下的违法犯罪行为，执法司法人员，需充分运用大数据、云计算、人工智能等现代科技手段，优

---

[1] 2022年4月24日，国家药监局正式发布《药品监管网络安全与信息化建设"十四五"规划》，对"推进数据融合与驱动""筑牢药品智慧监管数字底座"等"智慧监管"工作，进行了精密规划。

化整合相关信息、数据与平台，实现执法司法的数据化、网络化、智能化。

首先，在智慧执法方面，有必要在上述数据资源及系统平台建设的基础上，进一步着力构建市场监管一体化信息平台，强化对违法线索的发现、收集、甄别、挖掘、预警，做到事前有效防范、事中及时干预、事后精准打击，提高监测监管的精准与高效。推进线上线下结合、产供销一体化执法，全链条查处侵权假冒违法行为。这对电子数据取证技术、取证方式及执法人员的取证能力，提出了更高要求。为此，加快研制行政执法的电子数据取证规范、采证规则、解决网络违法案件查处过程中的取证难题，便成为市场监管总局、药品监管局等监管部门的当务之急。鉴于网络调查取证的重要性，有必要探索推进支撑行政执法的电子数据取证实验室建设，加强电子数据取证技术及取证装备在网络取证、证据存储和司法鉴定方面的深度使用，并在全国一线执法人员中大力推行 App 掌上执法终端设备，以便利执法。在上述工作的基础上，适当调整传统的单层社会环境下"条块结合、以块为主"的体制机制，合理强化复杂环境下"条"的纵向影响力，借助系统平台，推动建立健全统一指挥、横向协作、纵向联动的执法工作机制，加强对涉网络、跨地区、跨层级的大案要案的统筹协调。

其次，在智慧司法方面，近年来，全国智慧司法工作走上快车道。"十三五"期间，科技部即在国家重点研发计划中启动了重点专项《公正司法与司法为民关键技术研究与应用示范》。"十四五"期间，紧密结合检、法、司工作，以实务部门业务需求为牵引、产学研用一体攻关创新的更大体量的智慧司法方面的国家科研专项也在深入推进中。[①] 通过科研攻关，针对具体司法场景的类案或关联案件

---

① 科技部发布的《"十四五"国家重点研发计划"社会治理与智慧社会科技支撑"重点专项2021年度项目申报指南》中，专门列出"智慧司法关键技术与装备"，涉及"法检司协同分布式大数据融合关键技术研究""智慧司法数字大脑共性支撑技术研究"，重点研究面向司法协同的大数据治理与服务关键技术、以审判为中心的虚拟数据空间构建技术、面向检察专业化办案的分布式数据融合关键技术等。

推送、相关法条的遴选推送、大数据定罪量刑、证据标准的数据化呈现、裁判文书的自动生成、案件偏离度分析、智能化法律检索、大数据司法绩效考核以及网络执行查控等技术,已开始逐步应用到检察院、法院的案件办理工作中,并取得了一定成效。但目前,涉及食品药品与知识产权犯罪尤其是食品药品类公害犯罪的侦查技术与装备的科技重点专项,科技部尚未设立,目前只有过一项在其他重点专项中的单一项目。[1] 鉴于我国当前食品药品与知识产权安全刑事保护的重要性与紧迫性及打击治理中的技术与设备瓶颈,这一涉及数万警力的专业性警务工作,有必要在国家层面设立"公害犯罪侦查技术"科技专项,以集聚全国优势研发力量,研究线上线下公害犯罪侦查涉及的数据分析、情报研判、预测预警、检测鉴定、危害评估、应急处置等技术及装备,走向食药犯罪的智慧打击。比较之下,因法律制度、历史文化和发展阶段的不同,智慧司法在国内外的发展路径区别明显。从技术形态来看,国外的智慧司法(欧洲称为"法律+科技",美国则为"数据驱动司法倡议")主要在于引入互联网、大数据、人工智能、区块链等通用性技术方面,针对具体司法场景的专门性技术研发还远不成情势。[2]

其五,健全协作机制。当前,侵权假冒违法行为跨区域、链条化的特征愈发明显,只有加强线上线下一体化的区域间、部门间协作配合和联合行动,才能解决区域执法带来的碎片化、节点化、孤立化问题,铲除整个违法犯罪的上下游产业链,进而有效清理灰黑产业。为此,有必要通过总结提炼特定区域的协作实践经验,尽快完成执法程序、执法标准的全国统一化,建立网络环境下常态化的跨区域执法办案协作机制,并逐步探索建立跨区域的线索通报、案件协查、委托取

---

[1] "十三五"期间,科技部在以攻克食品安全行政监管中的技术及装备问题为目标的"食品安全关键技术研发"重点专项中,列出了一项"××××食品安全风险防控警务模式及关键技术研究"指南,后由中国人民公安大学牵头,中国检科院、国家风险评估中心、公安部物证鉴定中心等科研院所参与的团队申报成功。这也是至今国内唯一一项涉及公安机关防控特殊场景下食品安全的国家重点研发计划项目,目前研究进展顺利,有望于近期结项。
[2] 刘品新:《智慧司法的中国创新》,载《国家检察官学院学报》2021年第3期。

证、证据转移、检验鉴定结果互认以及联勤联动等制度，完善线索发现、源头追溯、属地查处机制，真正形成线上线下一体协同、相关区域密切协作的执法办案模式。这在跨区域的重大违法案件稽查中，问题尤为突出、协作尤为急迫。

3. 个人与企业：从单一身份向多重身份的转变

随着网络技术的迅疾发展，网络空间的构建者已成为信息化时代、法律视角下的新一类"主体""当事人"。各式各样、五花八门、规模不等的聚集式、集中式网络平台，便是其中最为突出的代表性"主体"。一定意义上，任何领域的管理规则的制定与执行，都是相关各方斗争和妥协的产物。面对网络平台、网络经济的快速发展，传统的行政监管与稽查力量，日益捉襟见肘、难以应对。为了强化秩序管理、扩大监管覆盖面，网下各类执法主体不得不向网络平台"让渡"或曰"授权"部分监管权力，亦可谓增加其部分"代管"职责和义务。因此，与传统现实社会中单一的商品经营者、提供者身份不同，这类大小平台，一方面，其与传统的线下经营者相似，是信息的发布者、商品的交易者、服务的提供者，主要接受消费者、用户的检验和评判，主要是"商品经营者"的角色；另一方面，其与大部分的传统线下经营者又存在很大不同，这类网络平台还是上述服务的管理者、控制者、监管者，主要接受各类行政监管部门的审视与监督，显示出"市场管理者"的角色。为此，这类网络平台的实际经营者，无论是个人还是企业，都正在经历着从传统单层社会的单一身份向双层社会环境下的双重身份的转变。当然，从法学、管理学角度来看，这也符合"责权利对等"或"责权利一致"的一般性原则，负有什么样的责任，就应具有相应的权利、取得相应的收益。责、权、利的大致对等并相辅相成、相互作用，才能调动相关主体的积极性，也才符合公平与公道。

但在这种主体身份的转换中，目前尚存在定位不准、职责不清、责权利不一致的问题。这在网络平台的"市场管理者"角色转换中，表现尤为突出。总体上，在政策理论研究与立法执法实践中，存在对网络平台"过度减轻管理职责"与

"过度加重管理职责"两种倾向。其一，过度减轻网络平台的管理职责。这种观点强调，网络平台仍然属于发展中的新生事物，为了鼓励创新、增强经济社会的发展活力，应当对其宽松管理、允许试错，淡化其管理者身份及相应职责。平台上的各个商家，应对自己的具体言行负最主要的责任。相应地，对平台规制的各项规章制度，也应以呵护引导为主。其二，过度加重网络平台的管理职责。赞同此论者认为，网下现实社会中开办各类中介性、平台性市场，管理部门会对市场开办者及市场经营管理公司，规定相应的市场管理职责。比如，批发市场有权设置入场经营的条件、监督交易商的交易行为，有权按有关规定、章程和细则对违章、违纪行为进行处罚。而在网络环境下，网络平台交易的便捷性、快速性、开放性、广泛性、智能性等特点，会引致包括不安全食品药品、冒标侵权的伪劣产品在内的各种商品、服务、信息的流转和交易更为快捷而普遍。在便利民众工作生活、商家利润倍增的同时，网络违法犯罪危害的雪球效应也将更为显著。有鉴于此，从责权利对等角度而言，较之于各类线下平台性市场的建设者，线上平台更应强化"企业自律"，提升自我监管力度。比如，更加严格商家准入门槛，更要加强商品质量巡检，更为严密内部下架、赔礼赔偿甚至退出平台等惩罚制度。各个行政部门，当然亦应随之强力完善平台监管的法律法规。我们认为，人类社会的发展，一直就是在这种创新探索、试错试新的道路上艰难前行。一定意义上，在"摸着石头过河"的探索道路上，一些符合社会文明发展趋向的现时"越轨"行为，很可能就是推动法律制度修改完善、引领社会经济跳跃发展的"创新"行为。为此，以审慎包容的态度对网络经济发展中的新业态、新行为进行规制的大方向，应该得到各方的理解与支持。但与此同时，随着探索的深入、经验的累积，部分得到行业共识的真理性认识，会慢慢沉淀、成熟。对此，就有必要及时总结、提炼、固定、提升这类宝贵共识，并将其上升为行标、国法，业内各参与主体必须一体遵循。由此，网络企业尤其是各类电商的多重身份、职责定位问题，也应沿此理念与路径，界分不同情形、分类赋权压责，不宜一概而论。

五、结语

在快速变化的全球政治经济环境中,科技产业始终扮演着推动社会与经济发展的关键角色,以多种形式驱动着经济社会的发展。后疫情时代各国的经济复苏,更是对包括网络信息技术在内的科技发展的带动效应寄予厚望。但全球视野下的各国发展史一再证明,历史过程中的任何或大或小的科技进步,都要人类付出或大或小的代价。唯物辩证法也向我们提示,任何整体利益的追求与实现,都意味着某些局部利益的舍弃与牺牲。随着科学技术的飞速发展、信息化时代的到来,与传统社会相比,当代社会的确已进入高风险时期。"人类社会发展的一个大趋势,是社会活动性质的利害两重化。"[①] 风险社会理论的开拓者乌尔里希·贝克曾提出,风险与危险不同,"它一般是不被感知的,并且只出现在物理和化学的方程式中(比如食物中的毒素或核威胁)"。[②] 英国的安东尼·吉登斯早在《现代性的后果》一书中,现实地考察了被许多人倍加褒扬的现代性之后的各种严重后果,探讨了人类在这些现代性成果附随带来的诸多新问题面前的出路。[③] 网络信息技术的发展,明显地体现出"现代性成果"的这种双面性甚至多面性。对此,我们在借助科技手段进行犯罪治理的时候,似也应时刻保持清醒,研之有节、用之有度并及时评估,时刻注意空前攀升的数据安全和数据隐私保护等问题,做到未雨绸缪,最大限度地控制、减少智慧治理可能带来的负面效应。

---

① 刘岩:《风险社会理论新探》,中国社会科学出版社2008年版,第2页。
② [德]乌尔里希·贝克:《风险社会》,何博闻译,译林出版社2004年版,第18页。
③ [英]安东尼·吉登斯著:《现代性的后果》,田禾译,译林出版社2011年版,第7页。

第二章
网络食品安全的行政治理

中国已经阔步迈入"互联网+"时代,经济社会正在走向转型发展的新常态,电子商务的迅猛发展,成为我国经济发展中的一个突出特点。2020年,我国电子商务交易额达37.21万亿元,同比增长4.5%,网上实物商品零售额达97590亿元,同比增长14.8%。其中,网络食品交易额超过6500亿元,仅生鲜电商交易额就高达3641.3亿元,同比增长42.54%。[①]从近十年的发展态势来看,网络食品越来越成为我国食品消费市场的主要趋势。2020年,新冠肺炎肆虐全球,网络食品的热度大幅提升,网购极大地满足了消费者快捷和便利获得食品的需求。与此同时,一些不法分子利用网络食品安全监管的漏洞,销售不合格食品,给公众的健康带来隐患。国家市场监督管理总局不定期发布通告,向社会公布最新食品安全监督抽检结果,从通告的内容来看,网络电商平台是各批次不合格食

---

① 商务部电子商务和信息化司:《中国电子商务报告2020》。

品的重要销售渠道。①网络食品安全问题受经营主体多元化、法律关系复杂化和涉案地域广泛化等因素的综合作用，较之一般食品安全问题更为错综复杂。网络不是法外之地，网络食品安全仍是底线。"共治"是食品安全问题的基本理念，网络食品安全的治理也应当坚持"共治"；从我国"互联网+"的信息化水平和食品安全的基本态势来看，行政治理在当前以及今后一段相当长时期内都会居于主导和优先地位，是网络食品安全治理的最核心者。本章以行政治理的通行理论为统率，细致梳理我国网络食品安全行政治理的基本内容和主要特点，然后在总结网络食品安全违法犯罪方式和类型的基础上，探索符合我国国情的网络食品安全行政治理因应之道。

一、食品安全行政治理概述

行政治理由"行政"和"治理"两个关键词语构成，这两个词语各自均具有独立的学术价值；二者一经组合，便使得行政治理的内涵无比丰富。传统的行政系相对于立法与司法而言的事物，此自亚里士多德学说滥觞以来就是正统学说。近代分权思想的发展，践行于国家权力的实现中，即行政作为国家垄断之公权力，主要为执行法律的社会管理行动。行政与人类社会相伴相生，但经由现代国家理念改造后的行政在法理上具有全新的面貌，或者说，现代意义的行政，不仅是行政管理，更是管理行政，其发展大致经历了"夜警"行政、规制行政和治理

---

① 如2020年8月18日，国家市场监管总局官网发布关于6批次食品不合格情况的通告称，近期抽取粮食加工品等16大类食品151批次样品，检出5大类食品6批次样品不合格。值得关注的是，这6批次不合格食品都来自电商平台。2020年8月31日，国家市场监管总局官网发布对11大类食品61批次样品的抽检结果，除1批次农药残留超标问题韭菜来自线下外，其余4批次不合格食品的销售渠道也来自电商平台。2021年8月12日，国家市场监管总局官网发布对26大类食品337批次样品的抽检结果，检出食用农产品、糕点、水果制品和肉制品等4大类食品的5批次样品不合格。发现的主要问题为微生物污染、农药残留超标、重金属污染、食品添加剂超限量使用等，而这些问题都见诸电商平台所售食品。

行政三个阶段。其中，规制行政和治理行政对（网络）食品安全的治理意义至关重要。

（一）规制行政下的食品安全

"夜警"行政时代，社会只存在食品问题，几乎不存在食品安全问题。食品问题的解决有赖于自由竞争和契约自由，政府于此的基本职能仅仅在于维护市场交易秩序，不涉入市场主体缔约的实质内容。工业社会的发展，在带来经济繁荣的同时，大量社会问题亦随之而来，食品安全问题便是其中代表之一。这一问题的产生，从根本上来讲，恰恰是市场经济发展的必然结果，人类对市场失灵基本找不到其他应对之策，迄今为止，人类唯能依赖者，仍是"必要的恶"——政府。"现代行政国家正在形成，纠正社会和经济的弊病是政府的职责，这种看法反映了人们的情感"[1]，规制行政于是伴随着人们对市场失灵的思考与回应应运而生。食品安全问题，其突出地体现着市场失灵的全部特征，即进入市场存在障碍（垄断）、外部非经济性和信息的不对称，相应的规制行政回应实质上就是对垄断的抑制、对外部效应的内部化和对不充分信息的补偿。规制行政之所以是市场失灵的最常见的反应，这是因政府具备的两个突出特征，即"成员的普遍同质性"（Universal）和"强制性权力"（Power of Compulsion）造成的政府显著优势决定的；这些优势主要体现在："（1）政府的征税能力，政府能够征税；（2）政府的禁止力，它能够禁止某些经济行为；（3）政府的惩罚力；（4）政府更能节约交易成本"[2]，于是市场失灵和政府优势一拍即合，产生了规制行政存在的理论根据。

规制行政依其对经营主体基本管控方式，可划分为直接规制和间接规制，直接规制是指政府部门（狭义政府）对微观经济主体直接实施的干预，而间接规制不直接介入经济主体的决策，仅作用阻碍市场机制发挥效能的行为，并努力建

---

[1] ［英］韦德：《行政法》，徐炳译，中国大百科全书出版社1997年版，第1页。
[2] ［美］施蒂格勒：《产业组织和政府管制》，潘振民译，上海人民出版社、上海三联书店1996年版，第16页。

立完善的、能够有效发挥市场机制效能的制度,如反垄断法。直接规制、间接规制二者是互为消长的关系。①直接规制一般又可以分为经济性规制和社会性规制,前者"主要包括:(1)价格管制。(2)进入和退出市场管制。(3)投资管制。(4)质量管制"。后者"以保障劳动者和消费者的安全、健康、卫生、环境保护、防止灾害为目的,对产品和服务的质量和伴随着提供它们而产生的各种活动制定一定标准"②,二者并不是简单的互为消长关系。食品问题的核心是市场生产经营主体对消费者购买需求的有效满足,其本质上是市场交易问题,对食品问题的规制行政往往是经济性规制,其基本点是食品市场秩序的维护。而食品安全问题的核心是社会公众生命健康的切实保障,其本质上是市场失灵问题,对食品安全问题的规制行政不仅是经济性规制,更是社会性规制。食品安全的行政治理不能简单地以市场化或者去市场化这样"一刀切"的态度来对待,这点在当下中国优化营商环境和放松规制改革的大背景下尤为重要。

食品安全行政治理的本质决定着其规制行政的落脚点更多的是一种"安全"监管,而并非只是简单的"秩序"监管。"安全监管的具体内容可以精练为一句话:风险管理"③,因此,食品安全行政治理又可以称为一种风险治理,其行政内容就是风险规制。风险规制是因应风险社会的全新行政范式,现代社会是风险社

---

① "一般说来,直接规制与间接规制的关系是,在政府放松直接规制的时候,间接规制往往加强,这是因为政府放松对某一领域的价格或进入市场的管制后,需要通过加强反垄断来维持公平竞争和市场秩序;在经济规制和社会规制方面,政府出于加强市场价格机制的作用的考虑,在放松经济规制时,社会规制对防止不利的外在效应或增加有了的外在效应仍然是必要的",详见荠景石的《日本市场复归中的政府规制改革》(《日本学刊》2000年第6期)一文的"后发展国家中经济规制的性质"部分。
② 参见植草益:《微观规制经济学》(中译本),中国发展出版社1992年版,转引自陈富良:《政府规制中的公共利益理论与部门利益理论》,载《北京财贸管理干部学院学报》2000年第3期。
③ 冀玮:《市场监管中的"安全"监管与"秩序"监管》,载《中国行政管理》2020年第10期。

会（Risk Society），现代社会的安全问题很大程度上是安全风险问题。1986年切尔诺贝利核电站的爆炸事件，释放出相当于广岛原子弹400倍以上的辐射剂量，其危害后果至今仍未能予以确切计算。上述种种安全问题，本质上均源于工业社会或者现代化发展过程中，人类自身行为或者说是自制技术的风险。现代社会的安全风险，很多属于技术风险，而这些技术风险本身往往却是人类控制风险或者使得风险最小化的行为结果；换言之，这些技术风险的产生是现代社会发展所不可避免的，而且它们的后果具有不可计算性。从这个意义上来说，以结果为导向的秩序监管面临着社会风险问题，将变得束手无策，于是，食品安全治理不得不选择了以标准、内容、过程为导向的安全监管这一风险规制之路。

（二）治理行政下的食品安全

现代国家的诞生，意味着公权力的国家垄断，或者说，"国家通过压倒有组织的宗教而成为社会控制的机构……人们渐渐地只诉诸或者最终诉诸国家来矫正不法行为"[①]，行政完全是国家分支机构的执行管理活动。行政权力主体的单一性（行政机关）和行政活动方式的特定化（行政行为）是"夜警"行政的典型特点。规制行政反映了行政国家的兴起，国家行政权的扩张是其主要的内容；但同时，政府失灵问题也伴随着行政国家的发展而逐渐暴露出来，政府失灵的危险并不亚于市场失灵，于是，世界范围内放松规制成为20世纪末以来行政改革的一个重要趋势。同时，经由新公共行政运动和新公共服务运动的精神洗礼，社会力量和公民个体作为行政的重要力量发挥作用，规制行政也就慢慢让位于治理行政了。

食品安全对于社会公众而言，属于公共产品，治理行政一定程度上回归了社会自治的传统，其对公共产品的供给，一方面仍在于国家行政权，另一方面也在于社会行政权，"因为非政府的社会公共体更接近公民，公民可更直接参与其

---

① 罗豪才、宋功德：《软法亦法：公共治理呼唤软法之治》，法律出版社2009年版，第213页。

运作和更直接对之进行监督"①。政府步步为营而又身不由己地退缩，行政权力结构发生了重要改变，参与式的"第三部门"，"既可以促进民主、责任政府，又可以弥补国家能力之不足而完成政府与社会组织合作的良性治理"②。在昂格尔看来，治理行政"合作主义的锋芒所向，就是要在思想上和组织上取消国家和社会的界限，因而也要取消公共生活与私人生活的界限"③。中国的发展不能独立于世界大势之外，治理行政的理念也形塑着中国的行政改革道路。从 2014 年开始，中国最高决策层将"治理能力与治理体系的现代化"作为治国的基本命题而提出。党的十九届四中全会首次提出，"坚持和完善共建共治共享的社会治理制度"，进一步凸显社会治理的公共性、多元性和共同性。《食品安全法》在此精神指引下，明确规定"社会共治"，治理行政的蕴意已是不言而喻。

  作为社会风险的食品安全问题，其转化为巨大灾难的随机性和突发性很强，任何国家和组织都不可能独立地予以应对。因此，一个主体多元、合作互补、复合的食品安全风险治理体系，成为势所必然的发展选择。④ 食品安全风险治理的集体行动，要求超越"国家"风险规制，而且要求其更加"正视国际化公共行政网络的现实，关注民族国家内部风险规制与跨国、国际风险规制之间的复杂关系"⑤。"互联网+"时代的到来，其主要推动力量是大型的互联网公司而非国家，食品安全问题与"互联网+"交织在一起，更凸显治理行政的现实意义。

---

① 姜明安主编：《行政法与行政诉讼法》（第二版），北京大学出版社、高等教育出版社 2005 年版，第 11 页。
② 沈岿主编：《谁还在行使权力？——准政府组织的个案研究》，清华大学出版社 2003 年版，第 4 页。
③ [美] 昂格尔：《现代社会中的法律》，吴玉章、周汉华译，译林出版社 2001 年版，第 193—194 页。
④ 杨雪冬：《全球化、风险社会与复合治理》，载《马克思主义与现实》2004 年第 4 期。
⑤ [英] 伊丽莎白·费雪：《风险规制与行政宪政主义》，沈岿译，法律出版社 2012 年版，"总序"第 5 页。

二、我国网络食品安全行政治理的内容

我国网络食品安全问题的现实性，决定着对其行政治理的必要性。《电子商务法》从电子商务的一般特点出发，完善和创新电子商务监管，以法律形式确立起电子商务各方主体参与电子商务市场治理的基本框架，这也是我国网络食品安全行政治理的最基本法律要求。鉴于食品安全事项的特殊性，《食品安全法》第六十二条和第一百三十一条进一步明确规定了网络食品交易第三方平台提供者及入网食品经营者的基本法律义务和责任，为强化网络食品安全依法监管奠定了基础。根据《食品安全法》和《电子商务法》等法律法规的基本规定，国家食品安全监督管理部门和一些省市纷纷进行行政立法，对网络食品安全的监管作进一步细化的规定，从而构建起我国网络食品安全行政治理的基本制度体系。

无论是《电子商务法》，还是《食品安全法》，都赋予了网络食品交易第三方平台较大的社会行政权，这实质上是政府将原先的行政监管业务交由互联网平台行使，这是典型的治理行政。因此，对那些冠之以"监督管理"名称的行政立法文件，我们必须持多元主体监管的视角来审视。在行政治理理念指引下的监管中，网络食品安全的具体环节和领域（如餐饮服务、生鲜销售、零食销售等）监管倒是其次，更为重要的是，各方主体的权利义务的明晰化和制度化。[①]基于此，我国网络食品安全行政治理的内容就体现在不同主体义务的履行。

（一）网络食品经营者的义务

网络食品经营者是通过网络销售食品给消费者的经营主体，其既要履行普通食品经营者的一般义务，也要履行因网络而产生的特别义务。网络食品经营者的一般义务见诸《食品安全法》第四章的规定，网络食品经营者的特别义务散见于《网络餐饮服务食品安全监督管理办法》和一些地方食品安全监管部门出台的规

---

① 作为部门规章的《网络食品经营监督管理办法》迟迟未能出台，但即使出台后，其内容体系和基本条款也会与《网络餐饮服务食品安全监督管理办法》保持高度一致。

范性文件①中。本书主要介绍其特殊义务。主要有：

一是市场登记义务。我国《食品安全法》第三十五条规定，"国家对食品生产经营实行许可制度"，除销售食用农产品和仅销售预包装食品的，不需要取得许可外，从事食品经营活动，当事人必须取得许可。网络食品经营者原则上不能无证进行网络销售，同时，网络食品经营者作为电子商务从业者，原则上应当办理市场登记，除非具有市场登记豁免情形者。②

二是信息公示义务。网络食品经营者应当在其网站首页或者经营活动的主页面醒目位置公示营业执照、许可证件或者备案凭证，相关信息应当真实、准确、画面清晰，容易辨识。网络食品经营者所经营的食品信息也应当公示，如网络餐饮服务经营者应当在网上公示菜品名称和主要原料名称。③

三是进货查验和销售记录义务。网络食品经营者应当严格履行进货查验和销货记录义务，建立进货和销售电子台账，如实记录食品的名称、规格、数量、生产批号、保质期、供货（购买）者名称及联系方式、进（销）货日期等内容。

四是配送要求义务。网络食品经营者销售有保鲜、保温、冷藏或者冰冻等特殊要求食品的，应当对食品采取保证食品安全的储运措施或委托具备相应储运能力的企业进行储运。

五是出具凭证义务。网络食品经营者应当按照国家有关规定向消费者出具发票等销售凭证；征得消费者同意的，可以以电子化形式出具。电子化的销售凭证，可以作为处理消费投诉的依据。

六是记录留存义务。网络食品经营者应当留存完整有效的供货企业资质证明

---

① 如北京市原食品药品监督管理局2016年制定的《北京市网络食品经营监督管理办法（暂行）》。
② 根据《电子商务法》第十条规定，市场登记豁免的情形主要有三种，即"个人销售自产农副产品、家庭手工业产品"的，"个人利用自己的技能从事依法无须取得许可的便民劳务活动和零星小额交易活动"的，以及"依照法律、行政法规不需要进行登记的"。
③ 《网络餐饮服务食品安全监督管理办法》第十一条。

文件、购销凭证等信息，保证食品来源合法、质量合格。记录、凭证的保存期限不得少于产品保质期满后 6 个月，没有明确保质期的，不得少于 2 年。网络餐饮服务经营者应当如实记录保存网络订餐的订单信息，包括食品的名称、下单时间、送餐人员、送达时间以及收货地址，信息保存时间不得少于 6 个月。

七是技术支持义务。网络食品经营者应当积极配合食品安全监督管理部门的监督检查，在信息查询、数据提取等方面提供必要的技术支持。

（二）网络食品交易第三方平台的义务

网络食品交易第三方平台又称网络食品交易平台经营者，其属于网络食品安全行政治理关注的主要对象。无论是《电子商务法》还是食品安全领域的单行法规范，均对其不遗余力地着力规范。网络食品交易第三方平台既要履行《电子商务法》所规定的一般义务，也要履行食品安全领域的特殊义务。本书主要介绍其特殊义务。主要有：

一是网络食品经营主体准入审查义务。网络食品交易第三方平台应当对申请进入平台的食品经营者资质进行审查，并及时核实更新经营者许可证件或者备案凭证等内容。个人通过网络销售自产食用农产品的，网络食品交易第三方平台应当对其真实身份信息进行审查和登记，并及时核实更新。

二是检查监测和报告义务。网络食品交易第三方平台应当建立检查制度，设置专门的管理机构或者指定专职管理人员，对平台内销售的食品及信息进行检查，对虚假信息、夸大宣传、超范围经营等违法行为以及食品质量安全问题或者其他安全隐患及时制止，并向所在地县级食品安全监督管理部门报告，发现严重违法行为的，应当立即停止向其提供网络食品交易平台服务。

三是数据保存义务。网络食品交易第三方平台应当审查、记录、保存在其平台上发布的食品安全信息内容及其发布时间。对于平台内经营者资质信息和交易记录等数据信息分别按照不同的期限予以保存。同时，网络食品交易第三方平台应当采取数据备份、故障恢复等技术手段确保网络食品交易数据和资料的完整性和安全性，并应当保证原始数据的真实性。

四是食品召回义务。网络食品交易第三方平台提供者对食品安全监督管理部门公布的存在质量安全问题或者其他安全隐患的食品，应当及时直接采取停止销售、协助召回等措施。

五是民事赔偿义务。网络食品交易第三方平台未对入网食品经营者进行实名登记、审查许可证，或者未履行报告、停止提供网络交易平台服务等义务的，使消费者的合法权益受到损害的，应当与入网食品经营者承担连带责任。消费者通过网络食品交易第三方平台购买食品，其合法权益受到损害的，可以向入网食品经营者要求赔偿。网络食品交易第三方平台不能提供经营者的真实名称、地址和有效联系方式的，由网络食品交易第三方平台赔偿。网络食品交易第三方平台赔偿后，有权向入网食品经营者追偿。网络食品交易第三方平台作出更有利于消费者的承诺的，应当履行其承诺。

六是投诉举报处理义务。网络食品交易第三方平台应当采取措施，建立并执行消费纠纷解决和消费者权益保障制度。其中，网络食品交易第三方平台特别应当建立投诉举报处理制度，公开投诉举报方式，对涉及消费者食品安全的投诉举报及时进行处理。

七是技术支持义务。食品安全监督管理部门进行监督检查时，网络食品交易第三方平台应当在销售信息查询、数据提取、停止服务等方面提供必要的技术支持。

八是其他义务。例如，网络食品交易第三方平台系网络餐饮服务第三方平台，则其和入网餐饮服务提供者一样，具有加强对送餐人员的食品安全培训和管理的义务。

（三）政府监管部门的义务

从行政治理的视角来看，作为社会行政权主体的网络食品交易第三方平台和作为国家行政权主体的食品安全监管部门在网络食品安全治理事务中，存在着一种行政监管的分工关系。或者保守地说，网络食品安全的政府监管是一种间接模式即网络食品交易第三方平台监管入网食品经营者，政府主要是监管网络食品交易第三方平台。政府监管部门的义务大致有：

一是资质审查义务。政府监管部门不能以网络食品交易第三方平台具有对入网食品经营者资质的准入审查义务，就免除自身对其资质的审查义务。同时，政府监管部门对网络食品交易第三方平台的资质亦有审查义务。

二是信息检测义务。各级食品安全监督管理部门承担不同范围内的网络食品经营信息监测工作，建立各自范围内统一的网络食品经营信息监测系统和统一监测、分级处理工作机制。各级食品安全监督管理部门对监测发现的涉嫌违法行为的信息，应当通过网络涉嫌违法案件查办机制，及时启动相关部门的依法查处。

三是信息数据共享义务。食品安全监督管理部门应当加强与公安机关、网络信息主管部门、电信主管部门等合作，实现监管部门之间信息和数据共享，加强对网络食品经营行为的监督检查，强化行政处罚与刑事司法的有效衔接。

四是案件查办义务。食品安全监督管理部门应当积极履职，贯彻落实"最严厉的处罚"指示精神，对网络食品经营者、网络食品交易第三方平台违反食品安全法律、法规、规章有关规定从事食品经营活动的，严格依法查处，实施相应行政处罚。

三、我国网络食品安全行政治理存在的问题

从《网络食品经营监督管理办法》的搁浅到《网络食品安全违法行为查处办法》的出台，在这一部门规章立法历程的转变中，我们不难发现当前我国网络食品安全行政治理的主导策略是偏事后。"以打开路"，在短期内对扭转网络食品安全局势可起立竿见影之效；但从长远来看，这种路径仍是"全能政府"观念支配下的规制行政范畴，其不可避免地会导致监管无效或者说政府失灵现象的发生。我国网络食品安全行政治理尽管已经建章立制，初成体系，但其存在的问题仍是

结构性的,是不容小觑的。具体而言,我国网络食品安全行政治理存在问题主要体现在思想、组织、技术等不同方面。

(一)"安全"监管理念并不是共识

我国的食品安全监管脱胎于原来的卫生行政执法体制。我国公共卫生执法体制改革的重心一直都在"更好的监管元素",即"投入到纠正不同部门不同环节的监管职能分配和关注于更好的行政手段,而不是保护和存进公众健康这一最终目标"①,这就使得政府主管机关的监管目的很容易发生偏差,即侧重于市场保护而非公众健康。《食品安全法》在立法目的中开宗明义地反对这种制度惯性,但在执法实践中,这种路径依赖将会发生这样的图景:当经济发展成为各级政府优先考虑的目标的时候,一定程度上个人或者公众健康问题便成为可以牺牲的社会利益。该图景因我国全面迈入"互联网+"时代也变得更加清晰明朗。

社会主义市场经济体制是我国的基本经济制度,其基本内容就是"使市场在资源配置中起决定性作用",或者说,"最大限度减少政府对市场资源的直接配置,最大限度减少政府对市场活动的直接干预"②,但是,市场经济的发展具有鲜明的时代特征,不是简单地直接回归到"夜警"行政时期的自由放任,而是直面市场无法解决食品安全这一公共产品的供给问题。具体到网络食品安全来说,就是超越《电子商务法》"秩序"监管的理念。《电子商务法》和一般市场监管法律一样,其最终目的就在于"维护市场秩序"。网络食品安全不是纯粹的电子商务问题,或者说,网络食品安全与电子商务、市场经济的发展并无直接的相关性。网络食品安全突出地体现为其具有关系公众健康这一民生问题的公共产品属性,而人类历史的发展经验告诉我们,依赖市场经济解决公共产品供给问题,只会发生"公地悲剧"、市场失灵,反而有损公众的福祉。我国不能因为要大力发展电

---

① 刘恒主编:《行政执法与政府管制》,北京大学出版社2012年版,第119页。
② 《优化营商环境条例》第3条。

子商务，就对网络食品安全放松管制；相反，电子商务越是发展，我们越要对网络食品安全加强管制。

（二）治理行政在组织运行上未能体现

2018年中共中央办公厅、国务院办公厅印发《关于深化市场监管综合行政执法改革的指导意见》，在市场监管领域推进大部制的综合执法体制改革，全面整合市场监管职能，将原有的食品药品监管部门合并至市场监督管理局。从组织规模来看，综合行政执法队伍的组建，使得市场监管总体执法人数增多，但从执法效果来看，因从事食品安全执法的人员数量不增反减，食品安全违法案件查处数量和质量都有所下降。这种尴尬境地一方面反映了食品安全监管与市场监管存在着内在的"安全"监管和"秩序"监管的冲突，另一方面也反映了我国食品安全"社会共治"原则仅仅停留于法条，未付诸实践。

市场监管综合行政执法体制改革，看似执法队伍素质具有综合性，但具体到网络食品安全上，却因执法人员专业性的不足而导致食品安全监管走向碎片化、形式化。食品安全监管不具独立性，其后果就是市场监管部门面临着来自各个不同来源、不同性质的价值挑战和冲击，网络食品经营者或者网络食品交易第三方平台可以通过各种手段侵蚀监管部门形成利益共同体，使寻租根深蒂固，达到一荣俱荣、一损俱损的合谋效果。其原因是不言而喻的。大市场监管，内在的就是要促进电子商务可持续发展，在这个大势之前，网络食品安全可能会被虚置。当前我国网络食品安全行政治理体系中的政府失灵现象已经初现端倪，一味地强化国家行政权，可能并不会让事情变得更好，此时，社会行政权应当有所作为。

（三）政府行政监管面临网络技术瓶颈

互联网、大数据、人工智能和实体经济深度融合，是我国经济社会发展的一个鲜明趋势。网络食品交易额与日俱增，其主要渠道是通过网络食品交易第三方平台。我国网络食品交易第三方平台基本是电子商务市场自发发展的产物，通过这些年的发展，网络食品交易第三方平台的技术突飞猛进，其对数据及信息的掌握和运用能力，已经远远超过了政府。一方面，网络食品交易第三方平台可能会运用其技术能力，消极不履行网络食品经营相关义务；另一方面，因数据鸿沟和技术壁垒的存在，"互联网+"时代下，网络食品（第三方平台）经营者与消费者的信息不对称问题反而愈演愈烈，政府和普通消费者一样，也面临着网络技术的巨大劣势。

网络食品交易第三方平台一旦实现了网络技术卡特尔，而法律规范又将网络食品经营的实质审查（一种监管）赋予了网络食品交易第三方平台，那政府行政监管不啻沦为公共利益的"遮羞布"，其必然的结果是行政职责的变相推诿和义务的实质不履行。这时，选择性执法和运动性执法会是政府网络食品安全监管的基本策略，"规制执行的不公平问题多数起因于选择检查对象和对违规者处理方面的随意性"[①]，从规制理论来看，政府监管就由公共利益代表走向了部门利益代表，实现了利益的"被俘虏"。

四、完善我国网络食品安全行政治理的建议

以行政法学观之，网络食品安全问题，虽带有"网络"一词的定语修饰，但其本质上仍是市场失灵问题，不过其却因部分政府失灵因素而变得更加错综复杂。根据本章的学理阐释，我们认为，下列这些建议对完善我国网络食品安全行政治理具有参考意义。

一是恢复建立食品安全独立管制制度，实现管制职权和组织的法律化，未经法律修改程序不得擅自变动。

二是践行"以人民为中心"的执法理念，网络食品安全监管必须从市场效益导向转变到公众健康上来，对网络食品经营活动实行全程风险规制。

---

① 崔炳善、司空泳浒：《政府规制与腐败》，李秀峰译，载《国家行政学院学报》2002年第5期。

三是通过政府购买服务等方式，培育和发展社会组织力量，特别是引入第三方机构开展网络食品交易主体身份认证、质量安全认证、食品抽检评价、信用评价、信息化管理等专业服务，监督网络食品交易第三方平台的食品安全义务的履行。

四是赋予行业协会和其他一些社会中介组织对网络食品安全一定的执法权，如调查权、建议权和惩戒权。

五是建立政府与网络食品（第三方平台）经营者强制性的数据共享制度，在保护个人信息的前提下，以政府信息公开的途径，推动网络食品经营活动相关信息的公开化。

六是建立食品和网络食品（第三方平台）经营者的信誉数据库，搭建政府、社会组织、经营者、消费者信息交流的平台。

七是列支专门预算，使得"神秘买家"运行制度化和常态化。

八是大力提高网络食品（第三方平台）经营者内部"吹哨人"奖励水平。

九是针对网络食品安全问题的特殊性，通过人员借调、部门联动、技能培训等方式，切实加强食品安全稽查队伍建设。

第三章
网络食品药品犯罪的刑事治理

一、网络食品药品犯罪治理的刑事政策

作为公共政策的一部分,刑事政策既受到犯罪形势、公众态度等因素的影响,也受到政党制度、政策体制等因素的制约。[①]因此,党的十八大以来关于食品药品安全的重大决策,是影响该领域刑事政策的重要因素。尤其是在食品安全战略的发展规划下,结合当前互联网领域食品药品违法犯罪的具体形势,制定切实可行的刑事政策并指导立法、司法实践,具有重要的现实意义。

（一）互联网食品药品安全治理的社会现实：风险与挑战

互联网食品药品安全问题由来已久,随着互联网商业的迅猛发展而日益突出并成为关系社会安全与稳定的重大社会问题。总体而言,在食品药品安全稳中趋好的整体形势下,高新技术发展在改善食品药品安全状况的同时也带来了潜在的安全隐患,成为当前互联网经济不可回避的风险与挑战。

1. 互联网食品药品安全监管不容乐观

党的十八大报告对食品药品安全监管体制机制提出了明确的改革要求,开启

---

① 卢建平：《刑事政策学》，中国人民大学出版社2007年版，第204—208页。

了国家层面食品药品安全治理的重大部署。当然，这些重大决策既凸显了党和政府对食品药品安全的高度重视，也与我国的食品药品安全形势密切相关。这里且不说诸多引起社会强烈关注的早期食品药品安全事件，即便从近年来的情况来看，食品药品安全形势依然不容乐观，在这一背景下，互联网食品药品销售也面临同样的问题。

首先，在整个食品药品安全领域，质量问题值得注意，这其中又以食品最为突出。有学者从以下六个方面梳理、分析了我国的食品安全状况：食用农产品的生产市场供应与数量安全；食用农产品安全质量状况与监管体系建设；食品工业生产、市场供应与结构转型问题；食品加工制造环节的质量安全状况；流通环节的食品质量安全与农村层面消费行为问题；进口食品贸易与质量安全问题。① 由于互联网提供了食品销售的新路径，有助于销售者打开市场，故而互联网食品销售的安全问题与上述流通领域的问题是吻合的。

2015年10月实施了新的食品安全法，从此食品安全治理迈入了新的历史阶段。2019年12月药品管理法的修订实施，也为互联网食药安全治理提供了更加全面的保障。不过，这并不意味着食品安全监管风险的消失。2016年初，被媒体曝光并为全社会关注的"饿了么"外卖平台食品安全事件等食品安全问题，再次考验着人们对食品安全的耐心和信心。当然，在此期间我们也看到从中央到地方有关部门在完善食品安全监管等方面所付出的努力。这所有的成效和问题也在《全国人民代表常委会执法检查组关于检查〈中华人民共和国食品安全法〉实施情况的报告》中得以体现。此报告无疑是对当前我国食品安全监管形势最为权威的官方表述。报告显示，从执法检查情况来看，当前食品安全法的实施以及食品安全工作仍面临一些突出问题。（1）食品安全形势依然严峻。一是我国正处于

---

① 吴林海、徐玲玲、尹世久等：《中国食品安全发展报告2015》，北京大学出版社2015年版，第16—18页。

食品安全矛盾的高发期，食品加工环境脏乱差、食品生产掺假造假、食品运输不规范、销售过期变质不合格食品等现象时有发生。二是全国食品生产经营行业有许可证的企业众多，另外还存在大量的小作坊、小摊贩、小餐饮，企业多、小、散、乱等问题较为突出，监管难度很大。三是随着互联网和信息化的发展，食品安全的个别问题、局部问题处置不当，会影响民生、产业发展甚至社会的和谐稳定。四是我国地域辽阔，人口众多，具有源远流长的饮食文化和丰富多彩的饮食习惯。要保障全国人民吃得健康、吃得安全，任务之艰巨是世界上其他任何国家不能相比的。五是随着经济社会快速发展和科技进步，人民群众对饮食的要求和期待不断提高，新的食品种类、食品添加剂、食品生产加工技术不断推出，新的饮食经营模式、消费模式不断涌现，这些都给食品安全监管工作带来新问题、新挑战。但一些地方政府的领导对食品安全的重视程度不够、责任落实不够，对食品安全形势认识不到位。我们必须对食品安全工作的艰巨性、复杂性、长期性有充分认识并积极应对。（2）食品生产经营者主体责任意识较弱。目前仍有部分食品生产经营者对食品安全法存在了解不深、认识模糊的情况，食品生产经营者的诚信意识、法治意识特别是主体责任意识不强，相关教育引导和管理约束工作较为滞后，极易造成安全漏洞。个别食品生产经营者唯利是图，守法经营意识较差，道德诚信缺失，规章制度流于形式，为追求经济利益，存在掺假使假、非法添加等违法犯罪行为，而且手段不断翻新；有的生产经营单位经营场所狭小、卫生条件差、人员流动性大、潜在风险突出；有的从业人员素质不高，对食品安全把关不严，不能及时发现安全隐患。网络订餐等新兴食品业态兴起，给消费者带来便利的同时，也暴露出第三方网络平台把关不力、无证照商家入网经营、卫生环境难保证、送餐过程随意等监管空白问题。食品生产经营者大多是被动地接受管理，而不是主动配合监管人员工作，个别当事人还存在抵触情绪，不配合监督检查。（3）监管体制机制需要进一步研究。机构改革以来，部分市县将新组建的食品药品监管部门与工商、质检、物价等部门合并为"多合一"的市场监管局。

虽然有利于精简机构，也有些地方弱化了食品安全监管职能。（4）种植养殖环节存在风险隐患。食品安全的源头管理在种植养殖环节。我国多数地区农业整体组织化、产业化程度不高，生产经营形式分散，农产品质量监管的难度比较大。农业投入品使用多，农药、兽药、化肥的不合理使用以及水土污染等因素，给农产品质量安全造成的风险隐患不容忽视。与此同时，食用农产品销售监管、入市检测、运输监督尚有漏洞，食用农产品溯源难度较大，主体责任和责任追究落实存在困难。（5）食品安全标准修订需要进一步加强。这方面主要存在以下三方面问题，一是个别标准或者标准中的重要指标缺失，一些食品安全标准缺少限量值或配套检验方法与规程；二是标准的科学性与合理性有待提高，部分食品安全标准还存在对食品安全影响不大的非食品安全标准，不便于作为依据开展监督执法；三是部分食品安全标准标龄较长，有些食品添加剂标准需要及时补充，有些标准存在交叉重复，个别标准水平偏低，部分产品生产技术改变，不能满足安全需要。（6）基层监管执法能力薄弱。从检查的情况来看，基层的监管能力仍比较薄弱，不能适应食品安全的需要，是食品安全法贯彻实施的一个薄弱环节。一是硬件差。一些设立在乡镇、街道的食品安全监管派出机构监管执法条件比较差，执法车辆、食品快检设备以及工作经费都比较缺乏。二是软件弱。基层监管部门存在专业人才匮乏、人员结构相对老化、运用法律法规能力和专业判断能力不强、技术支撑明显不足等问题，影响了执法的效果和权威性。三是个别地方存在基层监管工作流于形式，监管人员不积极履行职责、不主动作为的"懒政"现象。村一级的协管员责、权、利不明确，难以发挥作用。（7）食品检验检测能力不足。报告指出，一方面，检验机构总体数量偏少，甚至还有相当一部分机构尚未取得食品检验机构资质；另一方面，很多地方食品检验检测机构重复建设，同一区域内各级各类食品检验检测机构、实验室并存，资金重复投入，部分高校、科研机构检测任务不饱满，检验资源存在闲置浪费现象。要考虑地域统筹解决综合利用检测机构和实验室问题。（8）部分法律适用问题亟须进一步明确。监督执法中部分法律适用问题需要有关方面予以明确。一是食品安全犯罪的认定方面还存在取证难、入罪难、追诉难等问题，有些情况下监管部门对食品犯罪行为缺乏手段，需要完善刑法以及相关司法解释，需要从行政执法和司法体制上研究解决。二是为了对违法行为从严处罚，新食品安全法对大部分食品违法行为的罚款额度起点较高，这对食品违法行为起到了震慑作用。三是新食品安全法规定食品生产加工小作坊和食品摊贩等的管理办法由省、自治区、直辖市制定，但未对食品加工小作坊和食品摊贩等概念作出明确统一的定义，不利于地方立法工作的开展。（9）部门之间配合有待统筹协调。食品安全涉及从农田到餐桌等诸多环节，监管工作涉及公安、农业、环保、卫生等诸多部门。在实际监管中，对从农田到市场之间的运输流通环节如何监管都不够明确。此外，在食品安全违规违法认定、违法犯罪行为查办过程中的案件移交衔接方面，往往是监管部门之间各自为政，存在日常执法信息常态交流不畅等问题。可以说，食品安全监管还存在一些模糊区域、交叉地带，食品药品安全监管还没有真正做到无缝对接。

在药品安全领域，虽然早在2013年食品药品监管总局就下发了《关于加强互联网药品销售管理的通知》，要求规范互联网售药行为，但该领域的监管问题同样值得关注。中央电视台2017年"3·15"对医药互联网营销乱象进行了揭露。"互动百科"医药类词条付费就能撰写，完全无须审核，医药医疗虚假广告充斥其间，对消费者形成误导。视频曝光如"极藻5s""B365酵素""补肝素""神经酸""仙人鞭""陕西永寿邵小征中医门诊""邵小征"等医药医疗类虚假词条。处方药网售的管理同样是一个"老大难"问题，根据现行的《药品流通监督管理办法》，以邮售、互联网交易等方式直接向公众销售处方药的，责令改正，给予警告，并处销售药品货值金额2倍以下的罚款，最高罚款为3万元。虽有明文规定，但网购处方药现象仍屡禁不止，一方面是部分消费者确实有需求，另一方面相对于非处方药,处方药的市场规模和利润更大。①

2. 互联网危害食品药品安全的违法犯罪形势严峻

严厉打击违法犯罪行为,严密刑事犯罪的司法网络,已经成为上至中央决策机构下至各级有关部门的共识。而在全国各级公安司法机关的依法惩治下,经过多年的严厉打击和依法惩治,我国食品药品安全形势总体持续稳定,食品药品安全工作步入深入治理的新常态,百姓餐桌安全和用药安全得到进一步保障,食品安全危机得到了有效遏制。但毋庸讳言的是,这并未从根本上改善食品药品安全问题,毕竟每年查处的犯罪案件已经切实证明了犯罪基数仍然庞大,而且随着打击力度的强化,食品药品违法犯罪形式和手段日趋复杂、隐蔽;食品药品制假售假由作坊式生产向跨区域化、集团化、规模化、网络化发展的势头日趋明显;生产链条长,跨省、跨地区作案,这些犯罪新状况割裂了行政监管体系,从而更容易逃避监管打击。案源追溯难、调查取证难、案件查处难已经成为摆在食品药品打假部门面前的三大难题。②亦如有学者在研究中发现,食品安全犯罪形势呈现出四个方面的复杂特点,一是问题食品广泛蔓延,作坊式与规模化生产并存;二是食品的整个生产、销售链条都受到侵蚀;三是食品安全犯罪的空间从实体延伸到网络;四是问题食品的生产借力科技手段升级换代。③有地方公安机关通过对多年来出现的危害食品安全犯罪形势的总结梳理也印证了上述观点,认为食品安全犯罪具有六个方面的现实特征,一是涉及产品领域广泛,造假专业化,几乎涵盖了与民生相关的所有领域,已由热点消费品向人民群众息息相关的生活必需品渗透。二是涉及渠道密集,地域广阔。犯罪团伙往往跨区域作案,既独立经营,

---

① 肖海峰:《盘点互联网医药乱象 纵观各国看药品如何监管》,https://www.cn-healthcare.com/articlewm/20190104/content-1044131.html,访问时间:2019 年 12 月 20 日。
② 张年亮、唐晓勇、徐立民:《我国食药安全步入深入治理新常态》,中国警察网 http://www.cpd.com.cn/n10216060/n10216144/c27298384/content.html,访问时间:2015 年 10 月 29 日。
③ 陈涛、潘宇:《食品安全犯罪现状与治理》,载《中国人民公安大学学报(社会科学版)》2015 年第 4 期。

又相互调货合作，既有共同上线，也有共同下线。三是犯罪手段恶劣，社会影响严重，为了谋取利益，不择手段。四是涉案成员众多，组织运作严密，犯罪团伙多以亲缘、地缘为纽带，以家庭作坊为主实施造假、贩假活动，组织严密、分工明确，查处难度大。五是作案手段隐蔽，反侦查能力强。造假窝点一般在农村、城乡接合部一些治安防范相对薄弱的地区，在运输、销售环节上，多采用异地销售，利用快件、专用汽车运输等方式，给公安侦查带来难度。[1] 这都给我们的食品安全治理提出了严峻挑战。

（二）网络食药安全治理的刑事政策应当同样坚持从严立场

从古至今，"民以食为天，食以安为先"，是社会公众对食品安全最为朴素、也是最为深刻的认识与评价。因此，不断出现的食品药品安全事件，极大地刺激着社会公众的神经，也使我们的政策制定者们开始考虑选择更加切合中国食药安全现状的公共政策，而刑事政策作为犯罪治理的重要战略，也随着公共政策变化而得以体现。

1. "四个最严"的食品药品安全监管标准对互联网犯罪治理的新要求

2015年5月29日，中共中央政治局就健全公共安全体系进行第二十三次集体学习，并对食药安全治理提出了新要求，强调"要切实加强食品药品安全监管，用最严谨的标准、最严格的监管、最严厉的处罚、最严肃的问责，加快建立科学完善的食品药品安全治理体系，坚持产管并重，严把从农田到餐桌、从实验室到医院的每一道防线"。而"四个最严"的标准，不仅成为当时最高立法机关正在修订食品安全法以及此后相关食品药品类法律规范——如《办理食品药品行政执法与刑事司法衔接工作办法》《关于印发打击互联网非法售药行动工作方案的通知》等的原则性要求，而且也成为未来一段时期内食品药品犯罪治理的政策

---

[1] 山东省烟台市开发区公安分局：《当前食品犯罪现状调查分析》，载许成磊、李春雷主编：《防控与侦办：危害食品安全犯罪案件实证研究》，群众出版社2015年版，第74—75页。

要求。

其实，在《食品安全法》《药品安全法》修订之前，我们已经在刑事法领域加强危害食品药品安全刑事立法的修订工作。以食品安全领域为例，《刑法修正案（八）》从罪状、法定刑等多个方面对刑法第一百四十三条、第一百四十四条关于食品安全犯罪立法进行了修订，以体现从严惩治的政策要求。比如，在罪状方面，将刑法第一百四十三条中的"不符合卫生标准的食品"扩大到"不符合安全标准的食品"，以解决实践中生产、销售不符合营养安全标准食品案件定罪难的问题，扩大本罪的处罚范围，使犯罪圈更加严密。在法定刑方面，为了体现严厉惩处的要求，在刑法第一百四十三条中修改了罚金刑的规定，删除罚金刑的比例限制和单处罚金；在刑法第一百四十四条中删除了原条文"五年以下有期徒刑或者拘役"中的"拘役"，删除了"造成严重食物中毒事故或者其他食源性疾患"的限制性条件，增加了"或者有其他严重情节"的刑罚条件，删除罚金刑的比例限制和单处罚金的规定，用"其他特别严重情节"代替了"对人体健康造成特别严重危害"的规定。[①] 2015 年 8 月 29 日第十二届全国人民代表大会常务委员会第十六次会议通过的《刑法修正案（九）》第一条规定，在刑法第三十七条后增加一条，作为第三十七条之一："因利用职业便利实施犯罪，或者实施违背职业要求的特定义务的犯罪被判处刑罚的，人民法院可以根据犯罪情况和预防再犯罪的需要，禁止其自刑罚执行完毕之日或者假释之日起从事相关职业，期限为三年至五年。"上述规定弥补了我国传统刑事制裁方式的不足，在自由刑、生命刑、罚金刑之外通过资格罚进一步完善和强化食品安全犯罪的制裁内容，更重要的是，资格罚的适用更有助于强化犯罪预防，强化犯罪防控目标的实现。

可以说，由于食品药品安全对公共安全和社会稳定的重要影响，党和国家在强化法律保障的同时，更加注重从宏观层面加强对监管机制的顶层设计和整体布

---

① 赵秉志主编：《刑法修正案（八）理解与适用》，中国法制出版社 2011 年版，第 210—211 页。

局。也正是基于这一点，党的十八届五中全会在发布的《中共中央关于制定国民经济和社会发展第十三个五年规划的建议》中明确提出实施食品安全战略，此后又在党的十九大上提出了健康中国战略。这也必然对食品药品安全保障及其规范治理产生重要影响。

2. 以严济宽：互联网食品药品安全刑事政策的现实选择

如果把"四个最严"的要求作为一项食品药品安全监管必须长期坚持的发展原则，那么食品药品安全犯罪领域的刑事政策也应当体现出"严"的一面。不仅要在刑事政策上贯彻最严厉的惩罚和最严格的监管，还要体现最严谨的标准和最严肃的问责。就此而言，"严"应该成为我国食品药品安全刑事政策的基本点和立足点，互联网领域食品药品经营也不例外。

众所周知，宽严相济是我国当前的基本刑事政策，涉网食品药品安全犯罪领域的刑事政策自然也应当恪守这一政策边界。一般来讲，宽严相济刑事政策的核心是根据不同的社会形势、犯罪态势与犯罪的具体情况，对刑事犯罪进行区别对待，不管是刑事立法还是刑事司法，都应当科学、灵活地运用从宽和从严两种手段。因此，食品药品安全犯罪立法也应根据上述因素将刑事政策的要求体现出来。在规范意义上，宽严相济之"宽"，是指对于犯罪施以宽松刑事政策，在刑事处理上，不管是刑罚配置还是刑罚适用，都应当侧重宽大、宽缓、宽容。所谓严，则是指严重影响群众安全的多发性犯罪以及对于人身危险性大的犯罪人采取从重的刑事政策，严密刑事法网、严格执行刑罚。① 因此，在食品药品安全犯罪领域贯彻落实宽严相济的刑事政策，需要我们对当前食品安全犯罪的立法和司法状况进行初步的分析。比如，在立法方面，我国食品药品安全犯罪的刑事法网不够严密，有关食品安全犯罪的罪名仅有3个，药品安全犯罪的罪名也只有

---

① 赵秉志：《和谐社会构建与宽严相济刑事政策的贯彻》，载《吉林大学社会科学学报》2008年第1期。

3个,且这些罪名仅仅规定了生产、销售、监管环节的食品安全犯罪,种植、养殖、制造、加工、销售、运输、贮存等方面没有得到有效规制,没有因为互联网技术发展给经营行为带来的变化而有针对性地调整,仍然把互联网仅仅视为一种犯罪手段而已。相应地,在法定刑配置上却带有鲜明的重刑主义色彩。[①]在司法方面,司法实践中对食品药品犯罪的基本犯罪情节大量适用轻刑,而加重犯罪情节频繁适用死刑,存在轻轻重重的倾向,存在明显的量刑反制定罪现象。[②]如有学者通过对搜索到的 40 余起相关司法判例进行分析,发现判处 10 年以上乃至无期徒刑、死刑的有 9 例,约占总数的 20%,这 9 例中有 8 例为判处死刑或无期徒刑;判处 3 年以下有期徒刑及拘役的共有 34 例,约占总数的 78%,其中有 16 例判处了缓刑;而判处 3 年以上 10 年以下有期徒刑的仅有 1 例,占总数的 2%。上述统计结果显示在有毒、有害食品犯罪的量刑中存在两个极端,对基本犯罪判处的刑罚较轻,大量适用缓刑;对加重结果情节判处刑罚较重,频繁适用死刑,体现了轻轻重重的政策倾向。[③]但是,如果对发现的这 9 例判处重刑案件进行分析可以进一步发现,其中有 6 起案件发生在 2000 年以前,剩余的 3 起案件则是出现在两个曾经引发社会重大关注的影响性案件中——2011 年刘襄瘦肉精案件和 2008 年三鹿奶粉案件。考虑这两起案件所引发的恶劣社会影响以及政治影响,剩下的案件基本都属于判处 3 年以下有期徒刑的案件。就此而言,与刑法典所规定的严厉的刑罚措施相比,我国对食品安全的司法裁判不是轻轻重重,而是趋向于轻。概括起来,当前危害食品药品安全犯罪规范治理中所存在的犯罪圈过于宽疏、法定刑偏重,量刑轻重失调的问题,使得刑法的实践效果表现为"宽有余而厉不足"。这不仅背离宽严相济刑事政策的要求,而且无助于犯罪防控效果的实

[①] 李莎莎:《非传统安全视角下食品安全犯罪的刑事政策及立法》,载《河南大学学报(社会科学版)》2014 年第 2 期。
[②] 孙万怀、李高宁:《有毒有害食品犯罪的量刑偏向考证》,载《政治与法律》2013 年第 7 期。
[③] 孙万怀、李高宁:《有毒有害食品犯罪的量刑偏向考证》,载《政治与法律》2013 年第 7 期。

现。因此，为了贯彻落实宽严相济基本刑事政策，食品药品安全刑事政策应当全面贯彻从严惩治的立场，把从严作为刑事立法和刑事司法的政策导向，从犯罪圈的设定、法定刑的配置以及刑罚措施的实现全方位落实"以严济宽"。作为一项具体的刑事政策，食品药品安全犯罪刑事政策的定位，既要体现宽严相济刑事政策的要求，还应当体现出危害食品药品安全犯罪治理本身的特点即对犯罪形势、公众态度、犯罪危害等因素进行综合考量。针对食品安全犯罪治理中存在的上述问题，应当把以严济宽作为优先选择，在立法上构建严而不厉的刑法结构，适当保持刑罚的轻缓化；在司法上坚持有罪必究的前提下，区分不同情节实现宽严适中、轻重有度，从而实现食品安全犯罪的规范治理。

首先，立法上要构筑严密的犯罪网络，确保犯罪圈的严密性，这是宽严相济刑事政策的应有之义。因为对犯罪最强有力的约束力量不是刑罚的严酷性，而是刑罚的必定性。[①]这里的必定性，不仅表现为犯罪行为得到及时追究，而且要求具有严重社会危害性的行为能够得到规范认定，为责任追究提供法律基础。对此，需要注意两点：（1）严密法网是预防犯罪的需要，能够避免因法律的疏漏而导致严重危害社会的行为难以得到及时治理；（2）严密法网并不是要将所有侵害法益的行为作为犯罪来处理，而是根据行为违法程度的不同，区分违法和犯罪两种不同情况，并为行政违法行为和犯罪行为设立明确的界限。具体而言，刑法典主要以5个罪名来惩治危害食品药品安全犯罪显然已经难以适应复杂多变的犯罪形势。其实，食品安全犯罪圈的设定不能仅仅以社会公众的感受来作为判断的依据，而应该考虑行政监管的现实需要，实现行政执法与刑事司法的立法对接。食品安全法第一百四十九条规定，违反本法规定，构成犯罪的，依法追究刑事责任。药品管理法也有相应的规定。这看似简单的一句话，却包含着深刻含义，也直接指向了现阶段食品安全刑事立法的不科学。从前提条件来看，行政违法性和

---

① ［意］贝卡里亚：《犯罪与刑罚》，黄风译，中国法制出版社2005年版，第72页。

刑事违法性就是追究刑事责任不可缺少的两个条件,但刑法中危害食品安全犯罪的类型较少,导致一些行政违法行为在情节严重的情况下,即便给食品药品安全造成严重威胁或者侵害,也难以确定其刑事违法性,依然不能追究刑事责任。比如,危害食品药品安全犯罪主要惩治的是该领域的生产、销售行为,但是根据食品安全法第二条的规定,其调整范围除了生产、加工、销售和餐饮服务以外,还包括食品的贮存和运输环节。后者是这次食品安全法修改时新增加的规定,主要考虑这些行为不仅关系食品安全,而且实践中一些专业的仓储、物流企业也从事食品的贮存和运输活动,网络平台也在食品药品流通中发挥了重要作用。只有增加上述规定后,才能加强对他们的管理。然而,刑法没有将这些行为明确规定为犯罪,虽然司法解释规定在贮存人员、运输者明知他人实施生产和销售不符合安全标准的食品的情况下以相关犯罪的共犯论处,但终究只是作为共犯而存在,也不能全面、准确地评价这一类行为的刑法性质。因此,要实现从严惩治,必须坚持以行政法规范为导向建立严密的刑事犯罪网络,确保行政违法行为在严重侵害法益时可以通过刑法予以规制。

其次,在严密法网的基础上,确保立法上的刑罚在现实中得到充分实现。对此,可以从以下三个方面来理解:(1)可以在立法上废止死刑,规范无期徒刑的适用条件,适当提高资格罚、财产刑的处罚比例等。这并不意味着刑法惩治力度在立法上的削弱,只是降低了刑罚的严苛性而不失严厉性。废止死刑是因为我们在食品安全犯罪领域甚少适用死刑,即便对于个别情节极其严重的犯罪,也可以通过危害公共安全犯罪的刑罚适用做到罪责刑相一致。相反,提高资格罚、财产刑的处罚力度,对于经济犯罪而言更具处罚的有效性和针对性。(2)要实现刑罚从严惩治的效果,不仅仅是立法层面设置严厉的刑罚,更重要的是刑罚适用的现实性。而从实践来看,由于行政执法机关移送的涉嫌犯罪案件比例不高,公安机关长期经营或者深挖细究的案件所占比重不大,直接导致查获的案件中疑难复杂、情节严重的犯罪案件不多,也就直接导致刑罚适用的轻缓化问题。所以要在司法中贯彻从严惩治的立场,更重要的是在多查办案件、多深挖案件,为案件侦办、案件经营提供充分的保障。(3)在司法中对于初犯、偶犯、未遂犯等情形,严格把握从宽适用的标准,对于主犯、累犯以及造成严重危害后果的犯罪人,应当以从严惩处为基本导向。食品安全犯罪不同于一般的犯罪行为,其危害后果具有扩散快、隐蔽时间长、难控制、社会影响面大等突出特点,一旦造成实害后果,不仅会给个人造成严重伤害,而且会在社会公众中造成恶劣影响。因此,对于此类案件必须坚持以"严惩"为首要原则,慎用从宽处罚的有关规定。

二、网络领域食品药品犯罪治理的政策性检视

在应然层面上,我们应当坚持从严惩治的犯罪治理导向,但是在实践中,是否达到这一效果却值得我们审慎判断。当然,由于近年来我们并没有在刑事层面对网络领域食品药品犯罪治理进行专项惩治,因此,对于该问题的研究仍然依托于食品安全犯罪治理的总体形势。

(一)危害食品药品安全犯罪刑事政策的具体实践

1. 立法层面的政策贯彻:最严厉的惩罚

我国刑法中并没有专门针对互联网领域的经营行为设定犯罪罪名,而是依托于食品药品犯罪这一类的罪名。从法定刑来看,自1997年刑法修订以来,危害食品药品安全犯罪一直配置较重的刑罚。典型表现就是刑法第一百四十一条生产、销售假药罪与第一百四十四条生产、销售有毒、有害食品罪的法定最高刑为死刑,这是我国市场经济犯罪领域仅有的2个死刑罪名。然而,为了更好地保证食品药品安全,对现行食品药品安全制度加以补充、完善,《刑法修正案(八)》对刑法中主要的危害食品安全犯罪立法做了修正。比如,在食品安全犯罪中,对此次修订做了以下三个方面的调整,(1)完善刑罚配置,取消单处罚金刑和拘役刑。即取消刑法第一百四十三条生产、销售不符合安全标准的食品罪,刑法第一百四十四条生产、销售有毒、有害食品罪中单处罚金刑的规定,同时对

刑法第一百四十四条取消拘役刑。（2）将严重情节作为加重处罚条件。在刑法第一百四十三条、第一百四十四条第二档刑罚中，增加了"其他严重情节"的构成条件；在第一百四十四条第三档刑罚中，增加了"其他特别严重情节"，删除了"对人体健康造成特别严重危害"的表述。（3）完善销售金额的有关规定。为解决在适用罚金刑中有的犯罪的销售金额难以认定的问题，将原来倍比罚金制改为不再规定具体的罚金数额。① 对于生产、销售假药犯罪，取消倍比罚金制的有关规定。

除了上述修改，在该修正案中，立法机关将刑法第一百四十三条原罪状中的"食品卫生"改为"食品安全"，客观上因食品安全外延更为宽泛而严密了刑事治理的法网。然而，总体来看，由于此次对危害食品药品安全犯罪3个条款的修订以加重法定刑为主，故而体现了立法领域从"最严厉的惩治"的角度贯彻刑事政策。

2. 司法层面的政策贯彻：最严密的监管

我们认为，司法层面贯彻宽严相济刑事政策的典型表现，除了司法机关在打击危害食品药品安全犯罪领域的具体实践，还在于通过制定司法解释而强化从严惩治的立场——最严密的监管。

为依法惩治危害食品药品安全犯罪编织严密的刑事法网，进一步加大对危害食品药品安全犯罪的打击力度，最高人民法院、最高人民检察院相继发布了《关于办理食品安全刑事案件适用法律若干问题的解释》（以下简称《食品解释》），② 以及《关于办理危害药品安全刑事案件适用法律若干问题的解释》（以下简称《药品解释》），从多个方面贯彻"最严密的监管"。以《食品解释》为例，首先，

---

① 全国人大常委会法制工作委员会刑法室编：《中华人民共和国刑法修正案（八）条文说明、立法理由及相关规定》，北京大学出版社2011年版，第81—86页。
② 陈国庆、韩耀元、吴峤滨：《〈关于办理危害食品安全刑事案件适用法律若干问题的解释〉理解与适用》，载《人民检察》2013年第13期。

通过完善不法行为类型严密法网。由于刑法只是规定了生产、销售行为入罪的标准，因此，对于运输、储存伪劣食品等行为该如何处理不无争议。为此，《食品解释》第十四条规定了共犯的认定标准即明知他人生产、销售不符合食品安全标准的食品，有毒、有害食品，而为其提供资金、贷款、账号、发票、证明、许可证件的，提供生产、经营场所或者运输、贮存、保管、邮寄、网络销售渠道等便利条件的，可以按照共犯论处。由此，即便提供帮助者并未与生产、销售者在经营伪劣食品方面有共同的故意，也可以成立共同犯罪，从而使共犯的认定范围明显扩大。其次，通过转换证明对象降低举证难度而严密法网。成立刑法第一百四十三条规定的生产、销售不符合安全标准的食品罪，要求涉案食品足以造成严重食物中毒事故或者其他严重食源性疾病。然而，如何评估涉案食品存在这一危险，目前缺乏客观有效的评价机制，从而导致刑法规范效果难以实现。为此，《食品解释》第一条以列举的方式将"含有严重超出标准限量的致病性微生物、农药残留、兽药残留、重金属、污染物质以及其他危害人体健康的物质的食品""属于病死、死因不明或者检验检疫不合格的畜、禽、兽、水产动物及其肉类、肉类制品""属于国家为防控疾病等特殊需要明令禁止生产、销售的食品""婴幼儿食品中生长发育所需营养成分严重不符合食品安全标准的情形"直接认定为刑法第一百四十三条中的"足以造成严重食物中毒事故或者其他严重食源性疾病"。通过这一规定，将食品安全风险这一专业性较强的证明对象转换为是否符合食品安全标准的事实证明，从而降低了公安司法机关的证明难度，提高了犯罪治理的效益。与此相类似，《食品解释》第二十条同样以列举方式明确了刑法第一百四十四条中有毒、有害的非食品原料的认定标准，①为公安司法机关严

---

① 《食品解释》第二十条规定，下列物质应当认定为"有毒、有害的非食品原料"：（1）法律、法规禁止在食品生产经营活动中添加、使用的物质；（2）国务院有关部门公布的《食品中可能违法添加的非食用物质名单》《保健食品中可能非法添加的物质名单》上的物质；（3）国务院有关部门公告禁止使用的农药、兽药以及其他有毒、有害物质；（4）其他危害人体健康的物质。

厉打击此类犯罪行为提供司法保障。《药品解释》也通过完善量刑情节、明确共犯标准、犯罪竞合处理等规则强化对危害假药犯罪的惩治。

（二）危害食品安全犯罪的刑事治理困境：立法与司法政策的错位

如上所述，立法领域和司法领域分别从不同角度强化从严惩治的刑事政策。然而，在我们看来，立法层面偏重于"最严厉的惩治"这一立场与司法层面突出"最严密的监管"这一导向存在刑事政策执行上的错位，并导致危害食品药品安全犯罪刑事治理面临实践困境。

1. 危害食品药品安全犯罪领域立法政策与司法政策的错位

首先，在立法层面，贯彻从严惩治的刑事政策，应当坚持"最严密的监管"而非仅仅以"最严厉的惩罚"为导向。按照刑法理论的通行观点，严而不厉的刑法结构是有利于刑法运作、确保刑法机制顺畅的最佳形式。[①] 在规范层面强化犯罪治理的效果需要建构科学的刑法结构体系，不管是全部犯罪还是某一领域的特定犯罪。然而，从犯罪类型来看，当前的危害食品药品安全犯罪刑事立法存在法网粗疏的缺憾。而在应然或合理的犯罪圈内，增设罪名意味着严密法网，[②] 可以提高对严重危害社会行为的惩治效果。故而在立法层面，丰富不法行为类型、增加罪名数量是实现从严惩治的路径之一。遗憾的是，基于从严惩治的政策导向，《刑法修正案（八）》仅仅关注到了刑罚配置的不合理，按照"最严厉的惩罚"这一标准对该类犯罪的法定刑进行调整，却忽视了刑法立法更重要的职能——合理设定犯罪圈并明确犯罪的构成标准。由此造成的结果是，随着网络技术的迅猛发展和专业分工的日益细化，刑法规范在应对食品药品安全犯罪治理时显得消极滞后。客观而言，加重法定刑也是实现从严惩治的路径之一，从危害食品药品安全犯罪给公共安全、市场秩序带来的潜在风险和严重后果来看，这种刑法配置也难

---

① 储槐植、宗建文等：《刑法机制》，法律出版社 2004 年版，第 12—14 页。
② 白建军：《犯罪圈与刑法修正的结构控制》，载《中国法学》2017 年第 5 期。

言一种苛厉的刑罚——没有超出犯罪属性所需的刑罚量。但是，在忽略了犯罪圈是否科学合理的情况下，一味强调刑罚的严厉性，只是强化了对特定犯罪的惩治力度，无助于从整体上对该类犯罪予以从严治理。

其次，在司法层面，贯彻从严惩治的刑事政策，应当坚持"最严厉的惩罚"而非偏向于"最严密的监管"。对于司法活动而言，需要在坚持罪刑法定原则的前提下及时有效地将刑罚现实化。当然，在此基础上如果能够坚持从严惩治的导向则更具合理性。但是，在危害食品药品安全犯罪领域，刑事司法以"最严密的监管"为导向则有本末倒置之嫌。一方面，在从严惩治的政策导向下，司法的主要职能是对查证属实的犯罪行为在罪刑均衡的前提下适度从严。正如最高人民法院、最高人民检察院、公安部、司法部《关于依法严惩危害食品安全犯罪活动的通知》所要求的，对危害食品安全犯罪分子的定罪量刑，要从严控制对危害食品安全犯罪分子适用缓刑和免予刑事处罚。另一方面，在从严惩治的政策导向下，司法机关执行"最严密的监管"固然是刑事政策的应有之义，但是应当注意实现路径的选择。在我们看来，司法机关实现严密监管的方式应当是通过合理解释弥补法律漏洞，而不是突破刑法规范的文本含义扩大犯罪圈。对此，虽然《食品解释》《药品解释》强调是为了犯罪治理编织严密的刑事法网而明确了部分行为的入罪标准，但这恰恰是通过将行政违法行为犯罪化的方式实现的，与司法解释的职能不无冲突——本质上是将不具有相应危险性的行为解释为犯罪行为，有司法解释立法化之嫌。[1] 因此，司法层面本应当以"最严厉的惩罚"为主来实现从严惩治的刑事政策，但是却选择了"最严密的监管"这一本属于立法层面的实践方式，从而导致政策错位。

---

[1] 赵秉志、张伟珂：《食品安全犯罪司法认定问题研究》，载《中南民族大学学报（人文社会科学版）》2017 年第 2 期。

2. 危害食品药品安全犯罪刑事治理的实践困境

当然，立法与司法层面刑事政策的错位并非根本性的实践失误，而是在实现路径的两种导向之间出现了局部性偏差，食品药品安全犯罪的司法治理依然取得了颇为显著的成效。然而，从长远来看，由此被忽略掉的办案规则固化、犯罪监管疏漏、量刑轻缓化等问题亟待改进。

（1）办案规则固化滞后

要达到从严惩治的目标，除了在立法层面严密法网，提高法定刑配置，更重要的是在司法层面上实现及时、有效的规制并准确量刑。然而，由于我们在司法层面上只是关注规范性的解释问题，忽略了办案规则的改革与探索，在传统办案方法难以解决犯罪的证明问题的情况下，这在很大程度上削弱了解释规则的实践效果。我们在调研中发现，不管是公安机关还是司法机关，大多固守传统的办案规则，从自然犯和传统法定犯的视角去把握危害食品药品安全犯罪中因果关系、犯罪数额、主观明知以及食品安全风险等要素证明，导致影响犯罪认定及其责任程度的关键要素难以被查证或者在初步证明的情况下难以有效区分危害性程度，致使食品药品安全质量等重要的量刑情节在刑事责任评价中失去应有的价值。以因果关系为例，由于缺乏与危害食品药品安全犯罪特点相适应的判定标准，无法明确不法行为与相关危害后果之间的因果联系，导致量刑差异化上的因素被忽略甚至导致案件难以认定，[①] 也造成了劣药犯罪条款的"僵尸化"。

（2）犯罪监管网络不严

由于在立法层面偏重于"最严厉的惩罚"，因此，忽视了对犯罪类型的调整以及对罪状的完善。由此导致的问题是：①罪名较少而限制犯罪圈的范围。当前的犯罪类型是以经营方式为基础结合非法添加成分的毒害性而做出的分类，对

---

① 张伟珂：《危害食品安全犯罪刑事司法政策研究》，载《中国人民公安大学（社会科学版）》2017年第3期。

于过失犯罪和生产、销售行为以外的其他不法行为难以进行充分评价，导致法网疏漏影响从严惩治的司法效果。例如，对于物流行业的监管一直是食品药品安全犯罪治理中的薄弱环节，更不用说网络平台的经营监管问题。②立法技术不规范导致犯罪认定混乱。现行刑法条文没有使用食品安全领域的专业用语来表述构成要件，导致犯罪认定困难。如刑法第一百四十四条中的"有毒、有害的非食品原料"并非规范用语，从而引发了关于有毒、有害的非食品原料认定标准的巨大争议。①而假药犯罪中假药认定的标准形式化所引发的问题已持续多年，虽然此次《药品管理法》修改将假药认定实质化，但随之而来的新问题对于网络平台的监管影响提出了更高的要求。

（3）量刑轻缓化突出

既然立法上通过刑法修正而提高了危害食品安全犯罪的法定刑，那么，危害食品药品安全犯罪的量刑趋势应当表现出一定的偏重化。遗憾的是，从重刑化的实践看，"严打"未能"打严"，效果存疑。②正如有学者实证研究发现，"法官多有从轻处理的倾向，食品犯罪案件全国有期徒刑刑期均值及中位数远远低于法定刑中线，缓刑适用率也远远高于全国平均水平，罚金数额总体偏轻，反映出司法实践并未贯彻对食品犯罪从严的刑事政策"。③而我们通过缓刑适用状况的研究也发现，缓刑宣告与禁止令适用比例严重不协调，司法机关对于判处缓刑的犯罪人没有适用禁止令规则来强化刑罚裁量与执行效果。④造成这一结果的原因之一是，要实现对被告人的从重处罚，需要公安机关强化证据收集尤其是罪重的证据，如

---

① 张伟珂：《刑法中"有毒有害的非食品原料"的渊源、认定及适用》，载《刑法论丛》2017年第2卷。
② 舒洪水：《食品安全犯罪刑事政策：梳理、反思与重构》，载《法学评论（双月刊）》2017年第1期。
③ 章桦：《食品安全犯罪的量刑特征与模型构建》，载《法学》2018年第10期。
④ 张伟珂：《危害食品安全犯罪刑事司法政策研究》，载《中国人民公安大学（社会科学版）》2017年第3期。

危害后果、风险程度、经营时间和数量等，同时要求检察机关积极指导公安机关进行证明规则上的探索，而审判机关在综合审查证据后慎用缓刑等量刑规则。然而，由于立法与司法政策均忽视了从严惩治政策对执法办案的要求，致使公安司法机关往往以完成定罪为主要目标而忽视了罪重方面的量刑情节之收集、证明与运用，导致量刑轻缓化的问题十分突出。

（三）刑事政策视野下刑事治理的路径转换

近年来的实践表明，从立法机关到司法机关，都在从不同角度积极贯彻从严惩治的刑事政策，实现"四个最严"的监管标准。但是，从重典到重罚，似乎并非一蹴而就；量刑轻缓化的司法现状说明我们对重典的追求没有达到重罚的理想效果。事实上，立法修订的成效是否能够落到实处，既与立法的科学性密切相关，也与公安司法机关能否及时认定犯罪以及证明刑事责任的轻重有很大关系。有观点认为，"要想真正解决我国的食品安全问题，必须从食品安全犯罪的具体刑事政策、刑法和行政法规的无缝衔接、完善和转变政府监管制度与理念、加强企业自律，以及引导公众广泛参与等五个层面对我国食品安全犯罪刑事政策进行重构"。① 这一观点固然非常正确，但却过于宏观。在我们看来，刑事政策落实不到位，即便与行业自律、政府监管、公众参与程度都有一定的关系，但作为刑事治理的实践路径，面对执行过程中的偏差，首先应当反思的是，立法与司法的缺失即现有的立法实践与司法状况是否满足了刑事治理的政策要求，而不能停留在形而上的整体性社会分析。为此，针对政策错位所导致的实践困境，我们认为，危害食品药品安全犯罪的刑事治理尤其是互联网平台的经营问题，应当特别关注以下两个方面。首先应当说明的是，在刑事治理层面，食品安全与药品安全在立法与司法技术层面面对的问题具有较多的共通性。因此，下文将以食品安全为视

---

① 舒洪水：《食品安全犯罪刑事政策：梳理、反思与重构》，载《法学评论（双月刊）》2017年第1期。

角进行分析，必要时补充说明药品安全的问题。

1. 立法层面：严密刑法网络

客观而言，随着食品药品安全犯罪刑事规制逐步常态化、正常化，刑事立法逐渐补位和完善之后，追求更为精细的罪名定性成为食品药品安全刑事政策的努力方向。[①]这恰是在立法层面贯彻"四个最严"最直接的路径。当然，这并不意味着将具有危险性的行为都纳入刑法评价的范畴。中共中央、国务院联合发布了《关于深化改革加强食品安全工作的意见》(以下简称《意见》)在关于"最严厉的惩罚"部分提到要"推动危害食品安全的制假售假行为'直接入刑'"。这说明在国家决策层面已经意识到了危害食品安全犯罪刑事立法的疏漏——要实现"最严厉的惩罚"，首先必须建构严密的刑法网络。当然，值得注意的是，这里所提及的危害食品安全的制假售假行为"直接入刑"不等于"一律入刑"。对此，有观点认为，将食品制假售假行为直接入刑，就是取消现行刑法对在食品中掺杂造假行为的起刑点的限制，让制假售假行为"直接入刑"。[②]我们认为，从取消现行危害食品安全犯罪起刑点的角度理解"直接入刑"过于极端。该观点既忽略了危害食品安全犯罪社会危害性的复杂性和多样性，背离了刑法的补充性，也无视了食品安全行政违法与刑事违法的二元性，与我国现行的食品安全监管体制不符，带有典型的法律工具主义思维。在我们看来，哪些制假售假的行为可以增设在刑法中作为犯罪来处理，需要考虑法益保护与刑法谦抑的协调，尤其不能混淆行政违法与刑事犯罪之间的界限。

其实，对于如何严密法网，学者们进行了诸多颇有意义的探讨。如有观点认为，"为了进一步严密刑事法网，有效保障公共食品安全，避免刑法适用偏失，有必要设立危害食品安全的过失犯和抽象犯，增设生产、销售不符合安全标准的

---

① 黄星：《中国食品安全刑事概论》，法律出版社2013年版，第178页。
② 廖海金：《食品制假售假"直接入刑"符合民众期待》，载《检察日报》2019年5月22日。

食品添加剂等物品罪"。①也有观点提出通过增设过失危险犯使过失与食品安全犯罪的标准犯罪构成相契合，以满足风险刑法对法益保护前置化的需求，进一步实现严密舒缓的法网构建。②从危害食品安全犯罪对公众安全与健康的侵害性来看，这些观点均具有一定的合理性，与《意见》提出的危害食品安全制假售假行为"直接入刑"的政策导向相吻合。但是，从刑事立法的规范性考量，部分观点的可行性值得商榷。（1）从行为方式来看，应当拓宽危害食品安全犯罪的行为类型，但不宜选择增设抽象危险犯抑或持有型犯罪等方式。言之前者，是因为危害食品安全犯罪的类型不仅有生产、销售，而且包括了食品的贮存与运输。尤其是在物流产业和网络交易发达的背景下，独立于生产、经营的贮存和运输环节对食品安全影响极大，将其作为独立的犯罪类型具有必要性。言及后者，对于增设持有型犯罪等观点，我们难以认同。有观点提出，将生产、销售不符合安全标准的食品罪中的"足以造成严重食物中毒事故和其他严重食源性疾病"的规定予以取消，使该罪成为抽象危险犯，不仅更有利于实现刑法对食品安全的有效保护，而且有利于避免实务中刑法适用的困惑。③实则非然，从食品安全法的规定可以看出，不符合安全标准的食品的范畴极为宽泛，既包括我们通常意义上理解的掺杂掺假等危及公众安全的制假售假行为，也包括标签等外包装不合规的形式性食品安全违法行为。如果取消现行危险性评价标准的同时对生产、经营行为不加以限制，则势必导致犯罪行为的急速扩张而降低刑法的威慑效果。此外，主张设立持有型犯罪的观点④存在同样的问题。刑法中的持有型犯罪针对的是具有危害公

---

① 范雪珂：《危害食品安全罪：法益与立法完善》，载《政治与法律》2019 年第 6 期。
② 付玉明、李泽华：《食品安全犯罪的立法完善》，载《河南社会科学》2019 年第 6 期。
③ 范雪珂：《危害食品安全罪：法益与立法完善》，载《政治与法律》2019 年第 6 期。
④ 该观点认为，应当对于既不能证明具有生产、销售食品的目的，也不能证明是持有者的行为导致了不安全食品，并且拒绝说明其来源和去向的行为增设持有不安全食品的犯罪。参见张雍锭、张学超：《我国持有不安全食品犯罪化的理论探讨》，载《中国人民公安大学学报》2018 年第 3 期。

共安全的高度风险的行为,而危害食品安全犯罪中的有毒、有害食品(不符合安全标准的食品)的毒害性的程度差异较大,大多数达不到危害公共利益的紧迫程度,因此,不宜增设持有型犯罪。(2)从罪过形式来看,在危害食品安全犯罪中增设过失犯的规定是合理的,但是如何设定危险犯应当慎重。简而言之,危险犯的设定应当根据食品本身的危险性进行区分。危害食品安全犯罪的法益侵害性程度往往以食品本身的安全性为核心,因此,生产经营的食品的毒害性不同,在立法上应当有所区别。对于非法添加一般毒害性物质或者其他不符合食品安全标准的食品,增设以实害结果为成立条件的传统过失犯更为合理。当然,对于在食品中掺入了剧毒等有毒、有害非食品原料的过失行为,可以仿照妨害传染病防治罪立法模式专门增设过失犯。(3)从行为对象来看,考虑现行立法规范可以有效解决食品添加剂的违规生产经营问题。因此,不需要专门增设这一新罪名。在药品安全领域,行为方式与罪过形式的问题同样存在,而在行为对象方面,如何处理劣药犯罪与禁药犯罪的问题值得关注。

2. 司法层面:探索犯罪处理新思路

在司法层面,能够实现从严惩治的政策导向,取决于两个方面:一是能否尽快查获实施危害食品安全犯罪的行为并使之得到刑事追责;二是能否准确评价行为人的刑事责任,充分发挥影响定罪量刑的情节影响力。如果说公安机关成立专门针对危害食品安全犯罪的侦查队伍,有助于实现侦查力量的专业化提升进而推动前一方面的实现,那么对于后一方面存在的问题,则亟须公安司法机关加大司法规则的探索。以食品安全犯罪为例,危害食品安全犯罪涉及的主要罪名是刑法第一百四十三条和第一百四十四条。结合犯罪构成要件,影响法益侵害性的要素包括两个层面:(1)影响犯罪成立的要素。主要包括刑法第一百四十三条规定的是否存在足以造成严重食物中毒或者其他严重食源性疾病的危险状态,刑法第一百四十四条的有毒、有害非食品原料,以及主观明知的认定等。(2)影响从重或者加重处罚的情节。比如不符合安全标准食品的危险性程度、涉案金额、危害后果等。然而，从司法实践来看，侦查部门围绕犯罪成立搜集证据的办案导向忽略了对其他量刑事实的查证，审查起诉以及审判阶段沿袭传统犯罪领域的证据审查规则而忽视了此类案件证明对象的特殊性。这些因素共同导致危害食品安全犯罪的司法实践难以满足从严惩治的效果，成为量刑轻缓化的诱因之一。基于此，我们认为，按照从严惩治危害食品药品安全犯罪的政策导向，公安、司法机关应当正视此类犯罪的特殊性，然后在此基础上与司法机关一起积极探索适合于危害食品药品安全犯罪特殊性的司法证明规则。

首先，危害食品药品安全犯罪的特殊性决定应当转变办案观念，以强化量刑效果。与其他扰乱市场经济秩序犯罪和危害公共安全犯罪不同，危害食品安全犯罪的法益侵害性与食品中非法添加物质、食品性状有密切关系，危害药品安全犯罪的法益侵害性同样与药品中的药物成分、性状紧密相关。在技术层面是否有效查实食品药品中存在某种非法添加的化学物质以及性状恶化程度，是犯罪认定以及量刑的关键。基于此，一方面，要准确把握食品药品安全风险对量刑的影响。食品药品中非法添加物的适用范围、含量是影响法益侵害性程度的重要因素，办案人员不仅要把检测报告作为认定犯罪的依据，而且要重视检验报告所载明的含量、属性对量刑的影响。另一方面，由于受客观条件制约，食品药品安全技术并不能充分有效地为食品药品安全司法评估提供保障。故而办案人员应当避免过于依赖国家标准，在通过检验检测技术难以直接得出司法结论的前提下，积极依托于《食品解释》《药品解释》所允许的参考专家评估意见等方式确认不法行为的危险性，探索、拓宽取证的规范化路径，要通过检测报告、专家意见确定是否存在法定危险以及对法益的侵害性程度，从而在量刑时作为确定刑罚轻重的重要依据。

其次，危害食品药品安全犯罪的特殊性决定应当拓宽证明思路，以强化量刑效果。如果说生产、销售伪劣食品、药品对公共安全所造成的危险是影响犯罪成立的重要因素，那么犯罪数额、实害后果的证明对于实现从严惩治的效果具有重要意义。当前司法治理呈现出的严重轻缓化的倾向与绝大多数案件犯罪数额、危害后果以及因果关系的评价规则不健全有密不可分的关系。在此，我们围绕两个方面简要探讨证明思路的转变。（1）经营数额的证明思路。犯罪数额主要包括生产但未销售产品的货值金额和产品出售以后核算的销售金额。由于货值金额可以根据现场查获的涉案产品数量予以证实，而产品一旦销售出去就难以证明其销售数量以及已出售产品的质量。因此，销售金额的证明是难点所在。从司法实践来看，除了个别地方法院采取公平原则等方式酌情确定销售金额外，大多数地方的司法机关对此没有明确的规则，以至于公安机关在办理此类案件时大多以食品危险性作为评价标准而不去收集销售金额的证据。我们认为，销售金额的确定可以采取推定规则即在行为人无法充分履行法律规定的索票索证、留票留证义务的基础上，推定案发以前销售的食品药品与导致案发的食品药品（如现场查获的样品或者引起食品安全事故的食品）具有同类性状，然后结合销售时间、单位时间内的销售量来综合评价销售金额。（2）因果关系的证明思路。危害食品药品安全犯罪中因果关系判定不同于一般案件，大多数案件难以直接确定某种伤害结果是否由伪劣食品所引起。亦如在三聚氰胺案中，其毒性并非剧毒、高毒，对婴幼儿造成的伤害后果往往具有漫长的潜伏期，而既往能够认定为造成严重后果的案件通常是食品中被掺入了剧毒物质而直接导致人员伤亡的情形，这样在前一种情形中要确定涉案食品药品与人身伤害后果的关系就较为困难。鉴于此，我们认为，应当在食品药品安全领域通过指导性案例等方式确定因果关系的法定标准，明确具备何种条件可以认定伤害后果与不法行为的事实联系，进而归责于行为人。否则，就会导致因结果无法确定而难以充分评价行为人的刑事责任，更遑论从严惩治。

《意见》重申，"必须深化改革创新，用最严谨的标准、最严格的监管、最严厉的处罚、最严肃的问责，进一步加强食品安全工作，确保人民群众'舌尖上的安全'"。可以说，这一要求切中了近年来食品药品安全治理中一系列问题的要害，只有改革创新办案规则，改变既往固化的犯罪治理思路，才能积极推动"四个最严"标准的落实。而立法与司法层面政策执行的偏差以及由此呈现出来的问题，也再次告诫我们，危害食品药品安全犯罪治理绝非短时间内可以改观的，而需要在观念、技术、规则等方面加以系统调整，这恰恰是我们深化改革的关键点之一。

三、危害食品安全犯罪刑事治理的立法问题

对司法实践进行审视的价值之一，就是检讨立法层面的制度性供给是否充分，对于需要加以调整完善的部分，应当及时予以纠正。通过上文的分析可以发现，包括互联网平台在内的危害食品药品犯罪刑事治理面临的法网粗疏问题，因此，有必要加以完善。而这个问题，与危害药品安全、食品安全领域面临的问题差不多，毕竟两者除了对象上的差异，在犯罪特点、行为方式上具有较多的共通性。同时，考虑《意见》明确提出要将"食品安全制假售假直接入刑"，故而本部分将对食品安全犯罪刑事治理提出建议以供思考，而其中行为方式、罪过形式等问题的探讨也值得在药品安全犯罪立法中加以借鉴。

（一）危害食品安全制假售假行为直接入刑的实践背景

制假售假并非刑法学意义上的规范概念，如果在立法上考虑该类行为直接入刑的正当性，必须对其进行规范阐释。在食品安全这一特殊语境中，"制"就是广义上的生产（包括种植、养殖、加工等），售即为"销售"（包括餐饮服务等），"假"谓之"不真"。如果说"真"食品是符合安全标准的食品，那么"假"食品就是不符合安全标准的食品。如此一来，制假售假行为实质上就是生产、销售不符合安全标准食品的行为。众所周知，由于食品安全标准涵盖的范围极其广泛，因此，食用不符合安全标准的食品未必一定会对公众安全造成威胁甚至伤害，比如食用刚刚超过保质期1天的食品。这也是刑法第一百四十三条将"足以造成严重食物中毒或者其他严重食源性疾病"作为限制生产、销售不符合安全标准食品

罪成立范围的客观原因。换言之，如果将危害食品安全的制假售假行为"直接入刑"理解为"一律入刑"，就意味着要取消刑法第一百四十三条中上述限制性条件，从而面临犯罪圈扩张的正当性问题。虽然这种观点在实践中不乏支持者，[①] 但是，由于我国刑法中将"严重的社会危害性"作为犯罪的本质特征，而食品行业制假售假行为的社会危害性受行业特点、产品属性的影响具有一定的复杂性，制假售假"直接入刑"是否满足这一实质标准，不无疑问。基于此，本文拟从制假售假行为的行为类型、方法类型以及罪过类型三个方面分析"直接入刑"的实践限制。

1. 食品行业制假售假的行为类型多样

从纵向层面来看，在"农田到餐桌"的全链条过程中，制假售假可能出现在任何一个环节，但是不同环节对制假售假所产生的原因有较大差异。在这一过程中，以农产品的种植、养殖为开端，从原材料采购、原料验收、投料等原料控制到生产工序、设备、贮存、包装等生产关键环节控制，再到原料检验、半成品检验、成品出厂检验等检验控制；从食品生产、加工到贮存、运输，再到食品销售和餐饮服务，都有可能被不法分子所利用，使不符合安全标准的食品进入公众餐桌。倘若仅仅从行为危害性来看，在生产加工食品过程中掺杂掺假以及销售不符合安全标准食品的行为固然表现出较强的法益侵害性，但在原料检验、半成品检验以及包装环节等也同样可以掺杂掺假并导致食品的不合格。然而，如果说前者会对公众安全与健康直接造成高度风险，那么提供不符合安全标准的原料、半成品甚至包装等行为则未必会产生危及公共安全的紧迫危险。事实上，按照我们通常的理解，采购、提供原料、半成品的行为，更符合为生产经营行为提供条件的预备行为特点，其危害性和生产、销售不符合安全标准食品的行为是不同的。除

---

① 旺娜、张志伟：《食品安全刑事保护若干问题探析》，载李春雷、许成磊主编：《惩治与保障：食品药品犯罪案件规范研究》，群众出版社2015年版，第52页。

此以外，物流仓储环节违反食品安全标准的非法经营行为不仅可以使合格食品变成不合格食品，而且加速不符合安全标准的食品顺利进入市场，推动食品安全风险的现实演变，但物流仓储行业在食品生产流通中所具有的独立性与辅助性特点，也使其表现出帮助行为的特点。

从横向层面来看，食品行业制假售假的行为类型也丰富多样。仅仅以生产、销售行为为例，因为行为对象的差异就表现出不同的行为类型。根据《食品安全法》第二十六条规定，食品安全标准包括：（1）食品、食品添加剂、食品相关产品中的致病性微生物，农药残留、兽药残留、生物毒素、重金属等污染物质以及其他危害人体健康物质的限量规定；（2）食品添加剂的品种、使用范围、用量；（3）专供婴幼儿和其他特定人群的主辅食品的营养成分要求；（4）对与卫生、营养等食品安全要求有关的标签、标志、说明书的要求；（5）食品生产经营过程的卫生要求；（6）与食品安全有关的质量要求；（7）与食品安全有关的食品检验方法与规程。如果说第5项、第6项、第7项仅仅涉及生产经营规范和检验方法标准，和制假售假并没有直接的关联性，但是前四项所涉及的食品安全通用标准和特定的产品标准则与食品安全密切相关。只是从内容上来看，既有涉及食品安全形式的要求，如对与卫生、营养等食品安全要求有关的标签、标志、说明书等外包装的形式规格，也有关于食品中特定物质含量的营养与安全标准；既有关于食品添加剂这类非食品原料的质量标准，也有关于食品中合法添加物质的限量规定这些影响安全性的实质标准。显然，违反形式标准而出现的制假售假与违背实质标准的制假售假在食品安全风险上有明显差异，不法行为的社会危害性程度不能一概而论。

2. 食品行业制假售假的方法类型多样

"先进的化学方法，为查出假货提供了更加坚定、更加明确的检测方法，也为掺假者创造了更多的制假机会"。①事实上，从近年来舆论曝光的制假售假案件来看，食品行业制假售假的方式多种多样。当然，不同方式的背后所表现出来的对公众健康的威胁与侵害是不同的。

首先，从制假售假的手段来看，包括了食品中非法添加化学物质行为、制售不合格的动物肉类及其制品行为、制售营养成分不合格食品以及标签、包装不合格甚至制售过期食品等。在非法添加领域，既有不法人员使用非食品原料生产食品、在食品中添加食品添加剂以外的化学物质和其他可能危害人体健康的物质，或者用回收食品作为原料生产食品，有在食品中添加药品的行为，也有制售致病性微生物，农药残留、兽药残留、生物毒素、重金属等污染物质以及其他危害人体健康的物质含量超过食品安全标准限量的食品、食品添加剂行为。在肉类行业，既有经营病死、毒死或者死因不明的禽、畜、兽、水产动物肉类，或者生产经营其制品，也有经营未按规定进行检疫或者检疫不合格的肉类，或者生产经营未经检验或者检验不合格的肉类制品，还有生产经营国家为防病等特殊需要明令禁止生产经营的食品，如销售走私的冷冻肉等。在虚假标识方面，既有生产经营标注虚假生产日期、保质期或者超过保质期的食品、食品添加剂，也有在食品药品监督管理部门责令其召回或者停止经营后仍然销售的行为。即便有特殊用途的食品领域，也有生产经营未按规定注册的保健食品、特殊医学用途配方食品、婴幼儿配方乳粉，或者未按注册的产品配方、生产工艺等技术要求组织生产，甚至存在以分装方式生产婴幼儿配方乳粉，或者同一企业以同一配方生产不同品牌的婴幼儿配方乳粉的行为等。

其次，从高发领域来看，不同食品领域制假售假方式多样。比如，在农产品领域，重金属污染、农兽药残留、添加剂滥用、违法生产加工等属于食用农产

---

① ［英］威尔逊：《美味欺诈：食品造假与打假的历史》，周继岚译，生活·读书·新知三联书店 2016 年版，第 92 页。

品制假售假的主要方式，而在水产品领域，使用违禁药物、农兽药残留超标、滥用食品添加剂、重金属超标、微生物污染以及其他原因导致的产品不合格是主要表现形式。① 在食用油领域，随着近年来公安机关开展严厉打击地沟油犯罪的专项行动，该类案件数量有了明显的减少，而相应的犯罪手段呈现出较强的技术性和隐蔽性。如果说传统餐厨废弃物型地沟油案件在持续减少，但通过先进的工艺设备和技术升级将非法原料加工为合格食用油的案件不断涌现，同时，回收残油熬制老油以及利用猪肉废弃物提炼食用油的案件在一些地方的餐饮行业仍然较为突出。在动物肉类及其制品领域，除了监管部门严厉打击的制售病死、毒死以及其他死因不明的动物肉类，较为典型则是注水肉问题。而在注水肉制假售假方式上，则存在着非法注射饮用水、生活废水和药水等不同类型。② 在其他食品加工行业，也会因食品性质的不同而带有鲜明的行业色彩，比如在白酒行业，非法勾兑、以低端酒冒充高端酒等制假售假行为较多，而在其他大多数的食品制假售假行为中，非法使用食品添加剂的行为具有典型性，既包括了超限量、超范围滥用食品添加剂，也包括了使用过期甚至有安全隐患的食品添加剂等情形。

当然，通过对上述制假售假行为的类型化概括，可以发现不同的制假售假手段对公共安全所带来的威胁有较大差异，比如，在食品中超限量使用食品添加剂的行为和非法使用食品添加剂以外的化学物质甚至高毒性物质的行为显然不能等同视之，其在法律评价上应当有所区别。

3. 食品行业制假售假的过错形式多样

食品行业制假售假行为是否直接入刑，还应当考虑不法行为人主观罪过的多样性。有观点认为，食品掺假就是"为了获利或者欺骗，而故意在商品中掺加一

---

① 尹世久、李锐等：《中国食品安全发展报告2018》，北京大学出版社2018年版，第63—79页。

② 张伟珂：《危害食品药品安全犯罪典型类案研究》，研究出版社2019年版，第90—96页。

种或者多种物质,实际情况与销售名称不符的商品"。① 现行刑法对于危害食品安全犯罪以故意犯作为主要的犯罪形态,在理论研究中引起了极大争议。且不说不同案件中故意制假售假的行为人的主观罪过会有明显差异,而且过失性的制假售假行为也是客观存在的。

  过失是与故意相并列的责任形式,通常来讲,在存在故意犯的场合,往往就存在相应的过失行为,只不过基于处罚必要性而对过失犯的成立范围予以限制,因此,只有在特别规定的场合,过失犯才会成为刑罚处罚的对象。② 然而,依照刑法有关规定,危害食品安全犯罪可以适用的罪名绝大多数都属于故意犯罪,而鲜有过失犯,如刑法第一百一十四条以危险方法危害公共安全罪,第一百四十条生产、销售伪劣产品罪,第一百四十三条生产、销售不符合安全标准的食品罪,第一百四十四条生产、销售有毒、有害食品罪以及第二百二十五条非法经营罪等,只是在特定情况下为了解决行为人因违反注意义务而发生食物中毒事故时,才会寻找相近的过失犯定罪处刑。但是,因过失而导致的制售不符合安全标准食品的行为是客观存在的。比如,在许某某过失以危险方法危害公共安全案中,被告人在店内准备用亚硝酸盐(俗称硝卤精)调配硝卤水,因忙于其他事务而将亚硝酸盐遗留在经营区域。店内其他销售人员误将亚硝酸盐混入白糖销售箱,销售给张某忠、蔡某珍等人。当日下午,被害人唐某兰在食用该白糖后发生亚硝酸盐中毒,经抢救无效死亡。经鉴定,被害人唐某兰系亚硝酸盐中毒死亡。案发后,许某某主动到公安机关投案,最终被司法机关以危险方法危害公共安全罪论处。③ 客观而言,本案属于典型的过失性质的制售不符合安全标准食品的行为,但却因

---

① [英]威尔逊:《美味欺诈:食品造假与打假的历史》,周继岚译,生活·读书·新知三联书店2016年版,第108页。
② [日]山口厚:《刑法总论(第3版)》,付立庆译,中国人民大学出版社2018年版,第239页。
③ 最高人民法院刑事审判一至五庭主办:《刑事审判参考(总第101集)》,法律出版社2015年版,第57页。

刑法中没有专门的过失危害食品安全犯罪，只能以过失危害公共安全犯罪论处。事实上，不管从行为人的主观意图，还是从客观行为之"危险方法"的相当性来看，将该行为认定为过失以危险方法危害公共安全罪是不妥当的。之所以会出现这样的司法判决，更多的是刑法中缺乏过失型食品安全犯罪的无奈之举。就此而言，现行刑法中在危害食品安全犯罪领域过失犯付之阙如，不能不说是立法上的一大疏漏。不过，该如何在立法上体现过失犯罪，抑或过失性的制假售假行为是否可以全部入刑，则需要加以规范研判。

随着《意见》明确提出要"修订完善刑法中危害食品安全犯罪和刑罚规定"，立法机关必然会尽快考虑适时扩充危害食品安全犯罪的犯罪类型并完善刑罚规定。如上所述，危害食品安全的制假售假行为外延广泛，而刑罚权的扩张必须考虑犯罪治理的规律性。比如，对于无证生产普通农药、兽药是否可以非法经营罪论处的问题，理论界与实践界一直存有争议。如果从危害食品安全犯罪预防的角度而言，加大对无证生产农药、兽药的打击力度，并按照非法经营罪论处，有利于实现食品安全的源头治理，符合以预防为主的食品安全治理理念，但从刑法规范来看，农药、兽药并非特许经营行业，黑作坊私自生产农药、兽药的行为是否严重扰乱农兽药市场也未有明证，因此，将其作为非法经营罪论处不符合《刑法》第二百二十五条的构成特征。更何况，私自生产的农兽药若存在质量问题且造成较大损失的，可以按照《刑法》第一百四十七条生产、销售伪劣农药、兽药罪论处；若不存在质量且并非禁用的农药、兽药，则可以由行政机关依法处理，皆无犯罪化的必要性。因此，从危害食品安全行为的上述特点来看，食品行业制假售假直接入刑应当审慎应对。

（二）危害食品安全制假售假刑事立法体系的规范补充

基于上述分析，此次推动危害食品安全制假售假行为直接入刑的决策具有一定的合理性，但是，在修订立法时要注意两点：一是这里的危害行为直接入刑不同于一律入刑，不能将所有危害食品安全的制假售假行为都纳入刑法规范的调整范围，否则就模糊了行政违法与刑事犯罪的界限。更重要的是，对危害食品安全的行政违法行为不加区分地予以犯罪化，在增加司法成本的同时也会导致罚责失衡而侵蚀法律公正，最终影响犯罪预防的效果。对此，前文已有分析，不再赘述。二是在推动危害食品安全制假售假行为直接入刑时，应尽量维护刑法规范的稳定性。若能通过合理解释进而依据现行刑法规范追究刑事责任，就不宜增设为新罪；对不法行为的治理与防范没有穷尽行政监管方式时，也不宜增设为新罪；在增设的新型犯罪中，应当尽可能地将实害结果、具体危险作为犯罪成立的条件，而慎用抽象危险犯的立法模式。鉴于此，我们认为，由于危害食品安全制假售假行为复杂多样，应当审慎考虑入刑的范围，应当优先考虑经过规范、经验考察的立法建议，而不能依赖于简单的逻辑推演。

1. 增加以实害犯为基本形态的过失犯

作为与故意相并列的罪过形式，传统的过失理论认为非难的根据在于，只要行为人观念上稍加重视，就可以认识、预见犯罪事实的发生，但却因欠缺足够的警惕而没有注意，进而导致结果发生。[①] 由于行为人的主观可谴责性相对较弱，因此传统理论上通常将过失犯作为处罚的例外，但是，面对公众人身健康与生命安全时，刑法并不会因为不法行为人罪过程度低而不予处罚。不管是故意还是过失，只要因食品制假售假行为导致消费者的人身健康与生命安全受到侵害，就应当由不法者对法益侵害后果承担刑事责任，这是法益保护主义的必然要求。故而当前危害食品安全犯罪专门的过失罪名之缺失是不合理的。其实，刑法理论上对于违反业务上注意义务的过失犯，主张加重其刑罚，因为业务人员的注意能力较高，即便违反了同一注意义务，但从事业务的人违反的程度更高。[②] 比如，普通

---

① ［日］甲斐克则：《责任原理与过失责任》，谢佳君译，中国政法大学出版社2016年版，第82页。
② ［日］前田雅英：《刑法总论讲义》（第6版），曾文科译，北京大学出版社2017年版，第180页。

农户和庄园农场虽然都从事农作物的种植，但是对于农产品安全生产的注意义务却有明显差异，后者的注意能力远远高于前者，同样因违反注意义务而造成食物中毒事故，前者可以按照普通过失犯来处理而后者则不同，如果适用相同罪名，难以体现罪刑的差异性评价。因此，无论是基于法益保护原则，还是基于业务过失的特殊性，增设专门的过失型食品安全犯罪罪名都是必要的。

关于过失条款的立法表述，与前文提到的四种观点不同，我们认为，在条文结构上，应当在刑法第一百四十三条生产、销售不符合安全标准罪的条款中增加过失犯，不需要增加过失型生产、销售有毒有害食品罪；在犯罪形态上，应以一般过失犯为基本犯罪构成，慎用过失危险犯。具体分析如下：其一，刑法第一百四十四条生产、销售有毒有害食品罪中不需要增加过失犯。从刑法规定来看，成立生产、销售有毒有害食品罪，需要行为人主观上对食品中掺入有毒、有害的非食品原料为明知。当行为人违反注意义务导致食品被误加有毒、有害的非食品原料时，主观认识表现为两种形式：一是明知掺入了非食品原料但不知其性状为有毒、有害；二是不知道掺入了非食品原料，也自然不明知其性状为有毒、有害。对于情形一，因行为人对掺入非食品原料系明知，所以其主观上对食品系不符合安全标准为明知，故而符合刑法第一百四十三条犯罪之构成特征，应按照故意犯罪处理而没有必要单独增设新的过失犯罪；对于情形二，因行为人对掺入非食品原料不明知，当然对食品系不符合安全标准食品也不存在明知，不符合现行刑法第一百四十三条之规定，此时方有立法增设的必要。但是这种情况下情形二较情形一的主观罪过程度更轻，实无单独为其在刑法第一百四十四条单独增设新罪的必要性，完全可以通过在刑法第一百四十三条增加过失犯而得到充分评价。之所以如此主张，与刑法第一百四十三条过失犯的形态相关联。其二，刑法第一百四十三条新增过失犯，应当以实害犯为基本形态，只有造成食物中毒的实际后果才成立犯罪。虽然有观点主张增设过失危险犯，以便可以更充分地实现对重大法益的提前保护，①但是，在行政处罚与刑事处罚二元分离的法律体系中，如果增设过失危险犯，就会导致生产、销售不符合安全标准食品的行为，在失去犯罪数量、犯罪后果的限制之后，大范围地被犯罪化，从而导致食品安全法的许多法律责任条款被架空，而刑法则处于食品安全监管的前列。"为了给行政处罚预留空间，我国刑法将那些发生了法益侵害结果或者情节严重的行为才规定为犯罪，对于那些没有发生法益侵害结果或者情节较轻的行为一般都予以行政处罚，在这种情况下，过失危险行为一般都只是行政处罚的对象，而不能进入刑事立法的视野。"②相应地，如果以实害结果作为犯罪成立的条件，就可以在法益保护性与刑法补充性之间达成平衡。当然，在这种实害犯形态中，由于危害结果是犯罪的条件，非食品原料的毒害性通过危害后果的具体样态而得到相应评价。因此，就没有必要单独增加生产、销售有毒、有害食品犯罪的过失犯。

有必要提及的是，食品行业的制假售假行为，以行为人违反安全生产经营的注意义务为核心特征，并由此表现出突出的反规范特征，也是不法行为应当处罚的正当化基础。因此，如果行为人尽到了合理的注意义务，则不能追究其刑事责任，这也是责任主义的应有之义。事实上，《食品安全法》第一百三十六条规定的行政责任免除也体现了这一原则，"食品经营者履行了本法规定的进货查验等义务，有充分证据证明其不知道所采购的食品不符合食品安全标准，并能如实说明其进货来源的，可以免予处罚，但应当依法没收其不符合食品安全标准的食品；造成人身、财产或者其他损害的，依法承担赔偿责任"。也正是基于此，对于在食品安全领域增加严格责任的主张并不适宜，且不说与我国刑法总则的罪过规范相冲突，而且与行政规范明显不相协调，与食品安全监管强化主体责任的总体导向相背离。

---

① 付玉明、李泽华：《食品安全犯罪的立法完善》，载《河南社会科学》2019年第6期。
② 陈兴良：《过失犯的危险犯：以中德立法比较为视角》，载《政治与法律》2014年第5期。

2. 修改不法行为类型，审慎扩大犯罪圈

增设新的不法行为类型，是当前多数学者在分析修订危害食品安全犯罪立法时的观点，尤其是在现行食品安全法的框架下。不过，我们认为，考虑法律规范的开放性与包容性，增设新的不法行为类型应当慎重，而修改罪状的方式更为可行。

（1）将刑法第一百四十三条、第一百四十四条中的销售行为改为"经营"行为

随着现代物流的飞速发展，独立于生产、销售者的第三方运输、贮存主体成为食品生产、流通中的重要参与者。但由于现行立法对食品包装、运输、贮存等行为缺乏明确规定，而这些行为又难以归入销售行为的范畴（独立第三方所提供的服务为劳务性质），导致刑法对这些行为难以及时评价。事实上，这些行为的普遍性、危害性与生产、销售过程中滥用毒害物质并无二致。比如，在我国农产品处于大流通的格局之下，运输距离远、时间跨度长，农产品运输中质量安全与营养面临新挑战，尤其是鲜活农产品，不法分子就会通过滥用农药、兽药的方式达到存活、保鲜的效果，[1]尤其是一些中小经营者在运输水产品时采用高密度方式，为防病害就只能大量使用药剂。[2]因此，通过刑事规范加以评价是十分必要的。虽然目前以司法解释的方式将此类型为共犯化，有一定的合理性，[3]但对于那些行为人在生产、销售之外经营过程中实施的非法行为就无法适用共犯之规定，比如粮食贮存单位为了避免虫害而滥用农药就和生产、销售方没有任何主观联系，如果销售方在检测不严谨的情况下直接接受并销售，则可能导致发生食物中毒事故。此时，虽然可以按照现行规定追究销售方的责任，但是对于粮食贮存单

---

[1] 周勉、郭远明等：《农药滥用农民很无奈，高效低毒农药亟待推广》，载《半月谈》2012年第14期。

[2] 向志强、周琳等：《新食安法实施1年水产品安全治理追踪，非法添加仍频》，载《中国青年报》2016年12月25日。

[3] 左袖阳：《食品安全刑法立法的回顾与展望》，载《湖北社会科学》2012年第5期。

位滥用农药的行为则难以有效评价，从而导致物流运输主体与销售主体刑事责任评价的差异化。基于此，将贮藏、运输等行为正犯化是必要的。

在具体方式上，我们建议将刑法第一百四十三条、第一百四十四条罪状中的"销售"行为改为"经营"行为，分别为"生产、经营不符合食品安全标准的食品，足以造成严重食物中毒事故或者其他严重食源性疾病的……"与"在生产、销售的食品中掺入有毒、有害的非食品原料的，或者销售明知掺有有毒、有害的非食品原料的食品的……"应当说明的是，食品安全法第二条将食品经营界定为食品销售和餐饮服务，而食品的贮存、运输是独立于食品经营的，刑法中如果以"经营"来涵盖食品的销售、贮存、运输、餐饮服务，不会造成概念上的冲突。在行政刑法中，虽然行政规范与刑法中相关术语保持一致，有助于提高法律规范的明确性，但是对于像"经营"这种非专业性术语而言，根据规范目的的不同在部门法之间作出不同阐释是必要且正当的，但是这并不意味着"经营"的内涵不受约束。对于有学者提出将"经营"细化为生产、销售、采集、收购、加工、持有、贮藏、运输、包装等具体行为主张就有失妥当性。[①] 因为生产、加工行为属于生产行为的范畴，而采集、收购、持有往往不具有独立性，是依附于生产、加工行为或者作为销售的预备行为而存在的，和贮存、运输伴随物流行业发展起来而具有较强独立性的行为类型是不同的。故而，经营行为应当限于食品销售、餐饮服务、贮存、运输等相关联的行为。这样既可以避免表述过于烦琐，也可以达到规范评价的目的。

（2）生产、销售前的预备行为与事后行为不宜直接入刑

首先，诸如为生产、销售食品而购买、储备等预备行为不宜直接入刑。有观点认为，对于生产、销售行为的前置预备行为，如购买行为、储备行为，缺乏专门刑法立法，而此类行为又不符合生产、销售伪劣产品罪的构成特征，只能等到

---

① 胡胜友、陈广计：《危害食品安全犯罪的实证研究》，载《中国刑事法杂志》2014 年第 3 期。

生产、销售阶段来处罚，保护不够周延，应在立法上予以完善。①对此，如果销售者购买的是已经制作好的食品，那么购买、储备行为就是销售行为的一部分，可以按照未遂犯来处理，不存在无法评价的问题。如果是为了生产、销售食品而购置、储存了不符合安全标准的食品原料，此时就不具有处罚的必要性。虽然食品质量问题往往关系公众健康，面对不确定的安全风险，人们倾向于通过保护前置的方式来强化犯罪预防与治理效果，但这并不是说我们可以放弃对食品安全风险的具体判断而将犯罪评价的界限无限提前到原料采购的场合。在社会舆论对食品安全的持续关注过程中，公众产生对食品安全的强烈担忧是可以理解的，但防范风险的诉求不能过于依赖刑法，从而超越部门法的界限。从近年的立法情况来看，政策性的原则要求完全可能在风险态势下催生为急剧的刑事立法活动，出现风险刑法的功能性僭越。②"直接入刑"的政策提示已经隐含着这一隐忧，故而在对食品安全领域的不法行为进行立法研判时，不能以抽象的安全风险作为入罪化的依据，应对风险进行具体判断，避免以观念逻辑代替规范论证。在我们看来，购买、储备不符合安全标准的食品原料给公众安全带来的威胁并不紧迫，毕竟从食品原料到食品，再进入流通，尚需诸多环节，在生产、销售不符合安全标准食品尚且要求具体危险状态才构成犯罪的情况下，购买、储备等预备行为的法益侵害危险更弱。仅仅以形式上的考量而寻求犯罪化的思路会侵蚀公众自由，彻底打破行政法规范与刑事法规范的界限。毕竟，预备行为入罪化过多地服务于安全目的而损害了刑法的法益保护功能，因谦抑不足而损害了刑法的人权保障功能，因执行不足而损害了刑法的实用主义功能。③

其次，拒不履行食品召回义务的行为不宜直接入刑。食品安全法第六十三条明确了国家建立食品召回制度，规定："食品生产者发现其生产的食品不符合食

---

① 舒洪水主编：《食品安全犯罪的罪与罚》，中国政法大学出版社 2014 年，第 163—165 页。
② 焦旭鹏：《风险刑法的基本立场》，法律出版社 2014 年版，第 196 页。
③ 刘艳红：《象征性立法对刑法功能的损害》，载《政治与法律》2017 年第 3 期。

品安全标准或者有证据证明可能危害人体健康的，应当立即停止生产，召回已经上市销售的食品，通知相关生产经营者和消费者，并记录召回和通知情况。"据此，有观点认为，应当在刑法中增设不履行食品召回义务罪。然而，在增加过失犯以后，这一不法行为完全可以通过其他罪名予以评价。按照不作为犯理论，不履行食品召回义务属于不作为，而生产行为则属于先行行为。虽然对先行行为是否可以是犯罪行为这一问题刑法上存在诸多争议，但是通常来讲，如果先行行为所指向的侵害后果与不作为行为所引起的侵害后果具有同一性或者表现出结果加重的关系，则该犯罪行为在不被视为先行行为的情况下并不影响后一不作为的规范评价。比如，当食品生产者故意生产不符合食品安全标准的食品时，在有关部门查获食品不符合食品安全标准或者有证据证明可能危害人体健康以后，若不履行该义务，则可以根据涉案食品的危险程度直接按照故意犯罪来处理；当食品生产者违反了安全生产义务过失导致食品出现质量问题时，如果拒不召回，也可以按照过失犯追究责任。

第四章

我国网络食品犯罪社会共治研究

一、问题的提出

近年来,互联网技术和电子商务飞速发展,网络食品因其便捷性日益受到消费者青睐。2018 年 7 月,国家市场监督管理总局在"互联网+食品安全"论坛上披露我国互联网食品年销售额近 10 万亿元。[①]公众在享受网络食品带来方便快捷的同时,危害食品安全的违法犯罪行为也利用网络得以发展。2018 年,《小康》杂志邀请公众评选"最受公众关注的十大安全问题"调查结果显示,食品安全问题位居榜单首位。"染色馒头""瘦肉精""僵尸肉"等危害食品安全事件严重影响公众对国家食品安全的信任。另据中国司法大数据统计,2017 至 2020 年上半年,全国各级人民法院一审新收网络购物合同纠纷案件共计 4.9 万件,其中食品类纠纷在网络购物合同纠纷案件中占比为 45.65%。[②]鉴于此,如何有效防控网络食品违法犯罪成为当前社会亟须解决的问题。党的十八大明确建立社会协同的

---

① 赵鹏:《市场监管总局:互联网食品年销近 10 万亿元》,载《北京日报》2018 年 7 月 19 日。
② 《最高人民法院关于审理食品安全民事纠纷案件适用法律若干问题的解释(一)及典型案例新闻发布会》,https://www.chinacourt.org/index.php/chat/chat/2020/12/id/52677.shtml,2020 年 12 月 9 日。

社会管理体制以及党的十九大正式提出实施食品安全战略的背景之下，面对形势严峻的网络食品犯罪问题，仅依靠政府部门的力量难以有效解决。鉴于此，从实际情况出发，引入社会共治理念，在政府部门、社会组织、消费者等多元主体的相互配合协调下，共同解决网络食品犯罪问题则是科学化、本土化的选择。目前，学界对我国传统的食品安全犯罪问题研究已逐渐成熟，相比之下，对于网络食品犯罪研究有所欠缺。主要表现在：一是研究观念局限，多从政府监管角度着手，多元主体治理角度的研究成果较少。二是网络食品犯罪防控的研究范围较窄，多局限于立法、执法角度，未能从社会共治角度充分切入。因此，需结合互联网特性和实践情况对网络食品犯罪进行专门性研究，运用协同治理理论完善我国网络食品犯罪对策，以期为网络食品安全提供理论支撑与实践参考。

二、网络食品犯罪社会共治概述

（一）网络食品犯罪相关概念界定

1. 网络食品

网络食品，就字面含义理解，是指通过网络销售或购买的食品，其与实体店面售卖的常规食品相比，显著区别在于食品销售经营中的互联网特性以及种类多样、交易便捷、价格优惠等。学者们对"网络食品"的认知与理解存在些许差异，多数学者将"网络食品"等同于网购食品，指以互联网为媒介购买的食品。亦有学者认为"网络食品"的概念范围宽于网购食品，以网络植入、网络推广等形式进行的异业合作营销模式亦属于网络食品范畴。[①] 依照我国《食品安全法》《网络食品安全违法行为查处办法》等法律条文，可将"网络食品"解读为网购食品，是指通过第三方网络交易平台或自建网站进行交易的食品。

基于以上分析，本文采用的"网络食品"与我国现有法律条文所指的"网络

---

① 沈晓蕾：《加强网购食品交易监管的几点思考》，载《中国工商管理研究》2010 年第 8 期。

食品"含义相同，是指通过第三方网络交易平台或自建网站进行交易的食品。其中，不包含网络餐饮食品及网络外卖食品，主要原因在于网络餐饮食品和网络外卖食品多与民事法律和行政法律有关，①且我国食药监管部门就网络餐饮食品发布了《网络餐饮服务食品安全监督管理办法》，以此区分网络餐饮食品与网络食品。

2. 食品安全犯罪

目前，我国就何为"食品安全犯罪"尚无统一的定义。刑法学界定的食品安全犯罪有广义和狭义之分。广义观点认为，食品安全犯罪是指与食品有关的，且具有严重的社会危害性，应当受到刑事法律惩罚的行为。②该观点拓宽了食品安全犯罪涵盖的范围，扩大了刑法对相关法益的保护范畴。但依据罪刑法定原则，部分危害行为的构成要件并未满足刑法规定的食品安全犯罪的具体内容，因此在罪刑认定方面存在矛盾性和模糊性，无法有效惩罚犯罪行为。狭义观点认为，食品安全犯罪是指在食品生产、销售过程中实施的具有社会危害性并被刑法规定为食品安全犯罪的违法活动。具体而言，是指我国《刑法》分则第三章"破坏社会主义市场经济秩序罪"中的相关罪名。③

犯罪学对食品安全犯罪的解释外延更为广泛。犯罪学中的犯罪概念既包含刑法规定的犯罪行为，也包含其他非刑法规定的具有不同危害性的违法行为。换言之，犯罪学上的犯罪概念以刑法规定为核心，以刑法规制的犯罪行为为主要研究对象，并且还包括治安管理处罚法等行政、经济类法规所规定的一般违法行为，

---

① 笔者在中国裁判文书网中搜集整理 2014 年 1 月 1 日至 2019 年 12 月 31 日有关网络食品安全犯罪案件的判例时发现，网络餐饮食品和网络外卖食品（以"食品""饿了么""美团"等关键词进行搜索）涉及的民事和行政案件近 800 起，而涉及食品安全的刑事案件仅 10 起。
② 田禾：《论中国刑事法中的食品安全犯罪及其制裁》，载《江海学刊》2009 年第 6 期。
③ 刑法第一百四十三条"生产、销售不符合安全标准的食品罪"、第一百四十四条"生产、销售有毒、有害食品罪"、第一百四十条"生产、销售伪劣产品罪"、第二百二十五条"非法经营罪"、第四百零八条"食品监管渎职罪"、第一百一十四条"以危险方法危害公共安全罪"以及侵犯知识产权类犯罪。

以及违背道德规范的越轨行为。因此，犯罪学中的食品安全犯罪是指食品从生产到销售以及监督管理等环节中所发生的一切危害食品安全的行为。[1]

综上所述，出于研究需要，将食品安全犯罪界定为在食品生产、销售等营销活动中，为牟取非法利益而实施的违反食品安全法律法规、破坏国家食品安全监督管理秩序、危害不特定人身体健康与生命安全的应受刑罚处罚的行为。

3. 网络食品犯罪

我国现有法律法规尚未对网络食品犯罪的释义予以明确，学术界也是众说纷纭。实际上，网络食品犯罪是食品安全犯罪的网络化变体，究其本质依旧是一种食品安全犯罪行为。有学者将网络食品犯罪解读为在网络环境下，食品生产经营者以第三方网络交易与支付平台为依托，通过快递等物流形式，向消费者销售假冒伪劣或有毒有害食品的违法犯罪行为。[2] 在司法实践中，主要以《刑法》中的生产、销售不符合安全标准的食品罪，生产、销售有毒、有害食品罪，生产、销售伪劣产品罪，非法经营罪，食品监管渎职罪，以危险方法危害公共安全罪以及侵犯知识产权类犯罪等罪名来认定网络食品安全犯罪。从犯罪学角度分析，网络食品安全犯罪是指通过网络实施的危害食品安全的一般违法行为和刑事违法行为以及相关越轨行为。

结合以上论述与本研究需要，将网络食品犯罪定义为犯罪人凭靠互联网的便捷性、虚拟性以及不确定性，以第三方网络销售平台或自建网站为媒介，通过物流配送等形式，向消费者出售有毒有害食品或假冒伪劣食品，实施非法经营活动，侵害不特定人身体健康与生命安全，严重危害网络食品安全的应受刑罚处罚

---

[1] 陈鹏：《我国涉网危害食品安全犯罪防控研究》，中国人民公安大学硕士学位论文，2018年。

[2] 苏娜：《网络食品安全犯罪问题浅析》，载严励、岳平：《犯罪学论坛（第三卷）》，中国法制出版社2017年版，第835页。

的行为。①

（二）网络食品犯罪社会共治的必要性

1. 社会共治与协同治理释义

社会共治源于"协同治理"理论。"协同治理"理论是由西方学者首创的新兴理论。联合国全球治理委员会指出：协同治理是个人、各种公共或私人机构管理其共同事务的诸多方式的综合。它是使相互冲突的不同利益主体得以调和并且联合行动的持续过程。②学界一般认为，协同治理是指在网络技术与信息技术的支持下，政府、民间组织、企业、公民个人等社会多元要素相互协调，合作治理社会公共事务，以追求最大化的治理效能，最终达到最大限度地维护和增进公共利益之目的。

社会共治与协同治理有天然的契合，都强调从自上而下的政府治理转向社会力量的多方参与。强调发挥社会各方的主体意识和责任，通过行使各自相应的法律权利和发挥各自优势对政府规制网络食品安全问题形成有效的制约。构建政府主导，食品企业、第三方网络平台、消费者、行业协会、媒体等诸多利益相关主体共同参与的网络食品犯罪治理模式。

2. 网络食品犯罪社会共治的必要性

（1）社会共治是落实食品安全战略的需要

2015年10月1日起实施的《食品安全法》在总则中明确："食品安全工作实行预防为主、风险管理、全程控制、社会共治、建立科学、严格的监督管理

---

① 刘薇：《我国网络食品安全犯罪特点及防控对策研究——基于对475份刑事判决书的统计分析》，载《贵州警察学院学报》2019年第6期。
② 俞可平：《治理与善治》，社会科学文献出版社2000年版，第5页。

制度",并在后续多项条款中对上述原则予以详述。①因此,可以看出《食品安全法》的立法目的在于构建"法治保障、政府监管、企业自律、媒体宣传、公众参与"的多元主体社会共治食品安全的新格局。2017年10月,党的十九大报告明确将食品安全上升至国家战略高度,凸显了全面彻底地解决食品安全问题的决心与态度。2019年5月,具有里程碑意义的《中共中央 国务院关于深化改革加强食品安全工作的意见》公开发布,其中提及"坚持共治共享"是理应遵循的基本原则之一,强调食品生产经营企业应自觉履行主体责任,政府部门要依法加强监管,公众应积极参与社会监督,形成各主体各尽其责、齐抓共管、合力共治的格局,以构建食品安全领域的现代化治理体系。从社会共治角度考量如何有效治理网络食品犯罪,是对我国食品安全战略的具体落实和必要回应。

(2)社会共治是防控网络食品犯罪的实践需要

近年来,网络信息技术的发展为犯罪治理提出了新命题,也带来了新挑战。诚如学者所言:"每一种科学或技术的馈赠都有其黑暗面。"②快速发展变化的网络信息技术为公众提供便捷的同时,也为新的犯罪形式提供了土壤。2017年1月至6月,全国破获食品安全犯罪案件3500多起,公安部挂牌督办的重大食品安全犯罪案件80多起,其中互联网犯罪案件占比40%以上。③在网络食品犯罪问题中,利益的驱使固然是使犯罪人铤而走险的重要原因,但犯罪成本低、相关法律法规不健全、政府监管缺位、食品行业协会和第三方网络交易平台未尽其责、

---

① 《食品安全法》第九条:食品行业协会应当加强行业自律,按照章程建立健全行业规范和奖惩机制,提供食品安全信息、技术等服务,引导和督促食品生产经营者依法生产经营,推动行业诚信建设,宣传、普及食品安全知识。第十条:新闻媒体应当开展食品安全法律、法规以及食品安全标准和知识的公益宣传,并对食品安全违法行为进行舆论监督。有关食品安全的宣传报道应当真实、公正。第四十二条至第四十七条对食品生产经营者需履行责任义务加以明确规定。

② [美]尼古拉斯·尼葛洛庞帝:《数字化生存》,胡泳等译,海南出版社1996年版,第26页。

③ 孙晓威:《食品安全犯罪的刑法规制》,黑龙江大学硕士学位论文,2018年。

公众维权意识薄弱、媒体宣传不到位皆是不容回避的现实。为提升网络食品犯罪治理效果，减轻政府监管重负，平衡治理格局，以确保食品安全与社会秩序，将社会共治引入我国网络食品犯罪防控是实践的迫切需要亦是必然选择。

（3）社会共治是化解信息不对称困境的现实需要

当前食品生产、销售、物流等信息存在于第三方网络交易平台。一方面，网络交易有利于食品生产经营企业拓宽销售渠道，也为消费者提供了便利选择。但另一方面，繁多的网络食品交易行为，导致与食品安全相关的各方主体均需分析处理庞杂的食品安全信息，因而给各方带来一定困惑，也在一定程度上影响了网络食品犯罪治理效果。就政府监管部门而言，获取海量的食品生产、销售信息难度较大，分析掌握耗时费力；就第三方网络交易平台而言，一时全面掌握众多复杂的食品生产标准、质量检测标准等信息存在难度，而且平台不享有监管执法权，导致其获取政府监管部门相关信息明显滞后；消费者及其他公众获取网络食品安全相关信息有限，加之相关专业知识匮乏，进而导致消费者欠缺甄别网络食品安全信息的能力，容易误听误信。鉴于此，需要构建社会共治模式以均衡网络食品犯罪防控主体间的信息交互共享。

三、我国网络食品犯罪的态势分析

犯罪现象存在的目的是要加强对犯罪现象规律的理性认识，克服对犯罪现象的认识和对策中的非理性因素，从而提高犯罪对策的科学性和有效性。[1]研究我国网络食品犯罪态势的目的在于理性把握网络食品犯罪的形势及特征，以便有的放矢地进行社会共治。

当前网络食品的受众越来越多，网络食品犯罪已成为社会关注的焦点。为了较为客观地反映我国网络食品犯罪的态势，笔者在文献研究的基础上，结合案例

---

[1] 王牧：《新犯罪学（第三版）》，高等教育出版社2016年版，第133页。

统计分析方法，在中国裁判文书网搜索整理了 2014 年 1 月 1 日至 2019 年 12 月 31 日已审结的刑事案件，分析了其中 680 起有效样本，对当前网络食品犯罪形势及特点加以总结。

（一）犯罪数量呈增长趋势

犯罪数量是衡量和测定犯罪基本状况的指标。[1]统计犯罪数量有利于正确认识犯罪现象，为掌握犯罪规律提供有力支持。有关统计分析结果显示，我国网络食品犯罪案件数量总体呈增长趋势。从 2014 年的 35 起逐步上升到 2017 年的 177 起，随后下降到 2018 年的 137 起，2019 年又上升至 205 起。（图 1）这一发展态势与食品电商行业的发展大体相似，从萌芽探索开始，随后经历了启动、爆发时期，时至今日迈入成熟阶段。事物的发展皆具两面性，网络食品生产经营企业迎来商机的同时，犯罪者也混迹其中伺机而动，加之犯罪链条日渐细化复杂，致使网络食品犯罪案件数量逐年增多。2020 年 1 月，中央依法治国办联合相关部门发布了食药监管执法司法典型案例，其中涉及食品安全的 8 起案例中有 4 起是网络食品犯罪案件，占比 50%，侧面反映了我国网络食品安全面临的问题与隐患不容小觑。[2]

---

[1] 应培礼、倪铁：《犯罪学通论》，法律出版社 2016 年版，第 169 页。
[2] 朱剑：《中央依法治国办联合相关部门发布食药监管执法司法典型案例》，http://www.moj.gov.cn/Department/content/2020-01/09/582_3239395.html，2020 年 1 月 9 日。

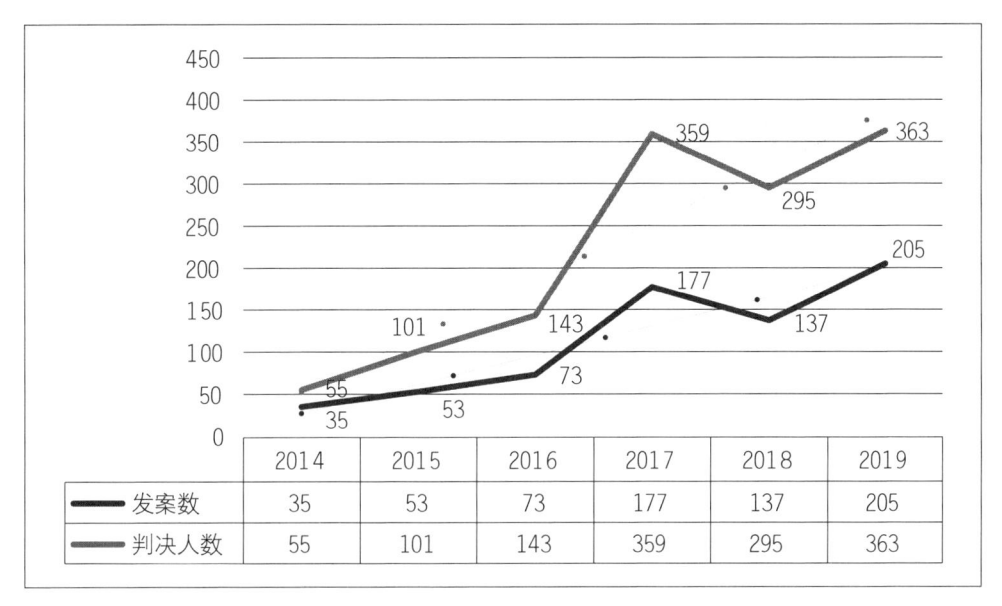

	2014	2015	2016	2017	2018	2019
发案数	35	53	73	177	137	205
判决人数	55	101	143	359	295	363

图 1　2014—2019 年网络食品犯罪数量

（二）犯罪主体的文化程度和职业特征显著

对犯罪行为人特征的经验性描述，是犯罪现象研究的一个重要方面。[①]

首先，犯罪主体的文化程度偏低。在研究的案例中，除判决书中未标注学历的 397 人以外，剩余犯罪人的文化程度大多偏低，初中学历者占比较高，其他为专科、高中、大学本科、硕士研究生。以上数据在一定程度上表明实施网络食品犯罪的犯罪人多数受教育程度较低，文化水平有限，法律法规意识淡薄，对罪与非罪的界限以及实施犯罪行为需承担的刑事责任认识不清。

其次，犯罪人的职业以个体经营为主。了解犯罪人的社会经济地位可以为犯罪行为的发生提供参考。统计案例显示，除未明确职业情况的 356 人外，剩余犯罪人中，从事个体经营的人数为 315 人，占比 23.94%，无业人员有 282 人，占比 21.43%，农民有 215 人，占比 16.34%。（图 2）从事个体经营的犯罪人占比较

---

① 王牧：《新犯罪学（第三版）》，高等教育出版社 2016 年版，第 145 页。

高，但这并不意味着犯罪人单独作案。事实上，网络食品犯罪属于涉众型犯罪，组织形式呈现规模化、链条化特征。从原料购买到制作出产，再到贮存运输直至最后的销售，整个犯罪过程形成了"一条龙"的产业链条，上家备货、下家销售、发展代理、提供货源，最终造成有毒有害或假冒伪劣食品流入市场，荼毒消费者。譬如在广东省发生的一起生产、销售有毒有害保健食品的案件，涉案人员27人，为实施犯罪而开设公司，购置专业设备，形成有组织、规模化的犯罪团体，类似这样的案例不胜枚举。①

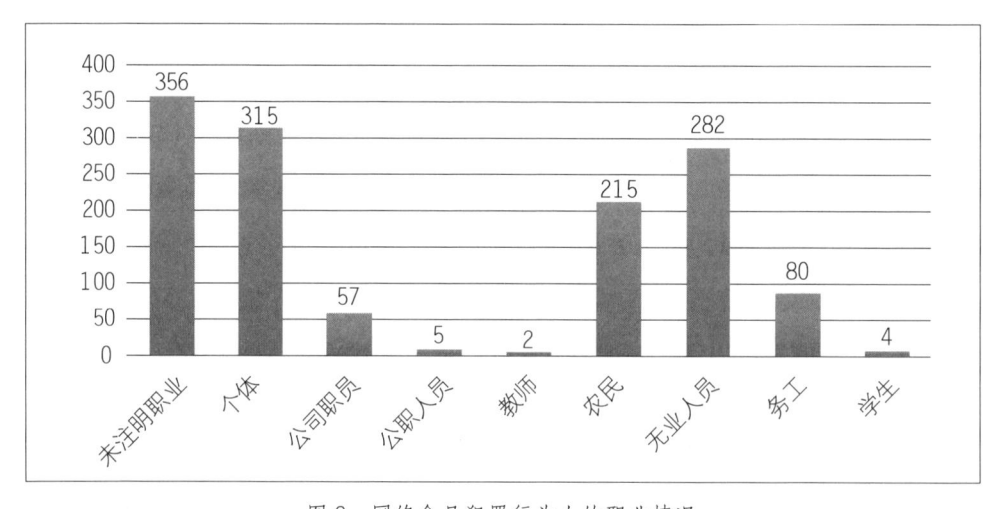

图 2 网络食品犯罪行为人的职业情况

（三）犯罪类型以生产销售网络伪劣食品类犯罪为主

依据侵犯的法益不同，我国网络食品犯罪大体分为生产、销售伪劣食品类犯罪和侵犯商标权类犯罪。基于本文的案例统计分析显示，生产、销售伪劣食品类犯罪为主要犯罪类型，案件审结量达 588 件，涉案人数 1088 人，人数占比 82.67%；侵犯商标权类犯罪案件审结量为 83 件，涉案人数 257 人，人数占比

---

① 资料来源：（2017）苏 08 刑终 99 号 丘讯、黄某某等生产、销售有毒、有害食品罪二审刑事判决书。

14.97%。（表1）① 生产、销售伪劣食品类犯罪案件审结数量明显超过侵犯商标权类犯罪案件数量的原因之一，在于生产、销售伪劣食品类犯罪行为更易触犯刑事法律。互联网的推广普及与其附带的经济价值，使更多人想从中获利，随之诱发的网络食品犯罪案件数量显著增多。我国《刑法》《食品安全法》等多部法律法规对生产、销售伪劣食品类犯罪的规制条款更严谨周密，国家为治理食品安全犯罪耗费了大量的人力物力等资源，打击力度逐渐增强，这使得生产、销售伪劣食品类犯罪案件数量较多。原因之二，在于生产、销售伪劣食品类犯罪直接侵犯的是不特定人群的生命健康权，社会危害性较大。而侵犯商标权类犯罪侵害的法益多是知识产权，其归属民事纠纷或行政违法领域，达到一定犯罪标准后由行政机关移交公安机关处理才能上升至刑事打击层面。在此过程中行政案件审查处理速度迟延、移送周期长、滞后性强以及行刑衔接不畅，加之大部分案件经行政机关处理后无须公安机关介入，这也使得公安机关处理的生产、销售伪劣食品类犯罪案件比侵犯商标权类犯罪案件数量多。

表1 网络食品犯罪的主要犯罪类型

犯罪类型	具体罪名	定罪人数（人）	所占比例（%）
侵犯商标权类犯罪	假冒注册商标罪	94	7.14
	销售假冒注册商标的商品罪	94	7.14
	非法制造、销售非法制造的注册商标标识罪	9	0.68
生产、销售伪劣食品类犯罪	生产、销售不符合安全标准的食品罪	57	4.33
	生产、销售伪劣产品罪	132	10.03
	生产、销售有毒、有害食品罪	899	68.31

---

① 生产、销售伪劣食品类犯罪和侵犯商标权类犯罪都未将非法经营罪纳入其中，原因在于非法经营罪主要侵犯的是国家对市场秩序的监管以及相关经营许可制度，与前述两类犯罪侵犯的法益略有区别，故此正文中的案件审查量和涉案人数占比是除非法经营罪以外的统计。另外，前文论述中表明网络食品安全犯罪涉及的刑法罪名包括"以危险方法危害公共安全罪"和"食品监管渎职罪"，但在案件搜集整理时未发现与两个罪名有关的网络食品安全犯罪案例，因此未将两个罪名纳入统计。

(四）犯罪手段为线上线下紧密结合

网络食品犯罪能够迅速顺利地实施，离不开犯罪者对线上线下的资源利用，彼此合作、双线共进。线上是对第三方网络交易平台的利用，线下则是对食品的生产加工包装及物流运输的利用。网络食品犯罪的主要工作安排与沟通协调都是借助互联网完成的。犯罪者利用第三方网络交易平台主要实施以下行为：在网站、网页上投放虚假宣传广告，招揽业务，设置销售链接，吸引客源，诱骗消费者购买；利用淘宝网、天猫商城、微信、闲鱼等平台开设网店，包装设计，直播推广，发送推销信息，销售违法食品或有毒有害非食品原料。此外，统计结果显示，犯罪人实施犯罪不光依托一个网络平台，往往多个平台混用。同时，犯罪主体线下行为始终需要借助线上力量完成。例如，犯罪人通过网络交易平台销售违法食品或有毒有害非食品原料的案件数量占比 44.41%，利用网络交易平台购买违法食品后又在平台上销售的案件比重为 25.44%。其余案件的实施主要以网络购买后线下销售、网络购买原材料后线下生产、销售及网络购买原材料后线下生产又以网络销售为手段，案件数量占比分别为 17.06%、2.35%、10.74%。基于上述分析可知，我国网络食品犯罪通过线上线下的紧密结合，犯罪环节复杂，危害性不可轻视。

(五）犯罪地域全国性、跨地域特征突出

任何犯罪活动都在一定的空间范围内实施，形成了一定的犯罪地点，处在一定的空间地理位置。[①] 在研究的案例中，我国网络食品犯罪行为在地域分布上具有鲜明的特征。案件覆盖 24 个省（自治区、直辖市），犯罪行为触及全国多数地区。其中，江苏省和浙江省的案件审结量以 148 件和 141 件位居高位，各占总审结量的 21.76%、20.74%，其涉案人数各占总人数的 23.71%、23.25%，紧随其后的是河北省、山东省、广东省。案件审结量可以作为参考各地区犯罪发展态势的

---

① 魏平雄、赵宝成、王顺安：《犯罪学教程》，中国政法大学出版社 1998 年版，第 104 页。

一方面，其与当地经济发展水平以及互联网发展速度、规模有着密不可分的关系。①江苏省、浙江省等地区的网络食品安全违法犯罪行为多发，这主要取决于当地发达的经济水平，互联网发展根基好、速度快、规模大、受众广，网络购物氛围深厚以及用户体验感好等因素影响，为网络食品犯罪行为提供了肥沃的土壤。另外，虽然河北省、山东省等地区的经济发展水平不及"江浙沪包邮区"，但其物价较低、网络发展前景好、交通运输便利，使得这些地区也成为网络食品犯罪者的青睐之地。西北、西南地区的案件审结量相对较少，但并不代表其受到网络食品犯罪的影响小，网络的跨时空性与快递物流的便捷性相结合极易导致网络食品犯罪向更广区域蔓延。

四、我国网络食品犯罪社会共治的现状及不足

（一）网络食品犯罪社会共治取得的进展

随着食品安全战略基本框架的形成，国家与社会对网络食品安全的重视程度不断增加，社会共治成为防治网络食品犯罪的本土化选择与探索。经过近年来的努力，我国在网络食品犯罪社会共治方面已取得一定进展。

1. 网络食品犯罪具有一定的立法保障

（1）刑事立法方面。针对涉及百姓民生的食品药品安全犯罪，我国一直秉持"宽严相济、以严为主"的刑事政策。②首先，《刑法修正案（八）》加大了对食品安全领域的刑罚力度，譬如取消拘役刑，判刑起点改为有期徒刑；单处罚金改为并处罚金；扩大了食品安全标准的内涵范围；量刑情节方面，生产、销售有毒有害食品罪由结果犯改为行为犯，只要实施了危害食品安全的生产、销售行为便构

---

① 刘薇：《我国网络食品安全犯罪特点及防控对策研究——基于对475份刑事判决书的统计分析》，载《贵州警察学院学报》2019年第6期。
② 王宏玉：《我国食品药品安全犯罪之刑事对策分析》，载李春雷、许成磊：《惩治与保障：食品药品犯罪案件规范研究》，群众出版社2015年版，第11—12页。

成犯罪。《刑法修正案（九）》为有效打击网络犯罪链条，降低入罪门槛，新增了三个网络犯罪罪名：拒不履行信息网络安全管理义务罪、非法利用信息网络罪及帮助信息网络犯罪活动罪。针对监管部门玩忽职守或者滥用职权造成危害食品安全结果的行为增设了食品监管渎职罪、放纵制售伪劣商品犯罪行为罪等罪名。其次，尽管我国尚未出台专门惩治网络食品犯罪行为的刑事法律，但在司法实践中，网络食品犯罪被视为危害食品安全犯罪的网络化延伸，仍沿用危害食品安全犯罪类罪中的有关罪名对其予以惩戒。（表2）

表2 网络食品犯罪涉及的主要刑法罪名

刑法罪名	主体	犯罪客观方面
生产、销售伪劣产品罪	一般主体	生产者、销售者在产品中掺杂、掺假，以假充真，以次充好或者以不合格产品冒充合格产品，销售金额达5万元以上的行为
生产、销售不符合安全标准的食品罪	一般主体	生产、销售不符合卫生标准的食品或足以造成严重食物中毒或者其他严重食物性疾患，严重危害人体健康的行为
生产、销售有毒、有害食品罪	一般主体	生产者、销售者违反国家食品卫生管理法规，故意在生产、销售的食品中掺入有毒、有害的非食品原料或者销售明知掺有有毒、有害的非食品原料的食品的行为
非法经营罪	一般主体	违反国家规定，从事非法经营食盐、生猪屠宰销售，扰乱市场秩序，情节严重的行为
假冒注册商标罪	一般主体	违反国家商标管理法规，未经注册商标所有人许可，在同一种商品上使用与其注册商标相同的商标，情节严重的行为
销售假冒注册商标的商品罪	一般主体	行为人非法销售明知是假冒注册商标的商品，销售金额数额较大的行为
非法制造、销售非法制造的注册商标标识罪	一般主体	违反国家商标管理法规，伪造、擅自制造他人注册商标标识或者销售伪造、擅自制造的商标标识，情节严重的行为
虚假广告罪	一般主体	广告主、广告经营者、广告发布者违反国家规定，利用广告对商品或服务做虚假宣传，情节严重的行为
食品监管渎职罪	特殊主体	负有食品安全监督管理职责的国家机关工作人员，滥用职权或者玩忽职守，导致发生重大食品安全事故或者造成其他严重后果的行为
以危险方法危害公共安全罪	一般主体	行为人故意使用与放火、决水、爆炸、投放危险物质等危险性相当的其他危险方法侵害不特定多数人的生命健康权或者重大公私财产权，危害公共安全的行为

（2）行政立法方面。目前，我国已陆续出台多部规制网络食品安全的行政法律法规和部门规章。首先，行政法律法规层面。2015年10月，修订的《食品安全法》正式颁布实施，首次提出网络食品安全的相关内容，清楚地界定了第三方网络交易平台应承担的职责与义务，以及消费者如何维护自身合法权益。2019年1月1日实施的《电子商务法》不仅严格规制了电子商务经营行为，还潜移默化地影响了网络食品生产经营与监管。同时，还有《消费者权益保护法》《反不正当竞争法》《商标法》《广告法》等法律支撑着我国网络食品安全工作的正常进行。其次，部门规章层面。2016年10月颁布（2020年修订）的《网络食品安全违法行为查处办法》（以下简称《办法》），具体规定了第三方网络交易平台与入网食品生产经营者的责任，明晰了违法行为的具体内容与管辖范围，确定了责任约谈的情形。可以说《办法》相较于《食品安全法》在我国网络食品安全方面更具完整性和可操作性。最后，地方政府规章层面。各地方政府依据当地经济发展和网络食品安全违法行为的情况，相继制定出台了适用于本地网络食品安全监管工作的地方政府规章，譬如北京出台的《北京市网络食品经营监督管理办法（暂行）》、上海市颁布的《网络食品药品安全违法行为查处工作规范》及江苏发布的《江苏省网络食品交易主体备案管理办法》等。2019年5月公布的《中共中央　国务院关于深化改革加强食品安全工作的意见》围绕食品安全社会共治以及食品安全风险管理能力等内容，提出了一系列的整改完善措施，以此提升我国网络食品安全监管效率与效能。

2. 政府监管执法日趋规范

首先，行政监管新格局形成。我国经历了从食品供给不足到食品多样丰富，民众从担心吃不饱穿不暖到逐渐步入小康社会，这一切促使了我国食品安全监管白手起家、大辂椎轮的发展。特定时期存在特有的食品安全监管体制，但时代在进步、社会在发展，过去的食品安全监管体制与当下现状略有违和。因此，要在实践过程中不断改革完善我国食品安全监管体制。最初，我国食品安全监管工作由原卫生部牵头，多部门共同监管，中间经历了"九龙治水"，分段监管模式。2018年，大部制改革前是由国家食品药品监督管理总局监管我国食品安全工作，大部制改革后，多机构合并，由国家市场监督管理总局统一负责我国食品安全工作。新的监管体制在一定程度上解决了先前存在的多头混治、职能重叠、监管漏洞等问题，实现了主次分明、协同监管的工作局面，推动我国线上线下食品安全监管工作迈向新阶段。2014年，辽宁省、河北省等地区最先尝试建立"食药警察"队伍并且初见成效。之后，依据国家机构改革方案，2019年公安部整合多个下属机构职责，成立了食品药品犯罪侦查局，统一履行打击食药环犯罪的职责，其中包括惩办网络食品犯罪。这意味着我国专业的"食药警察"队伍成型，确保了专业的力量承办专业的案件，有助于提高对网络食品犯罪案件的精准打击力度，降低网络食品犯罪行为的发生率，满足公众对美好生活的期待与向往。

其次，多部门携手共同监管执法。随着我国社会共治理念的深入贯彻和机构改革的不断深化，越来越多的政府部门积极参与由国务院食品安全办牵头举办的"全国食品安全周"，或与高校科研机构、媒体等主体携手举办学术研讨会和网络食品经营培训会等活动，以公众乐于接受的形式增进交流，普及食品安全知识，提高消费者的食品安全意识和科学应对风险的能力。实行网络食品"神秘抽检"措施并通报不合格食品及整改举措，约谈有关网络食品生产经营企业和第三方网络交易平台负责人，督促其认真学习食品安全知识，严格落实监管职责，消除网络食品安全隐患。此外，市场监督管理总局与公安部等部门多次联合开展打击网络食品犯罪的专项行动，各地方政府也踊跃与之呼应开展专项打击行动。（表3）同时，公安部食品药品犯罪侦查局借助《人民日报》、微信、凤凰新闻、腾讯新闻等资讯媒体平台同步开通官方账号，以广泛听取群众意见和建议，受理相关投诉举报信息，多渠道获取犯罪线索，并以案释法进行普法教育宣传。

表3 打击网络食品犯罪的主要专项行动

年份	专项行动代号	行动范围
2019 年	网剑	全国
	昆仑	全国
2018 年	铁拳	河北省
	利剑	重庆市
2017 年	净网	福建省
2016 年	网歼	北京市
2015 年	清源	山东省

3. 第三方网络交易平台依法履行职责

首先，严格入网资质审核。依照现有法律法规要求，第三方网络交易平台应认真审核入网食品生产经营者提交的食品生产经营许可证、健康证等证件，进行实名登记，建立经营档案并与入网食品生产经营者签署协议，明确彼此的权利义务。以阿里巴巴平台为例，其构建的网络食品行业专项监管体系坚持"严格准入、分类监管、数据驱动、精进不休"的原则，组建专业审核团队，主动对接全国工商网，采用图像识别、技术排查加后台人工审查的方式，确保审查证照的真实性和准确性。[①]

其次，建立第三方网络交易平台的相关规章制度。阿里巴巴和京东平台采取了诸多措施来引导并监督入网食品生产经营者的合法经营行为。其中，阿里巴巴平台针对不同种类的食品制定了不同管理要求，推行先行赔付制度以便快速处理违法食品，并制定与《食品安全法》相适应的《淘宝网食品行业标准》和《天猫食品管理规范》，以此减少网络食品安全违法事件。京东平台借助区块链不可

---

① 阿拉木斯、邓燕等：《网络食品销售监管及平台网规研究》，载肖平辉：《互联网背景下食品安全治理研究》，知识产权出版社2018年版，第241—242页。

篡改、高效率、高安全等特性搭建了"京东区块链防伪追溯平台",为每件商品配备"身份证",做到流通的各个环节不会被冒名顶替,并详细记录每件商品的来源与去处,进而实现了食品原材料采摘过程、生产过程、流通过程的信息全程溯源,消费者通过扫码就能了解每个环节的关键信息,同时确保每个环节都有多个主体进行监督记录,一旦发现问题,用户便可通过全链条溯源,准确找到责任主体。[1] 同时,为保障海淘进口食品的安全,2017年7月,京东平台发起成立了"跨境溯源联盟",与国家检验检疫局、海关总署等国家监管单位,以及沃尔玛等全球知名品牌商、国际货运服务商携手搭建"新链路、高品质、全透明"的跨境商品精准追溯生态体系,使消费者对自己购买的食品、保健品等进口商品的保质期、生产地、物流配送等环节了然于心。[2] 此外,京东平台还实施了"史上最严"的质量管控举措,每一件商品要在遴选、入库、销售过程中经历20道质量关卡的审核,从而确保公众消费透明、购物放心。这些措施将京东平台打造成无隙可乘的第三方网络交易平台,让犯罪者无从下手。

4. 其他主体逐步参与社会共治

在政府部门逐步提高网络食品安全监管执法能力的同时,涉及网络食品安全的其他主体大多仍处于被动接受监管的状态,主动参与网络食品犯罪社会共治的积极性有待提高。

消费者参与网络食品犯罪社会共治集中表现在售后评价环节,通过购买后获得的食品与服务来评价好坏,以供其他消费者参考,避免重复受害,也可通过第三方网络交易平台进行投诉,由平台介入对入网食品生产经营者予以惩戒。依据《食品药品违法行为举报奖励办法》可知,若遇到食品安全问题,不管是否亲

---

[1] 驱动中国:《京东用区块链让快消品实现终极溯源:原料材料信息可追溯》,http://baijiahao.baidu.com/s?id=1604485186063578860&wfr=spider&for=pc,2018年6月28日。
[2] 罗超:《京东组建跨境溯源联盟 刘强东在下一盘什么棋》,http://www.sohu.com/a/160259103_115980,2017年7月27日。

身经历，只要提供违法事实与线索，消费者均可向政府部门或消费者协会投诉举报，以此获得一定比例的经济奖励。

新闻媒体作为一种舆论媒介，将网络食品安全带入大众视野中，使公众在了解网络食品行业发展信息的同时输送网络食品安全信息与各地区网络食品犯罪情况，从而引起社会对网络食品安全的关注，迫使政府部门和第三方网络交易平台提高对网络食品安全监管的力度。每年举办的"3·15晚会"和凤凰网、腾讯新闻、网易新闻等主流新闻媒体以及微信、微博等社交媒体都在以各种形式增强公众对网络食品安全的重视，理性认识网络食品安全。

（二）我国网络食品犯罪社会共治的不足

当前我国网络食品犯罪社会共治取得了一定进展，但是仍未形成统一有效的运作体系，就全国总体状况和当下网络食品犯罪形势而言，我国网络食品犯罪社会共治方面依旧存在一些不足。

1. 网络食品安全法律法规不完善

完善的法律法规是我国网络食品犯罪社会共治的重要依据和保障。目前，虽然我国相关法律法规对网络食品犯罪有所规定，但仍存在尚待明确之处。

（1）相关立法方面。一是尚未明确界定网络食品犯罪。现行法律法规尚未界定网络食品犯罪的含义及表现形式，致使司法实践中对于网络食品犯罪的认定存在诸多困难。例如，罪与非罪的界限难以把握，使得一些犯罪人逍遥法外。二是网络食品犯罪的认定标准模糊。网络食品犯罪拥有区别于普通的食品安全犯罪的特点，但在司法认定时，存在未能将二者清晰区分的情况，定罪量刑仍是依照刑法条文进行。同时，相关法律条文的制定时常滞后于网络食品犯罪的现实情况，不能及时有效地打击震慑网络食品犯罪。三是对犯罪行为方式的规定与现状不符。我国《刑法》对网络食品犯罪的规制主要涉及生产和销售环节，尚不能满足网络食品犯罪全链条的现实需求，导致产业链中其他如加工、运输、储藏、销售和管理等环节的网络食品犯罪行为难以受到应有的刑事制裁。

（2）刑罚配置方面。我国《刑法》对网络食品犯罪的刑罚配置有五大主刑和三大附加刑。在司法实践中，现有刑事制裁措施暴露出一定的局限性。一是自由刑惩罚力度不足，犯罪成本偏低。据相关案例统计，1316名犯罪人中有664人被判处1年以下有期徒刑（含1年），占总人数的50.46%；被判处1~3年有期徒刑（含3年）的人数是451人，占比34.27%，总体表现为自由刑较轻缓，这与网络食品犯罪行为人造成的危害结果、引发的社会危害性不成正比。二是无限额罚金刑影响审判的公正性。罚金刑的适用初衷是为了在经济源头威慑网络食品犯罪行为人，但现实情况是《刑法修正案（八）》提出了无限额罚金刑，未明确罚金数额的计算标准以及上下限额，这势必导致罚金刑畸轻畸重的情况出现，甚至引发自由裁量权的滥用，有悖于罪责刑相适应原则。三是资格刑存在漏洞。驱逐出境和剥夺政治权利是我国《刑法》规定的两大资格刑，但现有资格刑未能发挥禁止网络食品犯罪行为人再犯的能力。虽然《刑法修正案（九）》增设了职业禁止制度，在打击网络食品犯罪行为时发挥了一定的作用，但因其不是主刑亦不是附加刑，仅是一种限制自由的"保安处分的刑事法律化"，存在一定局限性。[1]而且适用职业禁止制度是有时间期限的，多与缓刑期限同步，甚少出现终身禁止的情况，如此便给犯罪人留下东山再起的机会。

（3）行刑衔接方面。目前，受种种原因影响，网络食品犯罪行刑衔接不畅，致使打击网络食品犯罪的效果不佳。具体表现如下：首先，案件移送少。网络食品犯罪一般先违反《食品安全法》等法律法规，由食药监管部门查处后根据案件性质、犯罪情节以及危害后果决定是否移送公安机关。行政机关移送案件材料的内容与数量决定了公安机关是否立案以及立案数量的多少。[2]因政府部门之间缺乏信息共享机制，公安机关主动介入的机会少，只能被动接受移送的案件。加之

---

[1] 时延安、王烁、刘传稿：《中华人民共和国刑法修正案（九）解释与适用》，人民法院出版社2015年版，第46页。

[2] 徐景和：《食品安全治理创新研究》，华东理工大学出版社2017年版，第328页。

行政执法人员的素质养成、装备技术以及专业限制，对罪与非罪的界限把握模糊，容易导致案件移送出错或降格处理，进而出现实际发案多，查处少；行政处罚多，移送司法机关追究刑事责任少的现象。[1] 其次，证据转化困难。《刑事诉讼法》第五十四条规定："行政机关在行政执法和查办案件过程中收集的物证、书证、视听资料、电子数据等证据材料，在刑事诉讼中可以作为证据使用。"这意味着以上四种证据在行政机关向司法机关移送案件时可直接使用，但行政违法案件中的证人证言、当事人陈述等证据在刑事案件中需重新提取，不仅耗费执法成本，还增大了取证难度。面对以上缺陷，若要实现网络食品犯罪社会共治正常运行，就必须做好行政执法与刑法司法的衔接工作。

2. 行政部门监管力度不足

当前，市场监督管理总局、商务部、工信部等诸多行政部门在监管网络食品安全方面发挥着至关重要的作用。但因互联网特性，导致这些部门在我国网络食品犯罪社会共治中存在欠缺。

（1）监管方式不科学。我国网络食品犯罪治理陷入运动式监管执法困局。每年由食药监管部门和公安机关牵头开展的食品安全专项整治行动是我国政府部门监管网络食品犯罪的重要手段，这种运动式监管执法表面看起来卓有成效，能够在一段时间整合监管执法资源，提高网络食品生产经营企业和社会对网络食品犯罪问题的认知，调动监管部门的工作积极性，从而迅速提高监管效率，规范网络食品市场，最后获取一份好看的政绩"成绩单"。但实际上，这种运动式监管执法方式只能维持短暂的良好效果，一旦专项整治行动结束，相关监管执法部门回归日常工作状态，犯罪者就会卷土重来。换言之，运动式监管执法存在治标不治本的缺点，不适用于网络食品市场的常规化监管，容易陷入"治理—恢复—反弹—再治理—再反弹"的不良循环，这就是我国网络食品犯罪频繁发生的重要

---

[1] 慕平：《法律监督机制新探索》，法律出版社2010年版，第17页。

原因。

（2）监管手段滞后。行政机关在互联网+时代履行监管职能时，应当使用前沿技术并利用其掌握的食品市场相关数据优势，及时发现并排查风险，借助互联网信息技术实现监管目的。同时，查处网络食品犯罪不仅需要负责食品安全监管工作，还要精通第三方网络交易平台的特性和发展趋势，更要具备分辨食品安全风险和食品快速检验能力。然而，现实情况是政府部门适应了传统监管手段，面对网络食品犯罪中出现的商家注册信息真伪、藏匿金融账户信息以及食品采购、生产、销售、快递运输等环节难以追溯，电子证据收集保存困难等问题时，缺乏互联网技术支撑，对于大数据使用和"智慧监管"工作不够熟练，线上线下监管脱节，以致监管手段滞后于违法犯罪行为实施的步伐。

（3）监管工作衔接不畅。为避免政府各部门"九龙治水"的局面，2018年大部制改革后，国家市场监督管理总局统一负责我国食品药品安全监管工作，食品链中涉及的各个环节由相应的下属部门承担。各地区也相继成立了综合性市场监督管理局。然而，合并后的机构还处于表面结合，内部工作程序尚未明确，行政权力还未规范，监管执法主体较为涣散，致使当下网络食品安全监管工作职责划分不明，缺乏协调性。网络食品从选材生产到流通销售环节的顺序在现实生活中并非完全有序的，相反各个环节之间存在重复交叉的情况，因此对网络食品链的监管难免出现"缺位""越位""错位"现象。①这严重阻碍了我国网络食品市场的健康有序运转。

（4）监管制度不明确。我国现有的《网络食品安全违法行为查处办法》《网络交易管理办法》等规章制度已对网络食品安全监管工作进行规定，但这些规章制度大多过于笼统甚至存在空白与盲区，可操作性有待加强。以网络食品运输为

---

① 冯朝睿：《社会共治：迈向整体性治理的中国食品安全监管研究》，人民出版社2018年版，第148页。

例，虽然《网络食品安全违法行为查处办法》第二十条要求网络交易食品要采取一定的运输措施以保障网络食品安全，①但对具体措施和安全标准并未提及。当前的物流公司配送服务水平参差不齐，验视标准不一，食品冷链运输设备和环境卫生存在差异，进而影响网络食品品质，增加网络食品安全风险。同时，网络食品安全责任追究、食品安全追溯、食品安全召回、售后维权等制度执行皆存在漏洞，若不及时补救，网络食品犯罪就会变本加厉地发展下去。

（5）监管责任厘定模糊。我国《食品安全法》《网络交易管理办法》《网络食品安全违法行为查处办法》以及《电子商务法》都对第三方网络交易平台应履行的职责义务作出规定，主要是入网食品生产经营者的资质审查登记与信息公示、抽样检查、发现，制止并上报有关违法行为、对严重违法行为停止提供服务等内容。对于上述部分责任义务，第三方网络交易平台与政府监管部门的理解有差异，譬如对入网食品生产经营者的资质审查，第三方网络交易平台认为是形式审查，政府监管执法部门认为是实质审查。于是因责任厘定模糊使得一些形式合规但实质不合规的网络食品生产经营企业入驻第三方网络交易平台，打开了实施网络食品犯罪的大门。

3. 公安机关防控力量有限

公安机关作为网络食品犯罪社会共治的中坚力量，在夯实基础工作的同时，肩负着预防打击网络食品犯罪的重要责任。目前，虽然公安机关已采取相应措施防控网络食品犯罪，并取得了一定成效，但在执法实践中依旧暴露出一些问题亟待解决。

其一，专业警力不足。公安机关是守护食品安全的坚固防线，食药警察队伍的侦查能力和打击水平越高，食品安全防线就越牢固。面对形势严峻的网络食品

---

① 《网络食品安全违法行为查处办法》第二十条：网络交易的食品有保鲜、保温、冷藏或者冷冻等特殊贮存条件要求的，入网食品生产经营者应当采取能够保证食品安全的贮存、运输措施，或者委托具备相应贮存、运输能力的企业贮存、配送。

犯罪,就目前的食药警察队伍建设而言,警力不足,专业性不强,缺乏医学、化学和食品工程学等领域的专业技术人才支持,一线执法人员的食品药品专业知识薄弱。再者,网络食品犯罪多是跨地域实施犯罪,串并案件多发,这使得警力不足的地区打击网络食品犯罪力不从心。若出现逃避责任、监管真空的情况,便加剧了网络食品犯罪的社会危害性。其二,存在管辖争议。网络食品犯罪已经突破了地域限制,犯罪行为人可以在国内甚至国外,网络食品多是异地生产、销售、经营,犯罪行为地、结果地、途径地皆不在一个地区的情况繁多,而且消费者遍布全国,一旦发生违法犯罪行为,恶性影响辐射面广。根据属地管辖原则,网络食品犯罪面临多个管辖单位均有管辖权的问题,虽然《网络食品安全违法行为查处办法》对跨地域犯罪案件的管辖权予以明确,①但在具体案件办理过程中落实不到位,甚至出现单位间"踢皮球"的现象,致使公安机关的整体优势变成局部劣势,没有形成集约打击的新格局。犯罪无边界、侦办有壁垒的现象依旧存在,这必然会削弱公安机关对网络食品犯罪防控打击的力度。其三,电子数据证据获取困难。互联网的虚拟性使得网络食品犯罪中的电子信息数据等证据内容难以固定。具备反侦查意识的犯罪行为人会销毁库存、销售金额、销售数量等核心证据,不利于公安机关继续侦查。同时,尽管阿里巴巴等第三方网络交易平台内部

---

① 《网络食品安全违法行为查处办法》第二十一条:对网络食品交易第三方平台提供者食品安全违法行为的查处,由网络食品交易第三方平台提供者所在地县级以上地方食品药品监督管理部门管辖。对网络食品交易第三方平台提供者分支机构的食品安全违法行为的查处,由网络食品交易第三方平台提供者所在地或者分支机构所在地县级以上地方食品药品监督管理部门管辖。对入网食品生产经营者食品安全违法行为的查处,由入网食品生产经营者所在地或者生产经营场所所在地县级以上地方食品药品监督管理部门管辖;对应当取得食品生产经营许可而没有取得许可的违法行为的查处,由入网食品生产经营者所在地、实际生产经营地县级以上地方食品药品监督管理部门管辖。因网络食品交易引发食品安全事故或者其他严重危害后果的,也可以由网络食品安全违法行为发生地或者违法行为结果地的县级以上地方食品药品监督管理部门管辖。 第二十二条:两个以上食品药品监督管理部门都有管辖权的网络食品安全违法案件,由最先立案查处的食品药品监督管理部门管辖。对管辖有争议的,由双方协商解决。协商不成的,报请共同的上一级食品药品监督管理部门指定管辖。

掌握着犯罪行为人通过网络实施犯罪的主要证据，但是这些数据可能涉及第三方网络交易平台的商业秘密和核心利益。如何协调第三方网络交易平台与公安机关之间的关系，强化双方合作，从而促进互联网电子数据证据的提取仍是网络食品犯罪案件侦办的"瓶颈"。

4. 第三方网络交易平台责任缺位

第三方网络交易平台作为网络食品的销售媒介，在网络食品犯罪社会共治中发挥着不可替代的作用。目前，第三方网络交易平台暴露出一些不足，严重影响网络食品犯罪社会共治效果。

（1）入网管理不规范。据了解，开设食品网店程序简单，手续明了。只需在第三方网络交易平台注册账号，实名认证后上传营业执照、健康证等证件，缴纳保证金后便可经营。虽然第三方网络交易平台会对入网食品生产经营者的资质进行审核，但实际执行过程并不理想，依旧会出现违法违规经营现象。其中一些商户以自产自销、纯手工食品为噱头，从而避开上传食品经营证照等要求，使得其违法机会大增；还有一些商户的营业执照地址与实际生产地址存在出入，以及无证、假证、一证多用、超出经营范围、闭店下线后"二次上线"等情况数不胜数，也有利用平台直播、微信朋友圈、一对一或一对多聊天等方式售卖违法食品的现象。以上均是第三方网络交易平台入网管理不规范引发的结果。

（2）自我监督不力。第三方网络交易平台与网络食品生产经营企业签订协议后提供平台管理和技术服务并抽取佣金，这种合作模式让第三方网络交易平台既做了"运动员"又做了"裁判者"，不乏出现监守自盗、包庇违法行为的情况。目前，第三方平台运营重心聚焦于增加商户入驻数量，吸引客流量和点击量，对于已有的交易平台之间的食品经营店铺，能够投入的食品安全管理资源有限。即使知道存在食品安全违法问题，第三方网络交易平台也可能无暇处理，通常采取商品下架、赔偿部分金额或者店铺注销等方式解决相关食品安全问题的投诉或监管部门的查处。①

（3）数据更新不及时。因入网食品生产经营者越来越多，第三方网络交易平台对其数据信息更新不及时，证照审查滞后，继而出现证照过期、非法经营等现象。总之，第三方网络交易平台未能准确认识自己，未能严格履行责任，也未能上行下效地维持网络食品市场秩序，自律自治能力不足，致使网络食品犯罪问题层见叠出、被动治理。

5. 其他主体参与共治有待加强

（1）网络食品生产经营企业自律性不足。作为网络食品安全第一责任人，网络食品生产经营企业应遵守食品安全相关法律规章制度和标准，自觉履行法定责任和义务，自律诚信从事生产经营，积极主动参与风险沟通，接受社会监督，从本源上保障网络食品安全。然而，实践中部分网络食品生产经营企业自律性不足，甚至挑战法律底线。具体而言，网络食品生产经营企业及其从业者对相关法律法规不熟悉，盲目贪利心理作祟，致使其在网络食品生产经营时失守底线。同时，利用网络食品安全信息的不对称性，罔顾良心和道德，滥用食品添加剂或有毒有害非食品原料，出售过期食品，仿造他人商标，侵犯他人知识产权，以身试法欺瞒消费者。其实，在网络食品安全问题上，生产技术、先进设备、一流管理都不是最关键的因素，而是网络食品生产经营企业的职业操守与道德准则，是网络食品生产经营从业人员的社会责任感与自律性。②

（2）消费者权益保障机制存在问题。消费者不仅是网络食品的享有者，还可能成为网络食品犯罪的受害者。作为网络食品安全最重要的保障者，理应自觉维护自身权益。对于消费者而言，食品包装上的商标、产地、生产日期、保质期、

---

① 康智勇、关晓琳、杨浩雄：《网购食品安全协同治理体系探析》，载《食品科学》2019 年第 5 期。
② 雷苏文、唐小哲、侯培森、倪方：《对当前我国食品安全工作的几点思考》，载《中国公共卫生管理》2013 年第 3 期。

成分、生产厂家等信息构成买卖双方契约条款的有效部分。①实际上，虽然广大消费者是网络食品犯罪的潜在被害人，但不可否认消费者在一定程度上推动了网络食品犯罪的发展。首先，消费者维权意识淡薄。我国大部分网络食品犯罪案件线索来源于消费者举报投诉，但不乏部分消费者遭受侵害后不愿配合公安机关工作，以息事宁人的方式消极对待，默认对方的犯罪行为。这种方式无形中助长了网络食品犯罪行为人的嚣张气焰，增加了网络食品犯罪黑数，影响刑事打击效果。其次，维权渠道不畅抑制消费者的维权之心。基于消费者知情权的失衡，导致消费者面对网络食品安全违法问题时，因缺乏证据保存意识，维权举证过程难度大、成本高，公益诉讼受限，赔付机制不健全，混淆受理主体而无法及时获得救济，打击了消费者的维权积极性，使其对网络食品安全的监督作用难以发挥，也损害了政府部门的公信力。

（3）食品行业协会功能缺失。食品行业协会作为协调政府与网络食品生产经营企业之间的桥梁，本应承担推行政府政策实施、监督网络食品市场健康运行的重任。《食品安全法》中强调食品行业协会应加强行业自律，引导食品生产经营企业合法行事。但遗憾的是，当前我国食品行业协会未能发挥自律监督作用。主要原因在于：其一，缺乏规制食品行业协会的统一立法，致使其法律地位不明确、独立性差、自治意识不强。实践中，食品行业协会多依附于政府部门，整合资源、人员调配、筹措资金的能力不足，话语权缺失，不具号召力，逐渐沦为"政府部门的摆设"。其二，整体入会率低。据了解，一些知名大企业未加入任何基层食品行业协会，致使食品行业协会的影响力和代表性降低。②同时，以家庭作坊式生产经营的小型企业、店铺未加入食品行业协会的比例较高，使得食品行业协会作用的发挥受限。加之，各地区食品行业协会发展不均衡，经济发达地区

---

① 尹红强：《网络食品交易安全法律问题研究》，载《食品科学》2019年第1期。
② 马宗利、王平：《行业协会参与食品安全社会共治浅论》，载《科学大众（科学教育）》2017年第9期。

的食品行业协会较为成熟完善，其余地区的食品行业协会还未成型或处于筹建初期，这种不均衡更是削弱了食品行业协会的中坚力量。

（4）新闻媒体宣传监督效果不佳。作为立法、司法、行政三权外的"第四权力"，新闻媒体承担着舆论监督的责任与义务。[①]作为现代社会运行和管理中的重要监督力量，新闻媒体的报道活动应受到法律、职业道德规范和自律条文的监督与制约。然而不可否认，部分媒体报道的真实性和准确性有待证实。关于网络食品安全问题的报道存在一些真假共存或食品安全标准不统一的情况，对所公布的报道不负责任，甚至会传播网络食品安全谣言。社会公众很难辨认媒体信息的真假，很难形成正确的食品安全标准。另外有些媒体不重视网络食品安全犯罪问题，不及时曝光相关网络食品安全犯罪事件。社会公众因未及时得到相关信息而可能继续购买此种食品，使违法犯罪的网络食品经营商仍继续获取较大利益，导致社会危害性的不断扩大。还有一些不良传媒为了牟取私利，故意掩盖网络食品经营商的安全问题。

6. 社会共治观念亟待强化

理念是行动的先导。解决网络食品犯罪社会共治中存在的问题，首先需强化社会共治观念，这是实现网络食品犯罪社会共治并保障其顺利进行的首要条件。政府部门间及政府主导下的社会主体治理网络食品犯罪出现了权责不清、沟通不畅、利益分歧等情况，抑制了各主体参与社会共治的积极性，制约了网络食品犯罪社会共治的有效推进。

（1）各方主体公心理念欠缺。所谓"公心"是相对于私心而言的社会心理，多指以国家和集体利益为出发点的心意，是推动社会发展的重要动力。网络食品犯罪社会共治中的"公心"意指多元主体在参与网络食品犯罪防控方面更多摒弃私念，更多寻求共识。一般而言，在社会系统中，社会主体时常具有多样化的需

---

① 邵彦铭：《食品安全犯罪治理的刑事政策研究》，中国政法大学出版社2014年版，第326页。

求,他们很少以个体形式来表达诉求,更多的是以社会关系网中特有的组织、机构、利益集团等形式出现。① 在网络食品犯罪社会共治中,存在着包括食药监管部门、公安机关、第三方网络交易平台、食品行业协会、广大消费者在内的多方主体,这些利益群体共同构成一个关系网络。

在网络食品犯罪社会共治实践中,治理主体的行为往往与其自身利益密切相关。一方面,监管部门对网络食品犯罪的打击工作需投入大量资金资源,但因网络食品犯罪成本低,查处投入成本高,两者不成正比,影响监管部门治理网络食品犯罪的热情,存在小幅度惩罚以示警诫的情况。相反,当上级机关决策严肃整治网络食品犯罪时,基层执法部门便开展"运动式"专项打击行动。另一方面,消费者作为网络食品犯罪的潜在或已受害者,加入社会共治队伍的动机主要是维护自身权益和责罚犯罪人,个人主观色彩严重,不乏出现部分极端热情的"职业打假人"。此外,第三方网络交易平台和食品行业协会并非专职于防治网络食品犯罪,其利益需求主要是盈利和维持网络食品市场秩序,故而在网络食品犯罪社会共治中可能采取作壁上观的态度。

(2)缺乏信息共享意识。信息数据是开展网络食品犯罪防控的重要依据,信息交互共享是多元主体参与网络食品犯罪社会共治的支撑。然而,当前各主体有关网络食品安全相关信息和数据的收集分析共享尚有欠缺,影响社会共治成效。以大数据为例,通过大数据分析溯源可以引导消费者的消费行为,反之则能作用于网络食品生产经营企业,纠正其违法行为。同时,网络食品安全大数据还能够帮助其他主体实现科学决策,发挥威慑和制约网络食品生产经营企业的作用。目前,以大数据推进网络食品安全社会共治已逐步开展,但辐射全国的网络食品安全大数据库尚未成型,大数据应用仅在北京、上海、杭州等地区试点探索。食品安全追溯制度推行困难,"智慧监管"模式还未落地,多元主体间各自为政尚未

---

① 范如国:《复杂网络结构范型下的社会治理协同创新》,载《中国社会科学》2014年第4期。

形成合力，"信息孤岛"依旧存在。此外，数据信息的安全性和保密性也阻碍了信息的互通共享。2021年6月通过的《中华人民共和国数据安全法》明确规定："各地区、各部门对收集和产生的数据及数据安全负责。"鉴于此，各地区各部门在数据信息共享方面将愈加谨慎。

五、域外网络食品犯罪社会共治的经验借鉴

"他山之石，可以攻玉。"我国网络食品安全犯罪社会共治研究起步比国外稍晚，发展程度也稍逊于发达国家。故对域外网络食品安全犯罪社会共治经验予以借鉴参详，以期为我国网络食品安全犯罪社会共治研究提供科学有效的治理思路。

完善的网络食品安全监管体系是网络食品安全犯罪社会共治的基础，其应由健全的法律法规、完备的监管机构及科学的管控方式等部分构成，以期尽可能防范网络食品安全犯罪的发生，最大限度地降低已然犯罪所带来的危害。美国、日本、欧盟等发达国家和地区在应对网络食品安全问题方面具备丰富经验，治理措施颇有成效。对域外国家和地区在网络食品安全犯罪社会共治方面的立法和实践进行研究，可为我国强化网络食品安全犯罪社会共治提供诸多启示。

（一）健全食品安全法律法规体系

法律法规体系是政府监管网络食品安全的基本保障，成熟的食品安全法律法规以及较早开始的电子商务立法，皆为维护网络食品安全提供了有效指引。根据2019年《全球食品安全指数报告》可知，美国食品安全位居该指数跟踪的全球113个国家和地区中的第三名。[1] 目前，美国有关部门已制定实施食品安全法律法规达30多部，涵盖了食品从生产、流通到消费的全过程，明晰了美国政府部

---

[1] 中国经济网：《全球食品安全排名出炉 中国排名第35位上升11位》，http://www.ce.cn/cysc/sp/info/201912/16/t20191216_33864279.shtml，2019年12月16日。

门"高层推进,制度管理"的食品安全监管目标。2011年出台的《食品安全现代化法案》,是继《联邦食品、药品和化妆品法》之后对美国食品安全产生深远影响的法律,强调从源头保障食品安全,强化企业的食品安全风险防控责任,注重政府部门间的磋商和信息公开制度等内容。此外,为规范网络食品交易行为,美国立法部门在《统一商法典》的基础上增加了规制电子商务的内容。随后,颁布《电子签名法》《Internet商务标准》《网上电子支付安全标准》《全球电子商务纲领》等规章制度,以此支撑网络食品安全监管工作。

关于网络食品安全,日本政府也在积极更新完善与之相适应的法律规章,确保监管部门在惩治网络食品安全犯罪问题时有法可依。基本法和一系列配套法规构成了日本食品安全法律体系。其基本法是指1947年出台的《食品卫生法》和2003年颁布的《食品安全基本法》,这两部法律奠定了日本食品安全工作的总基调,明确了保障食品安全工作的理念、原则以及方法,确定了食品安全监管部门与消费者共同参与的责任与义务。此外,日本还就农业、畜牧业以及食品标识方面的立法予以调整规范,并配套具体政策措施和标准,进而规避食品产供销链条中可能出现的危害。关于食品安全犯罪的规制,日本更多借鉴西方模式。如若出现危害人民身体健康的食品安全犯罪,其刑事责任首先由政府部门负责而不是肇事者。

欧盟也以齐备的食品安全法律法规体系保障网络食品安全。2000年颁布的《食品安全白皮书》是欧盟食品安全法律体系的核心,《基本食品法》确立了欧盟食品安全的相关程序内容。之后陆续制定出台的相关食品安全法律规章组成了"食品卫生系列措施"。为确保网络食品安全,规制网络交易行为,保护消费者合法权益,欧盟提出了《欧洲电子商务行动方案》《电子签名指令》《电子商务指令》等一系列规范具体内容的指令。[1]此外,还采用附属刑法模式应对食品产销环节

---

[1] 代大鹏:《经济法视野下的网络食品安全监管研究》,宁波大学硕士学位论文,2014年。

的复杂性以及犯罪原因的多样性，从而更精确地把握线上线下的食品安全犯罪。

综上，我国可借鉴这些国家和地区的经验，立足于国情，不断完善网络食品安全相关法律法规，为网络食品安全犯罪社会共治工作有效运行提供强有力的保障。

（二）完善网络食品安全监管机构设置

美国和日本在机构设置方面较为相似，均是由多个机构共同组成联合监管治理网络构架。美国是由总统食品安全委员会统一领导，联邦、州、地方政府相互独立又密切协作，构建覆盖全国、三级立体的监管网络。[①] 主要工作由食品药品管理局(FDA)、食品安全检查局（FSIS）、动植物健康检验局（APHIS）以及疾病预防和控制中心（CDC）负责。（表4）食品安全刑事案件的侦查、取证责任不是由司法警察承担，而是交给上述各机构在其特定管辖范围内分别行使。这种分工协作模式可满足食品安全犯罪调查的特殊要求，利于各机构发挥自身优势和对部门特别法规的熟悉程度，避免因技术性认定等细节问题的疏漏影响案件的办理。[②] 日本网络食品安全主要由食品安全委员会、厚生劳动省、农林水产省以及消费者厅负责，四个机构在各尽其责的同时相互配合，共担风险。

表4 美国食品安全主要监管机构

隶属部门	机构名称	职能
农业部	食品安全检查局（FSIS）	负责监督管理肉和蛋制品的安全卫生以及正确标识并适当包装
	动植物健康检验局（APHIS）	负责动植物卫生检验检疫，防止动植物疫情传入或在美国传播

---

① 李静：《中国食品安全多元协同治理模式研究》，北京大学出版社2016年版，第109页。
② 夏勇、周凌：《美国对食品安全的刑罚规制及其启示》，载赵秉志：《危害食品药品安全犯罪的防制对策》，清华大学出版社2015年版，第237页。

续表

隶属部门	机构名称	职能
卫生部	食品药品管理局（FDA）	负责监督管理所有食品、膳食补充剂，涵盖国内生产和进口食品
	疾病控制和预防中心（CDC）	负责调查与食品有关的传染病病源，研究防止食品传染病

相较于美国和日本较为分散的食品安全管理模式，欧盟则采取了独特的食品安全集中管理模式。为消除恶性食品市场竞争，取得消费者信任，成立了欧盟食品安全管理局(EFSA)，统一监管线上线下的食品安全，促进成员国之间的食品安全社会共治。除此之外，各成员国针对食品安全问题建立了快速预警协同系统，及时公开相关信息，确保公众知情权，以免线上线下的食品安全违法事件蔓延。

我国既可借鉴美国、日本之经验，设立由多个机构联合治理网络食品安全的监管网络，并促使各监管机构在权责明确的基础上相互协调配合，通力合作确保监管成效立竿见影；也可参照欧盟之法，采取统一管理线上线下食品安全工作，在遭遇线上线下的食品安全违法事件时，可快速作出反应，及时有效地采取相应措施，并利用食品安全风险预警机制规避网络食品安全犯罪问题对社会各界造成的负面影响。

（三）强化网络食品产供销全程管控

美国、日本、欧盟等国家和地区对网络食品安全犯罪问题的管控、追责等工作成效甚佳，这得益于政府与网络食品生产销售流通各个环节的负责机构相互监督、彼此配合。美国规范了食品安全追溯制度和食品召回制度，将食品安全上升至国家安全战略的高度，依法严令食品生产经营企业构建食品安全追溯制度并涵盖食品链所有环节，以确保出现违法犯罪问题时均可找到相应负责人并及时将问题食品召回，降低消费者受损程度。①

日本同样注重落实食品追溯制度。日本全面推行食品流通的身份证制度，要求所有销售的食品都必须注明何人、何时、何地生产、上市以及食品原料、食品添加剂等使用、运输情况，入网登记存档保存三年以上，以供出现食品安全问题时可迅速锁定并追踪问题食品，关闭流通渠道进行整改。

欧盟建立的网络食品安全网涵盖网络食品产供销全过程，同时他们对相关从业人员、行业标准、生产环境与设备等潜在影响网络食品安全的因素加以规范，继而努力实现消费终端的网络食品安全。具体而言，一是危害分析与关键控制点制度（HACCP），此制度可监督食品生产过程中可能发生的危害行为，并采取适当防控措施予以应对，从而降低食品安全违法行为发生率，对保障网络食品安全具有重要作用；②二是欧盟通过立法明确强制实行的可追溯制度，此制度借助自动识别和IT技术做到一物一码防伪标记，保证网络食品产供销各个环节均可溯源，进而约束网络食品生产经营从业者，规范网络食品市场经营，同时增强消费者对线上线下食品的信心并放心购买食用。

我国虽有规定食品安全追溯制度，但落实不到位，未能有效帮助监管主体解决网络食品安全犯罪问题。对此，我国应充分考虑网络食品供应链所具有的特殊性，准确定位供应链涉及的每一环节，实现全方位、无缝隙的实时管控，避免出现监管漏洞或盲区，妥善处理可能发生的网络食品安全犯罪问题或事故。

（四）引入社会力量保障网络食品安全

美国十分注重网络食品安全犯罪社会共治中的社会参与度。首先，美国政府部门鼓励公众参与网络食品安全监管，相关立法会开展民意调查，征询公众意见

---

① 冯朝睿：《社会共治：迈向整体性治理的中国食品安全监管研究》，人民出版社2018年版，第157页。
② 秦英：《部分发达国家的食药管理经验及其对我们的启示》，载李春雷、许成磊：《惩治与保障：食品药品犯罪案件规范研究》，群众出版社2015年版，第355—356页。

和建议，保证法律法规的制定公开透明，与公众和社会需求契合；其次，注重公众知情权，建立完备的信息公开制度，借助网络媒体与社会共享食品安全相关信息；最后，鼓励并培育行业协会自律自治，通过制定行业标准、整合资源、提供优质行业服务，辅助政府监管，维持网络食品市场的良性运营。

信息公开制度在日本同样广受好评，政府部门通过网络、公众平台、新闻媒体等途径向公众及时推送食品安全相关信息及检查结果，内容全面具体、形式丰富多样，并欢迎社会各界对其进行监督。该监管体制可根据社会发展需要而及时予以更新，以此弥补法律规章制度实施的滞后性。在结合国情的基础上，日本政府力争做到政府部门、企业、消费者、社会组织参与网络食品安全犯罪社会共治工作力量均衡，切实提高日本网络食品安全治理效果。首先，相关法律法规严格规定了网络食品生产经营企业应履行的责任，要求其熟练掌握所涉食品加工技术，自律自检；其次，消费者可以专家身份或食品安全监督员身份积极参与网络食品安全监管工作，研习相关食品安全知识，及时发现并反馈网络食品安全问题；除此之外，社会组织——日本生活协同组合联合会充分发挥自我组织与自我保护能力，保障网络食品的供应链安全，设立部门进行食品检验与比较试验，并开展消费教育与指导。

研究域外治理网络食品安全犯罪问题的策略时不难发现，欧盟在防控网络食品安全犯罪时也注重吸收社会力量，整合社会资源，以形成社会力量参与的社会共治机制。欧盟各成员国鼓励食品安全协调组织参与食品安全社会共治工作，推动相关政策制定与实施，日益彰显政府部门、食品生产经营企业以及其他社会主体在保障食品安全时形成的有效合力。例如，德国允许消费者当场检验网络食品是否新鲜、完整、安全，倘若不符合食品安全要求可当场退货。

由此可见，引入社会力量参与网络食品安全犯罪治理已是大势所趋，我国应当强化网络食品安全犯罪社会共治主体的培育力度，坚持科学正确引导，在充分发挥自身优势的同时密切协作形成合力，取长补短，整体提升，进而优化网络食品安全监管体系，构建社会共治格局。

六、我国网络食品犯罪社会共治的完善建议

台湾学者蔡允栋指出，新治理系一种"新的"国家统治过程，以及社会整体被统治及规范的一种新的形式，经由拥有自我治理（Self-governance）能力的组织网络而为治理；政府与其他组织或团体经由资源的互相依赖，一起承担工作与责任，达成共同治理的效果；大家协力而为掌舵（Co-steering）、管制（Co-regulation）与合作；其乃系政府与社会的一种新的互动模式。

根据国务院办公厅印发的《关于2016年食品安全重点工作安排的通知》，"推动食品安全社会共治，完善统一权威的监管体制"成为现阶段食品安全（包括线上线下）社会共治构建的重要目标。我国在网络食品犯罪社会共治方面，应立足当前我国相关理论与实践，适当借鉴域外先进经验，从理念、制度、机制等多维度协同推进，构建多方主体互相配合、互相补充的治理结构，注重建立网络食品犯罪社会共治的制度机制，并搭建起网络食品犯罪防控社会共治的保障体系，捍卫公众"舌尖上的安全"。

（一）法律层面

1. 立法层面

健全的法律法规是网络食品犯罪社会共治的重要基础。著名的"镜像命题"认为法律是反映社会的一面镜子，新的社会关系产生势必需要与之匹配的法律法规来保证相应的公平正义。然而立法的滞后性无可避免，新型犯罪与社会发展相伴相生，波云诡谲的犯罪手段与形式对以往的法律法规提出挑战。如前文所述，现有法律法规已为构建网络食品犯罪社会共治体系奠定法律基础，但仍有不足之处需要完善。因此，在弥补现有法律法规缺陷的同时，亦应针对互联网特性出台相关规章制度，以此夯实规制网络食品犯罪的法律基础。

（1）明确网络食品犯罪的司法解释。我国现有法律法规尚未对网络食品犯罪

概念、表现形式等内容加以规范,建议出台规制网络食品犯罪的相关司法解释,在以下方面予以规定:首先,明确网络食品犯罪的含义并细化表现形式,确保执法部门在认定查处网络食品犯罪时有法可依。其次,明确网络食品犯罪的认定标准。与线下食品安全犯罪相比,网络食品犯罪具有诸多特殊性。倘若仅依据《刑法》相关规定予以认定,则不能满足网络时代的现实需求。实践中,多数行为往往被定义为行政违法行为,存在"以罚代刑"、徇私枉法的情况,轻视了网络食品犯罪的危害性。对此,应结合当前网络食品犯罪的特点与表现形式,以法律解释等方式对定罪标准进行详细补充,扩大涵盖范围,从而避免法律适用的局限性与主观性。

(2)严密网络食品犯罪刑事法网。第一,拓宽规制网络食品犯罪的行为方式。梳理《刑法》规制网络食品犯罪的相关法律条文,可知其中罪状描述仅限于生产、销售行为,与《食品安全法》提及的危害食品安全行为范围存在出入,无形中忽视了种植、加工、贮藏、运输等环节也可能发生网络食品犯罪,致使打击网络食品犯罪的效果不佳。反观欧盟国家——挪威在其《刑法典》中明确食品安全犯罪的客观行为包括生产、销售、贮藏、运输以及夸大宣传等,尽可能地提醒食品安全相关从业者的安全意识与注意义务。[①] 故此,挪威的食品安全享誉全球,食品安全犯罪率偏低。笔者认为,应客观理性地认识网络食品犯罪行为方式,建议将刑法规定的生产、销售行为扩大至生产、经营全过程,增设持有型食品安全犯罪并准确把握其构成要件,如此便可严密网络食品产供销全链条的刑事法网,促进《刑法》与《食品安全法》的无缝衔接,扩大网络食品犯罪的打击范围,净化网络食品市场经营环境。

(3)加大网络食品犯罪的刑罚力度。目前,网络食品犯罪获利空间极大,而犯罪行为人受到的惩罚相对较轻。司法实践中多以罚金刑、一年以下有期徒刑、

---

① 易俭国:《论我国食品安全犯罪刑法规制的完善》,江西财经大学硕士学位论文,2018年。

一至三年有期徒刑惩戒犯罪行为人，甚少将自由刑上升至无期徒刑或死刑，且缓刑适用率过高。此外，无限额罚金刑未具体规定罚金数额标准，裁决尺度差异之大，出现行政罚款数额高于罚金数额的情况不在少数。有鉴于此，建议：首先，适当加大处罚力度。参照《食品安全法》修订罚金刑的基准，提高犯罪成本。其次，完善资格刑规定。以法律法规形式杜绝犯罪行为人披着合法的外衣实施违法犯罪行为，限制或永久剥夺其从事网络食品安全相关工作的资格，以此达到净化网络食品市场的目的，显现防控网络食品犯罪的决心，发挥预防网络食品犯罪的功效。最后，适当减少缓刑制度的适用。对于宽严相济刑事政策的理解要与时俱进、因时而异。若想遏制网络食品犯罪的恶化态势，就要坚决秉持从严从重惩治网络食品犯罪的理念，敦促网络食品生产经营企业承担应有责任。

（4）完善其他配套法律法规。首先，提升与网络食品安全相关的法律位阶。综观规制我国网络食品安全的法律法规可以发现，除《食品安全法》以外，大部分属于部门规章，权威性不足，易引发部门间的利益之争，削弱了法律主导地位和政府公信力，也为不法行为留下了空间。因此，建议我国立法部门重视网络食品犯罪问题，从法律层面肯定网络食品安全的重要性。其次，健全网络食品物流运输服务相关规章制度。就目前我国《网络食品安全违法行为查处办法》《快递暂行条例》（2018）而言，尚未对网络食品物流运输环节予以特别关注，致使网络食品安全风险增加，网络食品犯罪诱因出现。对此，建议在现有法律法规的基础之上，以规章制度的形式对网络食品物流运输服务加以规定，使之适应网络食品安全需求。同时，细化食品类快递物流行业准入资质，统一验视标准，确定食品冷链服务供给能力，规范网络食品寄递行为，落实网络食品快递损坏赔偿制度，从而保障网络食品物流运输环节的安全。

2. 行政执法层面

（1）打造网络食品安全监管的专业队伍。基于工作需要与专业背景，加强监管执法人员的专业培训至关重要。开展理论与实践相结合的培训课程，建立培训考核机制。当前结合大数据、网络新技术、法律法规及网络食品犯罪新手段等更新知识结构，以确保监管的专业性。培训模式上可与科研院所或高校建立长效合作培训机制。

（2）建立网格化无缝监管模式。在此方面可借鉴美国、英国等国家或地区监管网络食品安全的工作经验。一是划分网格区域。以省、市、县、乡层级为划分基准，以点带面连接成网，构建网络食品安全互动网格，明晰并落实监管主体职责，提高监管密度，实现无缝隙监管。二是整合分散的监管资源。形成监管执法部门精准、高效、协同的监管集合体，与网络食品安全网格信息化监管模式协调配合，通过统一的监管执法平台和食品安全事件快速反应机制，在对网络食品市场进行日常监管巡查的同时实时捕捉上报网络食品监测信息，迅速处理网络食品安全违法事件，消除网络食品安全监管盲区。

（3）构建线上线下高效持续的监管执法体系。在网络食品犯罪社会共治体系中，行政监管执法作为一个长期存在的序参量，始终处于主导地位。针对当前线上线下食品安全监管的运动式专项整治行动，建议开展线上线下食品的智慧监管。一是搭建平台数据库。基于已有云计算业务系统、结合物联网、大数据等技术，搭建智慧监管基础平台、研发食品安全质量检测系统软件与信息数据库。同时，借助大数据对当前网络食品安全进行风险评估，快速掌控网络食品安全舆情与趋势，进而实现智能研判及监测预警。例如，河北省专门成立了网络稽查专门机构，研发了网络食品药品交易监测与云稽查系统。[1] 二是人工智能助力。创设物联管控系统与人工智能巡查系统，以实现全时段全过程的信息化管控。例如，浙江省开展了"线上数据分析、线下重点管控"的网络食品安全监管模式，开发"网络食品安全抓取系统"，深度研发人工智能数字视频分析技术和互联网

---

[1] 中国新闻网：《河北将建网络食品药品交易检测与云稽查系统》，http://www.chinanews.com/sh/2018/07-06/8559043.shtml，2018年7月6日。

"爬虫"技术，完成"机器助人"的实时巡查监管工作。[①] 三是加强移动执法信息化。研析并借鉴美国和我国湛江市的 FDA 运行机制，建立健全国内通用的"掌上 FDA"软件及内置功能，为监管执法人员配备移动执法信息化装备，提高现场执法工作效率与信息采集的准确性。[②]

（4）健全网络食品安全追溯召回体系。第一，完善网络食品安全追溯体系。面对错综复杂的网络食品犯罪局面，适应当下社会发展与民众生活需求，建立网络食品安全追溯体系显得尤为重要。目前，我国线上线下的食品溯源信息较分散，市面上推广的大多是企业自建的追溯平台，各自为政，权威可靠性还需考量，而我国的云计算、大数据、区块链等互联网技术已经发展成熟，经济实力已足以支撑构建全国统一的食品安全追溯系统，追溯范围覆盖线上线下，品种类别应有尽有。因此，网络食品安全监管部门可建立线上线下一体化的食品安全追溯平台。将涉及食品原料、生产地、流通、销售、配送以及各个环节经手人等信息的条形码、二维码与区块链、大数据溯源技术相结合。同时，整合各区域、各环节、各监管部门的食品安全信息追溯数据，形成统一的食品安全信息库，方便监管人员随时随地检查食品安全信息。一旦出现食品安全问题或犯罪案件可及时倒查，厘清问题源头与环节，倒逼各类食品企业与生产经营者落实主体责任。

第二，完善网络食品安全召回制度。为避免存在安全隐患的食品在市面上流通销售，可借鉴学习美国食品安全召回制度。当发现食品安全问题时，美国食品企业会主动召回问题食品，由食品安全检查局检验评估问题食品的危害性。倘若危害性较大，监管部门会借助新闻媒体公布相关信息，以提高民众安全意识，降

---

① 马英娟：《建立上海网络食品安全保障机制》，载《科学发展》2020 年第 1 期。
② 刘增金：《上海完善网络外卖食品安全保障机制的对策建议》，载《科学发展》2020 年第 2 期。

低受害可能性。若危害性较小便由企业自主召回处理。① 这一经验为我国召回问题食品提供了较好的思路。一方面，我国网络食品安全监管部门可与第三方网络交易平台联手，立即暂停问题食品的销售，评估其危害性。并引导网络食品生产经营企业主动通过微信、微博、公众号、官网、新闻客户端等平台发布召回信息，有效清理问题食品，以减少政府监管部门的工作压力，确保消费者身体健康与生命安全。此举还能向公众展现网络食品生产经营企业的责任心，塑造良好形象。另一方面，为降低食品生产经营风险，强化解决线上线下食品安全事故或犯罪案件的能力，给予消费者经济补偿，促进网络食品行业健康发展，可与保险公司合作建立食品安全责任保险制度，鼓励网络食品生产经营企业积极签订保险合同。②

（5）强化网络食品安全问责机制。一定程度而言，政府在网络食品犯罪社会共治中的监管作用至关重要。强调并落实网络食品安全问责机制，有助于政府监管作用更加有效地发挥。尽管我国《食品安全法》等法律法规中捎带提及问责条款，看似面面俱到，实际操作要求模糊、执行困难，容易滋生腐败和自由裁量权滥用等情况。有鉴于此，建议：首先，在完善相关立法内容的基础之上，明确问责主体，厘清问责关系，确定责任归属，避免追究责任时无法落实到个人。其次，作为政府监管部门的执法依据，在何种情形下对何人问责也需确切规定并纳入相关规章制度中。毕竟在一个没有责任的世界里，每个人都试图耗费人生大部分时间任意行为，并想方设法逃避个人责任。③ 身处保障网络食品安全工作中的政府监管人员与普通人一样，无法逃脱人的本性。对此，明了问责内容与范围并将其置于日常监管工作中是非常必要的。最后，问责程序的规范化、公开性是网

---

① 新华社：《防患于未然 美国食品安全监管重在预防》，http://www.xinhuanet.com/world/2017-02/15/c_1120473605.htm，2017 年 2 月 15 日。
② 程景民：《食品安全行政性规制研究》，光明日报出版社 2015 年版，第 201 页。
③ 任峰：《食品安全监管中的政府责任》，法律出版社 2015 年版，第 193 页。

络食品安全问责机制的重中之重，决定了网络食品犯罪社会共治体系中政府监管执法部门的公信力、说服力以及办事效率。与此同时，保证政府信息及时公开，问责情况如实公布，避免暗箱操作与形式主义，充分保障民众的知情权，接受公众媒体监督，才能实现依法监管网络食品安全的目标，提高网络食品犯罪社会共治的科学化、高效化与民主化。

3. 刑事执法层面

针对网络食品犯罪案件的复杂性、虚拟性等特点，公安机关应及时整合侦查力量，优化侦查模式，提高办案效率和质量，充分运用大数据预测预警功能，进而实现对网络食品犯罪的精准打击。

（1）提升情报收集和调查取证能力。针对网络食品犯罪案件的复杂性、虚拟性等特点，公安机关应及时整合侦查力量，优化侦查模式，提高办案效率和质量，充分运用大数据预测预警功能，进而实现对网络食品犯罪的精准打击。第一，多方合作主动收集数据信息。加强情报收集，广辟线索来源是防控网络食品犯罪的前提。[①] 网络食品犯罪手段推陈出新，隐蔽性与虚拟性更甚以往。基于此，首先，公安机关应提升主动性。充分发挥自主能力，主动积极获取犯罪线索，迅速立案侦查，全面采集涉案人员信息，善于总结网络食品犯罪情报与线索的特点及规律。为此，需加强与政府监管执法部门、阿里巴巴等第三方网络交易平台及移动通信公司等的合作。借助数据挖掘技术与社交网络分析技术，在保证个人隐私不受侵犯的前提下扩大搜索范围，丰富信息情报，筛选分析更多数据线索。第二，加大对电子证据的收集获取力度。侦查人员要找准犯罪案件的关键环节和切入点，分析研判相关机构及第三方网络交易平台提供的涉案信息，调取并保存涉案人员的交易信息和聊天记录，摸清犯罪链条与人员构成。进而结合"金盾"工

---

① 胡玉明、宋利红：《大数据思维下网络传销犯罪的侦查》，载《广西警察学院学报》2017年第5期。

程①锁定犯罪行为人的具体地址，深入调查及时实地取证。对已经损坏或删除的电子数据，应及时修复重建，对磁盘的信息挖掘、流动数据的获取都要确保其真实性和完整性。②

（2）创建网络食品犯罪预警防范模式。2019年我国《电子商务法》正式实施。公安机关应以此为契机，以信息化和大数据应用为支撑，结合"互联网+"时代背景下的网络食品犯罪侦查重点难点，充分利用大数据、云计算等新技术，创建完善的网络食品犯罪预警防范机制。一方面借助大数据等技术的趋势预测功能，对以往网络食品犯罪相关数据进行系统分析，准确高效地研判犯罪重点区域、频发问题、潜在威胁，建立网络食品犯罪预警模型，进而重点布控加强预测预警。另一方面加强信息交流与数据共享，达到公安机关与金融机构在处理网络食品相关问题时可实施延迟到账提款，提前掌握犯罪资金流，实现止付止损，以此保障网络食品犯罪的提前预警。

（3）加强打击网络食品犯罪的执法协作。防控网络食品犯罪是一项长期系统的工程，仅仅依靠单一力量不足以支撑网络食品犯罪的集群"战役"。对此，各地区、各警种、各部门之间应当相互配合，通力合作，充分发挥各方优势，形成联动合成作战机制，切断网络食品犯罪链条，更好地服务于网络食品犯罪防控工作之中。首先，强化跨区域执法协作。在坚持属地管辖原则的基础上，构建跨区域办案合作平台，积极签订相关执法协作协议，实现信息畅通、远程串并案等合作方案。同时明确侦办犯罪案件的主体与辅助执法之间的责任义务，细化完善办案方式、时限、合作内容以及考核激励制度等问题，力求建立跨区域间打击网络食品犯罪的长效合作机制。其次，协调各警种间的侦查合作。统筹调配刑侦、技

---

① "金盾工程"是我国公安机关利用现代信息通信技术，增强统一指挥、快速反应、协调作战、打击犯罪的能力，提高公安工作效率和侦察破案水平，以适应我国在现代经济和社会条件下实现动态管理和打击犯罪的需要，实现科技强警目标的重要举措。
② 漆世钱：《网络犯罪侦查的发展现状与对策》，载《网络安全技术与应用》2019年第3期。

侦、网警、治安、图侦、情报等专业侦查力量，与食药警察联手开展网络食品犯罪协作侦查工作，以"刑侦信息专业应用系统"平台为龙头，推行"网上双向推送、反馈"机制，运用便于操作的实战研判工具，精准定位犯罪嫌疑人，筹划安排侦查策略，循序渐进推动犯罪案件的侦办，形成全程高质高效的破案模式。①最后，重视部门之间的沟通配合。网络食品犯罪环节多、易模仿，牵涉的部门众多，各自为营的情况普遍，导致逐个环节打击的侦查策略难以奏效。因此，公安机关在侦破网络食品犯罪案件时要注重与市场监管总局、质监局、工商、电信、邮政等部门之间的横向协作，在坚守各部门业务边界的同时破除部门之间的合作壁垒，形成联动式侦查执法体制。协作内容不只是移送犯罪案件，还包括收集犯罪线索、共享情报信息以及配合现场调查等活动。除此之外，各地区、各警种、各部门还应倒推研析已侦破的案件，倒查侦办工作中的薄弱环节并对其进行整改，继而提高执法协作效率和办案质量。

4. 行政执法与刑事司法衔接

我国已具备基本的行政执法与刑事司法衔接制度框架，相关法律法规和有关部门工作都积极为行刑衔接提供可靠依据。但当前的行刑衔接不够紧密，如协调机制不畅，影响犯罪案件的移送和诉讼；知情渠道不畅，导致对犯罪案件的监督不力；证据标准不同，致使犯罪案件立案率不高等。基于此建议：首先，健全网络食品犯罪案件移送审查制度。行政执法部门与公安机关、检察机关就犯罪案件的移送标准与程序予以细化明确，制定统一的指导意见。对于暂时定性困难、认识分歧的犯罪案件，特别是案情复杂、涉及面广、跨地域的犯罪案件，移送标准可适度放宽，以防相关工作人员因不熟悉案件移送标准而截流案件。同时，需追究不移送案件的主要负责人的责任，将其作为业绩考核的重要指标，对拒不移

---

① 许丰盛：《我国网络销售假冒伪劣药品犯罪防治对策研究》，中国人民公安大学硕士学位论文，2017年。

送、逾期移送或以罚代移等情况不能提供合适理由的，应落实相应的行政或刑事责任。其次，优化信息交流系统。依托政务信息系统建立网络食品安全行政执法与刑事司法信息共享平台，实现执法部门工作系统互联互通，如实录入案件并实时监督，整合执法与司法资源，为网络食品安全行刑衔接架设沟通交流的桥梁，切实解决信息不畅、有案不移、管辖不明等问题。最后，完善证据衔接转化制度。在认定事实和证据方面适用"证据确实充分标准"，从而使行政执法掌握的证据标准与刑事诉讼的证明标准一致，以利于顺利转化。对证据内容合法、收集程序存在瑕疵的，如能及时予以更正，可以将其转化为刑事证据。[①] 除此之外，还需注重提高行政执法人员的刑事诉讼意识，理性识别案件性质，合法收集相关证据。在此基础之上，明确依法获取的证据效力，对实物证据可直接使用，对专门性证据[②]由司法机关决定是否作为证据使用，对于调查笔录、询问笔录等内容，原则上由公安机关重新制作收集后转化为证据，但在实践操作中视具体情况而定。

（二）多方参与主体层面

目前，在食品安全社会共治的总基调下，防控网络食品犯罪逐步由政府主导治理模式转变为社会多方主体协同参与治理模式。动员网络食品生产经营企业、第三方网络交易平台、行业协会、消费者以及新闻媒体等多元主体力量共同治理网络食品犯罪，找准各自定位，充分发挥资源优势，进而减缓公权力的治理压力，实现"社会本位"向"人民本位"的转变，最终优化网络食品犯罪的治理成效。

1. 提升网络食品生产经营企业的自律意识

网络食品生产经营企业应当以食品安全意识为基础，以诚信自律为操守，严

---

① 杨寅：《论我国食品安全领域的行刑衔接制度》，载《法学评论》2021年第3期。
② 专门性证据是指涉及网络食品安全领域的检验、鉴定报告等材料。

格按照《食品安全法》等相关法律法规实施生产经营行为，切实履行第一责任人的职责义务。一方面，网络食品生产经营企业应强化自律。树立法律、道德、诚信、质量、安全意识，切实保证生产经营的网络食品健康、安全，同时尊重消费者的知情权与自主选择权。另一方面，外力助推网络食品生产经营企业自律意识的养成。一是制度助推。如依照有关法律制度、政策规定，推动完善网络食品安全追溯体系及操作流程，落实科学严谨的网络食品生产管理、风险自查、不安全食品召回以及突发食品安全事件应急处置等制度。设立信用"黑名单"及从业禁止制度，签订质量安全承诺责任书，营造网络食品生产经营企业守信激励、失信惩罚的氛围。二是培训助推。企业需加强对员工的教育培训和健康管理。定期组织员工学习食品安全法律法规、政策、行业规章制度及生产标准，积极宣传普及食品安全知识，培养其守法合规安全生产经营意识。可借鉴上海市推出的网络"食安课堂"，提供定制培训并精准锁定"不求上进者"。[①]

2. 规范第三方网络交易平台运作

（1）厘清并落实管理责任。首先，严格准入制度。2020年12月发布的《最高人民法院关于审理食品安全民事纠纷案件适用法律若干问题的解释（一）》中明确指出，电商平台经营者未依法对平台内食品经营者进行实名登记、审查许可证，或者未依法履行报告、停止提供网络交易平台服务等义务，使消费者的合法权益受到损害，消费者有权主张电商平台经营者与食品经营者承担连带责任。当前第三方平台应与政府监管部门研讨制定更严格的准入制度，进一步规范入网门槛，建立相应的网店信用等级制度，同时不断完善自身平台建设。其次，加强日常监管。运用区块链、大数据、人工智能等技术对网络食品生产经营企业加强日常监管与随机抽检，实现网络食品全程留痕、实时溯源。一旦发生网络食品生产经营企业利用平台实施违法犯罪，且平台明知或应知而未采取相应制止措施，导

---

① 陈玺撼：《食品生产经营者培训方便多了》，载《解放日报》2019年4月4日。

致消费者权益受损时，则第三方平台应承担连带责任。再次，配合政府部门工作。强化各经营者对其网络食品必备信息展示以加强食品预警，主动配合执法部门对食品经营者进行实质性的经营资质审核，与政府监管部门合作达至绿色便捷协查违法犯罪案件，加强信息共享开展联合打假，等等。最后，畅通消费者投诉渠道。第三方平台需在显著位置公布本平台投诉管理方式，建立因网络食品安全纠纷解决机制，加大先行赔付制度的适用范围，继而提升第三方平台的服务管理水平。

（2）健全信用评价体系。第三方平台通过评分累计等级模式来划分入网食品生产经营者信用等级，这种信用评价方式在一定程度上规范了网络食品生产经营企业的生产经营行为。然而，实践中不乏不良商家利用平台漏洞，购买"水军"伪造好评信息或威胁消费者好评，致使平台信用评价体系可信度降低。鉴于此，一方面，第三方平台应视行为情节严重程度分别予以警告、惩戒甚至强制闭店并予以公示。另一方面，第三方平台借助技术手段，对虚假评价信息进行自动筛选并删除无消费记录人员评价。此外，第三方平台针对利用微博直播或私信、微信聊天、发布朋友圈与公众号等方式销售非法食品的行为，可开发用户食品安全提示功能，一旦上述平台页面出现"食品""自产自销""无添加剂"等关键词，便自动触发该提示功能，从而填补可能存在的监管漏洞。

3. 提升消费者的维权能力

（1）加强宣传提升消费者维权意识。消费者维权意识的提升有利于有效的宣传机制。一方面，政府监管部门和行业协会可探索建立统一的网络食品安全信息服务系统，开发应用软件和微信小程序，便于消费者实时查看查询。另一方面，利用权威传统媒体和官方微博、微信公众号等网络媒体普及网络食品安全与相关法律知识，准确及时发布网络食品安全生产经营信息，披露网络食品犯罪案件及处理结果，提醒公众保存网络食品交易凭证、聊天记录等证据以维护其合法权益。

（2）拓宽消费者监督举报渠道。当前结合网络食品犯罪社会共治格局，构建"信件、电话、网络"三位一体的监督举报途径非常有必要。[①] 在运用传统投诉方式如消协和 12315 投诉举报外，需建立全国性的投诉处理中心，统一规范网络食品安全监督举报网站，在保护举报者个人信息的前提下及时发布举报情况，督促被投诉商家尽快核实处理，进而由政府监管部门加大对被投诉商家的定期检查和随机抽检力度。同时，充分利用微信维权小程序和短信举报渠道，简化举报程序，缩短举报周期，降低消费者的举证责任，畅通多渠道保障消费者积极行使诉权。

（3）正视职业打假人的积极作用。自 1995 年职业打假人[②] 出现至今，已形成较为成熟的组织体系，不仅从"线下打假"向"线上打假"转变，而且集团化、专业化特征突显。虽然职业打假人"知假买假"的行为有待商榷，但其客观上在网络食品市场中扮演着类似于"线人"的角色，一定程度上填补了行政监管的不足，遏制了违法经营行为，提升了消费者的维权意识。因此，应正视职业打假人的积极作用，鼓励其发挥识假辨假的能力，与政府监管部门和公安机关合作，助力网络食品犯罪社会共治。同时，需加强对职业打假人的法制宣传教育，规范其投诉举报行为，充分发挥正面效应。[③]

4. 发挥行业协会监督指导作用

尽管我国已成立诸如中国食品行业协会、中国副食品行业协会、中国电子商务协会等组织，为政府监管部门与网络食品生产经营企业间的沟通协调、网络食品行业的运营及监督网络食品安全起到了一定作用，但也存在行业协会依

---

① 刘增金：《上海完善网络外卖食品安全保障机制的对策建议》，载《科学发展》2020 年第 2 期。
② 职业打假人是指根据《消费者权益保护法》《食品安全法》中规定的惩罚性赔偿制度而专门知假买假并向商家索赔或者向政府监管部门投诉举报获取举报奖励的一类特殊群体。
③ 罗秋：《发挥积极作用 净化市场环境——浅谈如何规范引导职业打假人》，载《中国食品药品监管》2017 年第 4 期。

赖政府监管部门独立性不足等问题。反观美国的食品行业协会如食品加工商协会（NFPA），其在设定食品行业准入门槛、参与制定美国食品安全标准、惩罚违法犯罪行为、规制行业良性竞争等方面都以成熟独立的社会组织身份参与其中。鉴于此，我国可考虑成立专门网络食品行业协会，以引导监督网络食品市场健康有序运作，平衡政府监管部门、网络食品生产经营企业及消费者之间的关系。首先，确定网络食品行业协会的法律地位。通过立法明晰食品行业协会的法律地位和职能范围，制定内部管理制度和外部监督规范，以此引导网络食品生产经营企业合法地生产经营。其次，制定统一的网络食品行业标准。网络食品行业协会协同政府监管部门牵头组织，各网络食品生产经营企业按照食品类别分组沟通协商，共同制定统一的网络食品行业标准，以此优化网络食品质量管理。最后，发挥网络食品行业协会引领优势。协会需树立自律自治意识，推广诚信经营理念，宣传网络食品安全知识，激发网络食品犯罪社会共治的潜力。

5. 增强新闻媒体的舆论监督力量

在新媒体时代，网络监督无孔不入，而新闻媒体对网络食品犯罪问题的报道能够监督引导网络食品市场秩序的健康发展。法律赋予了新闻媒体舆论监督的权力。同时，作为立法、司法、行政三权外的"第四权力"，新闻媒体承担着舆论监督的责任与义务。[①]

第一，新闻媒体应及时关注网络食品犯罪问题。积极发挥其舆论监督作用，以媒体特有的敏锐性和洞察力发现群众身边存在的网络食品安全隐患，深入调查并及时披露报道，为政府监管执法部门提供有用线索。第二，新闻媒体应当加强自律，坚守职业道德。坚持正确的舆论导向作用，秉持中立、公正、严谨的态度报道网络食品安全事件，准确反映事实真相，切忌过度渲染与炒作。认真严格把

---

① 邵彦铭：《食品安全犯罪治理的刑事政策研究》，中国政法大学出版社2014年版，第326页。

关将要发布的信息内容是否真实可靠，杜绝传播网络食品安全谣言，更不能为博取公众眼球故意制造谣言，引发社会恐慌。第三，新闻媒体应当强化网络食品安全知识宣传。以公益广告、专题栏目、新闻节目、网络直播短视频等方式积极向公众普及网络食品安全知识，提升消费者的网络食品安全知识水平。积极与政府监管部门沟通交流，发布网络食品检测合格率等权威食品安全数据，帮助民众了解掌握我国网络食品安全现状和趋势。

（三）相关保障层面

社会共治理念是在建立纵向权利架构的同时，根据新兴的互联网发展潮流，构建政府与社会组织之间的互动模式。网络食品犯罪社会共治与以往的犯罪治理方式不同，其具有主动性和预防性，不仅要建立表面的互动关系，还要深入理性地审视社会共治的作用。在强调网络食品犯罪社会共治主体地位平等的基础之上，运用科学有效的方法寻求合作共治，从而优化网络食品犯罪社会共治策略，推动社会共治的工作进程。

1. 确立互利共赢的社会共治理念

在网络食品犯罪社会共治工作中，利益是维系整个网络食品行业链条的纽带，亦是引发网络食品安全事故与犯罪案件的源头。[1] 如前文所述，目前我国网络食品犯罪主体处于注重短期自身利益，放弃追求长远利益的状态，致使各主体之间形成利益博弈，影响社会共治的工作效果。为解决此问题，应当通过确立互利共赢的社会共治理念来推动防控网络食品犯罪的工作进程。具体而言，首先，为激发社会主体社会共治网络食品犯罪的积极性，统一利益目标，建立利益协商分配机制，设立相关制度、程序、规则与救济途径，秉持"公平公正、互惠互利"的原则实现利益均衡配置。其次，规范利益协商分配对象，减少利益协商分配的时间精力的耗费。对于主体职能重叠、交叉的部分，由各社会主体共同启动

---

[1] 曹裕、万光羽：《网络食品安全风险研究报告（2017）》，科学出版社2017年版，第123页。

利益协商分配机制，协调各主体间的利益博弈，最终实现互利共赢。

2. 创建社会共治联动防范体系

社会共治要求政府部门、相关企业、电商平台、行业组织、社会舆论及消费者各主体共同参与网络食品安全治理，这就需要各方紧密配合，发挥合力和联动防范的作用。主要体现在如下方面。

（1）确立政府各部门应急联动体系。包括多部门、多行业、跨区域的应急联动。一是实现信息互通。各有关方要加强信息沟通，相互通报信息，实现目标同向、行动同步，充分发挥各自优势，有效应对网络食品安全事件。第三方网络交易平台实时掌握第一手网络食品交易信息，作为监管者与被监管者，应及时把相关网络食品事件信息反映给食药监局及有关部门。食药监局应及时作出反应，并通过相关媒体向公众作出事件反馈。二是实现资源共享。各有关方要全面掌握应急力量和应急资源，一旦发生网络食品事件，能够做到优化配置及合理调度相关资源。食药监局要及时成立相关工作小组，对所发现的网络食品安全问题开展调查工作；第三方网络交易平台要配合食药监局的监管督查工作；相关媒体要对网络食品安全事件进行跟踪报道，保障公众的知情权。三是实现应对协同。按照统一领导、综合协调、分类管理、分级负责、属地管理为主的应急管理体制，建立处置网络食品安全突发事件运转高效的应急指挥体系。食药监局应根据制订的网络食品安全应急预案，按照各有关方在预案中的责任分工，在应急领导小组的指挥下，统一行动、协同配合，更有效地应对网络食品安全突发事件。

（2）建立社会共治各方联动防范体系。这方面主要体现为加强政府监管部门与网络平台合作，以提升食品安全保障效率。具体包括：第一，电商平台配合有关部门相关工作。包括主动配合有关部门对食品经营者进行实质性的经营资质审核，建立相应的网店信用等级制度，同时不断完善自身的平台服务建设。例如，为了阿里巴巴专门开发了协查系统，搭建了与工商、质监、食药监、海关等部门的数据桥梁，依法快速处理协查需求，为执法部门提供协助，提升公检法部门执法效率。第二，政企合作为消费者联合维权。例如，杭州市食药监局与阿里巴巴集团签订《打假维权合作备忘录》，就加强信息共享开展联合打假、密切消费维权等内容达成共识；同时对平台开展行政指导，落实《食品安全法》中网络交易平台对食品经营主体的审核义务，帮助平台建立线上管控关键词库，加强保健食品等商品信息的管控，构建网络食品安全网。[1]第三，电商助力破解监管难题。例如，阿里巴巴与政府部门探索建立"三大机制"。一是食品药品预警机制。在淘宝网主页面设置食品药品预警专栏，强化各经营者对其经营保健食品、食品必备信息展示，否则产品不予发布、展示，淘宝网采取必要措施加强有关资质审查和产品随机抽查。二是绿色便捷协查机制。对于未达到立案标准的违法行为或违法行为尚不构成行政处罚条件的，辖区食药监部门向淘宝网发出《稽查建议函》，由淘宝网负责屏蔽有关违法信息并进行企业自身规范。对于在淘宝网发现达到立案标准的违法行为，辖区食药监部门出具单位介绍信，调取有关卖家身份注册信息及交易记录等信息。针对外地来函协查，由辖区食药监部门在第一时间以传真、快递等形式转淘宝网直接受理，淘宝网需按要求及时回复对方。[2]此外，监管部门与阿里巴巴集团建立沟通互动机制。淘宝网负责对接到的相关投诉信息整合并反馈给食药监部门。食药监部门结合监管情况定期公布预警信息、产品曝光信息。

此外，在不同的电子交易平台服务商之间也应当建立联系密切的合作机制，在食品商家的审核、食品来源及销售等方面，加强合作，结合他人举报和个人信用制度，进一步确保网络食品的安全性，保障网购消费者的合法权益。

3. 搭建网络食品安全社会共治的信息平台

《"十三五"国家信息化规划》要求树立"创新、协调、绿色、开放、共享"

---

[1] 《杭州市强化监管合力破解网络食品安全监管难题》，载"中国质量新闻网"，2016年9月1日。

[2] 《杭州开启食品药品监管新模式》，http://www.39yst.com，2013年10月29日。

的发展理念。其中"共享"意味着汇聚整合信息资源,在规范管理中实现信息数据共享。网络食品犯罪的社会共治需要消除信息数据壁垒,实现互通共享。

(1)建立网络食品安全信息平台。《数据安全法》明确指出,国家制定政务数据开放目录,构建统一规范、互联互通、安全可控的政务数据开放平台。当前政府监管部门需不断完善信息公开制度,增加网络食品安全信息披露的透明度,可建立网络食品安全信息平台,定期发布食品生产、流通全过程中市场检测等信息。一方面使消费者及时了解网络食品安全性的真实情况,增强自我保护意识和能力,帮助消费者参与改善网络食品安全性的控制管理;另一方面使公众能从正规渠道获得食品安全信息,保障公众的知情权、参与权和监督权。[①] 同时,通过政府和网络食品生产经营企业披露食品安全信息,对食品生产经营者起到了监督作用。食品生产经营者应关注网络食品安全动态的信息反馈,提高社会责任感和应变能力。此外,政府部门主导的互惠融通、互动开放、科学安全的信息共享机制,还可以引导新闻媒体正确发挥舆论监督作用。

(2)运用大数据集结各方力量。网络食品安全社会共治,越来越依托于食品安全领域各类数据的收集整理和综合利用,越来越需要通过适时准确的大数据分析,来帮助政府、企业、消费者有效应对网络食品安全问题。当前应进一步发挥大数据的如下作用:第一,构建网络食品产业链条痕迹,使企业真正成为食品安全的"责任主体";第二,消费者通过合理便捷的手段,全程参与网络食品安全

[①] 在此方面,泰州做法值得推广。2014 年,泰州市局自主开发了"泰州市食品药品数字化监管平台",汇集数据查询、在线咨询、投诉举报、知识普及、诚信公布、消费提示、红黑榜、曝光台、政务微博九大功能。2017 年,该局在此基础上开发了手机 APP,检查人员登录后,可将现场检查数据和诚信评分实时上传,公众也可以随时登录并查看食品经营企业、餐饮单位、零售药店等的信用等级,方便公众查询各类信息。泰州市高港区食安办统计表明,依托泰州市食品药品数字化监管平台,建立健全了全区 2201 家食品生产经营单位的档案,对食品生产经营、餐饮服务单位进行动态信用评定,监管效率和成效大幅提升。参见《江苏省泰州市你我系列活动开创全民共建共享新格局》,载《中国食品报》2017 年 1 月 19 日。

监管。包括：通过终端或者门户网站查看该经营主体的实时视频监控；消费者通过微博、微信、APP客户端、门户网站等形式，扫描流通、生产和餐饮等环节的产品条形码和企业二维码，实现对产品和餐饮单位详细信息的查询；能及时接收监管部门发布的舆情预警通知通告，同时能同经营主体进行投诉、举报等交互活动。第三，实现自动对舆情信息的收集分析与预警。通过各种数据的预见性、靶向性数据智能分析，实现快速锁定重点环节、重点品种、重点地区、重点行业的网络食品安全流向走势，为行业性、系统性、区域性日常监管工作提供多层次、多角度参考，为开展网络食品监管分析研判、科学预测、风险防范提供了靶向性和科学性支持。第四，加强大数据云中心的科学建设，实现"数据整合"向"数据推送"的突破性转变。包括：大数据云中心能够将海量数据快速推送给产品注册审批、产品标准、生产经营许可、产品信息追溯、日常监管、投诉举报、执法案件、信用体系等业务监管平台，推送给市场经营主体等实践自查平台，推送给市场消费主体等监督共治平台，等等。

综上，为有效保障互联网经营中的食品安全，应贯彻落实《食品安全法》强调的社会共治模式，充分发挥各相关主体的合力作用，构建科学、高效、规范的网络食品犯罪社会共治体系，进而通过有效遏制网络食品犯罪保障良好的网购食品市场环境，构建食品安全的利益"共赢"格局。

第五章

网络时代知识产权的最新发展

一、网络时代我国知识产权保护的发展与挑战

（一）我国互联网产业和数字经济的飞速发展

依据中国互联网络信息中心（CNNIC）于 2021 年 2 月在北京发布的第 47 次《中国互联网络发展状况统计报告》，截至 2020 年 12 月，我国网民规模已达到 9.89 亿，较 2020 年 3 月增长了 8540 万，互联网的普及率达 70.4%，较一年前提升 5.9 个百分点；即时通信用户规模已达 9.81 亿，较一年前增长了 8498 万，占网民整体数量的 99.2%；手机即时通信用户规模达 9.78 亿，较一年前增长了 8831 万，占手机网民总数的 99.3%；同时，我国网络购物用户规模已达 7.82 亿，较一年前增长了 7215 万，占网民总数的 79.1%；手机网络购物用户规模已达 7.81 亿，较一年前增长了 7309 万，占手机网民总数的 79.2%；我国网络游戏用户的规模已达 5.18 亿，较一年前减少了 1389 万，占网民整体数量的 52.4%；手机网络游戏用户规模已达 5.16 亿，较一年前减少了 1255 万，占手机网民的

52.4%。①

可见，我国互联网的发展由最初向美国学习，到后来进行本土创新，形成我国的特色模式，并与美国几乎保持了类似的节奏，甚至同步发展，被誉为全球范围内互联网领域的"双子星"②。《世界互联网发展报告2020》蓝皮书中的排名显示，美国和我国的互联网发展，在世界范围内继续保持领先③。值得一提的是，我国网民数量已约占全球④网民数量的五分之一，这样庞大的网民数量，也为互联网消费带来了庞大的基础人口，为我国数字经济的发展提供了巨大的人口基础资源。在"十三五"时期，我国数字经济获得了高速发展，从产业上的全面布局到重点领域的精准发力，从深度推进产业转型到跨领域融合网络技术，几乎所有商品和服务领域全面铺开电子商务，从网上获取文化娱乐信息已成为人们的日常生活方式。数字信息技术和互联网的科技赋能，为民众生产生活带来了极大的便利，与此同时也极大地提升了综合国力。《中国数字经济发展白皮书》显示，2020年我国的数字经济规模已达到39.2万亿元，占GDP的比重为38.6%，同比增长了9.7%，数字经济在逆势中亦加速腾飞，有效支撑起2020年的经济社会发展。⑤

---

① 参见2021年2月3日中国互联网络信息中心（CNNIC）发布的第47次《中国互联网络发展状况统计报告》，网址：cnnic.cn/hlwfzyj/hlwxzbg/hlwtjbg/202102/P020210203334633480104.pdf。
② 闫德利：《中美数字经济的差距比较研究》，载《互联网天地》2020年第10期。
③ 陈珂：《携手构建网络空间命运共同体》，载《我国会议》2020年第22期。报告从基础设施、创新能力、产业发展、互联网应用、网络安全、网络治理等维度，选取全球48个国家和地区进行评估排名，涵盖五大洲的主要经济体和互联网发展具有代表性的国家。结果显示，美国和我国的互联网发展继续领先，欧洲各国的互联网实力强劲且较为均衡，拉丁美洲及撒哈拉以南非洲地区的互联网发展进步显著。其中，美国、中国、德国、英国、新加坡综合排名前5位。
④ 环球网：《最新全球网民数量公布：我国增长规模排第二》，网站地址：https://www.sohu.com/a/292651212_162522，2020年12月1日访问。
⑤ 参见中国信息通信研究院2021年4月发布的《中国数字经济发展白皮书》，网址：P020210424737615413306.pdf (caict.ac.cn)，2021年6月访问。

在数据成为生活生产的基础性要素、"互联网+"新业态新模式全面开花的大趋势之下，我国庞大的网民数量以及每天产生的海量数据，也为我国带来了数据信息资源利用产生的庞大红利，更为下一阶段的高质量发展奠定了坚实的基础。同时，在新冠肺炎疫情的持续冲击下，全球范围内出现了以资本和劳动力拉动经济的增长模式日趋疲软的现象。我国目前正在开展的供给侧改革，其重点是通过刺激消费来拉动国内的内需，进而实现"双循环"以触发国际国内新增长点，而近些年网络和数字经济的迅速发展，恰好契合了当前国内和国际形势的需求。此外，新信息技术的发展也在一定程度上触动了传统知识产权保护的观念和规则。如何适应新知识产品消费模式、新商业方法保护需求，成为知识产权领域不得不面临的新问题。在目前"互联网+"的发展驱动模式下，知识产权正逐渐转变为国家间真金白银的竞争力。只有充分尊重和保护知识产权的国家，才能从根本上激发创新和活力，实现综合国力的持续稳定增长。

（二）我国互联网产业发展的挑战

尽管取得了不俗的成绩，但同时也应该看到，我国互联网产业的创新发展，当前面临着非常严峻的挑战，主要是以美国为首的国际环境可能带来的不利影响以及我国自身产业发展驱动力单一的问题。

首先是美国方面"打压"带来的不利影响。2020年2月，美国司法部长巴尔在美国智库会议上的主题演讲中"直白"表示："中国已经在5G领域建立了领先的地位，目前占据了全球基础设施市场的40%。这也是美国历史上第一次没有引领新的科技时代。据估算，到2025年以5G为驱动力的工业互联网可能创造出23万亿美元的新经济机会。如果中国继续在5G领域上独占鳌头的话，将能够主导一系列依赖5G平台并与之交织的新兴技术所带来的发展机遇。"因此，在部分美国人眼里，尽管我国目前领先的互联网企业市值为千亿美元规模，与领先的美国企业差距比较明显，但从未来趋势上看，不管是企业数量还是市值上的增长，与美国互联网企业整体差距已呈逐渐缩小的态势，体现出追赶美国的可能性①。"遏制我国"的网络信息技术发展,特别是基础互联网的技术,在这点上美国各界的态度已经完全一致,可以预见,未来我国相关领域的发展,将会面临非常严峻的形势。

除了前述以美国为首的国际因素影响之外,我国互联网产业的发展自身也存在着驱动力单一、国内市场逐渐饱和的问题。在互联网经济发展的早期阶段,中美两国的互联网经济均由消费互联网驱动。但近年来,美国云计算和相关企业服务的蓬勃兴起,已经成为支撑新一轮互联网经济增长的核心驱动力。从整体发展趋势来看,如果说互联网产业发展的上半场,主要耕耘于服务业领域,那么其下半场的趋势则会转变为作用于工业领域。也就是说,未来工业互联网将成为新的工业革命主要内容,并对一个国家的工业水平乃至整个产业链条的运转效率、国际竞争力产生重要的影响②。在美国,互联网技术不仅深刻改变了普通消费者的生活方式,同时也在改变着企业的生产经营方式和管理模式,可谓以消费互联网及产业互联网"双腿跑"的方式"大步"向前发展,反观我国,还是消费互联网一枝独秀,而产业互联网刚刚起步,呈现"单脚跳"的不平衡特征。未来我们要缩小与美国的差距,亟须补上的,就是产业互联网这门功课。而除了产业互联网发展不充分之外,国内市场逐渐呈饱和之态也是未来面临的重要问题。目前,我国网民的规模已达到9.89亿,消费互联网市场也明显出现饱和的趋势。但我国互联网产业的国际化进展却不尽如人意,特别是在当前国际政治经济环境越发复杂,单边主义、保护主义抬头,经济全球化遭遇回头浪和逆风的情况下,新锐互联网未来的发展不确定性增强,也使得资本市场不得不重新开始审视我国互联网的未来发展前景③。例如,继华为和中兴等通信领域的头部企业之后,抖音、微信

---

① 方兴东:《美国为何那么怕失去互联网霸权?》,载《环球时报》2020年9月15日,第14版。
② 杜传忠、金文翰:《美国工业互联网发展经验及其对我国的借鉴》,载《太平洋学报》2020年第7期。
③ 闫德利:《中美数字经济的差距比较研究》,载《互联网天地》2020年第10期。

等网络新兴社交媒体的海外发展也开始受到美国的打压,至于淘宝和京东等电商平台,在开展跨境电子商务活动时也不时成为被重点打击的对象。

二、网络时代我国知识产权行政保护的最新进展

正所谓"逆水行舟,不进则退",尽管我国互联网产业已经取得了长足的进步,但如何持续健康发展并保持现有的先发优势,是未来我们需要面对的重要课题。鉴于前述我国互联网产业当前发展所面临的挑战,"知识产权"能够发挥什么作用,如何从构建良好营商环境的角度入手,建立和完善互联网领域的知识产权保护体系,从而为产业发展"保驾护航",成为我们当前急需解决的重大问题。2020年11月30日,中共中央政治局就加强我国知识产权保护工作进行了第二十五次集体学习活动,中央领导指明了未来我国知识产权保护的协调发展方向,特别是对涉及互联网和知识产权保护工作提出了更高要求。

(一)坚决打击假冒侵权行为

中央领导强调,"各级党委和政府要落实责任,强化知识产权工作相关协调机制,重视知识产权人才队伍建设,形成工作合力,坚决打击假冒侵权行为,坚决克服地方保护主义"。我国行政执法在知识产权保护体系中居于重要地位,行政执法与司法两条途径协调运作,成为我国知识产权保护的一大特色。2018年机构改革对知识产权执法体制作出调整,组建了国家市场监督管理总局,统筹配置行政处罚职能和执法资源,将包括商标、专利等知识产权在内的相关执法统一由市场监管综合执法队伍承担,基本实现了一支队伍管市场。这一重要改革举措,有利于推进市场监管体系和治理能力现代化,进一步提升知识产权执法效能,加快健全统一开放、竞争有序的现代市场体系[1]。具体而言,总局内部设有全国打击侵犯知识产权和制售假冒伪劣商品工作领导小组办公室,督办侵犯知识产

---

[1] 张茅:《开启新时代知识产权保护新篇章》,载《人民日报》2019年4月26日。

权和制售假冒伪劣商品重大案件。建立了市场监管综合执法队伍，实施有关专利、商标、商业秘密、地理标志方面的行政执法工作，查处市场中的垄断、不正当竞争、商业贿赂、走私贩私及其他经济违法案件，督查督办大案要案和典型案件等。按照中央要求，国家市场监督管理总局应当基于其保护职能，各机构间建立有效协作机制，坚决打击各类知识产权假冒侵权行为。

（二）知识产权保护线上和线下的融合发展

在中共中央政治局举行的第二十五次集体学习时，习近平总书记强调，要加强知识产权信息化、智能化基础设施建设，推动知识产权保护线上线下融合发展。随着电子商务的发展，各类知识产权侵权行为从线下转为线上线下相结合的趋势明显。由于互联网的虚拟性，从网店开设、产品宣传、合同签订到发货退货，均可以通过电子商务方式完成，无须验证交易双方在线下的登记注册情况和实际经营地址，这不仅对权利人或消费者的权利救济提出更多要求，也给市场监管工作带来了新的挑战。譬如电子商务经营者的商标侵权行为，往往具有经营地址虚拟、多变、跨地区、多人协作的特征，而行政执法机关并无人身强制的执法权力，要求执法人员对实际线下地址进行走访调查核实，既不现实，也会浪费大量时间，行政成本过高。只有跳出"实地查实"的办案习惯思维模式，改变工作方法，不依赖笔录，转而利用电商平台的信息，结合现代化的取证方式，才能达到"全面、客观、公正"的证据要求，实现线上行政执法方式的转变[①]。

（三）构建多元治理结构

习近平总书记指出，要综合运用法律、行政、经济、技术、社会治理等多种手段，从审查授权、行政执法、司法保护、仲裁调解、行业自律、公民诚信等环节完善保护体系，加强协同配合，构建大保护工作格局。

---

① 罗亚菲：《电商经营者商标侵权案件行政查处方式的创新思考》，载《中国市场监管报》2020年6月30日，第3版。

"构建多元治理结构",这种保护理念和模式也是中央在近期各类政策性文件中反复提及和倡导的。中共中央办公厅、国务院办公厅于2019年11月印发了《关于强化知识产权保护的意见》,该《意见》提出建立健全社会共治知识产权模式,在传统行政和司法途径之外,进一步通过调解、仲裁和公证等方式来完善和健全知识产权保护工作机制,着力制定各种标准、提供各种有利条件、培育知识产权调解组织、仲裁机构和公证机关[①]。通过完善和加强不同保护途径之间的衔接机制,形成各种途径优势互补、有机衔接的运行机制[②]。又如,2019年国务院公布的《优化营商环境条例》第十五条也规定了类似的制度设计:"国家建立知识产权侵权惩罚性赔偿制度,推动建立知识产权快速协同保护机制,健全知识产权纠纷多元化解决机制和知识产权维权援助机制,加大对知识产权的保护力度。"

在知识产权纠纷解决问题上,司法判决虽然具有终局性,但我国实践表明,绝大多数知识产权纠纷是通过司法之外的方式如行政执法和行政调解等方式解决的。以为市场主体提供高效、便捷的纠纷解决途径为目标,有必要充分发挥调解、仲裁、行政裁决、行政复议、诉讼等各种保护途径的优势,最终形成相互协调、彼此有机衔接的多元化纠纷解决机制。为此,可以考虑制定不同纠纷解决机制相互衔接的规则以及配套管理规定或指南,以规范相关机构在从事知识产权仲裁、调解以及公证业务时的资质、管理权限、操作流程等内容。同时,进一步充实和完善国家层面的知识产权专家志愿者制度,研究和制定充分调动全社会力量参与我国知识产权保护治理工作的机制。

---

① 该《意见》指出:要"建立健全社会共治模式。完善知识产权仲裁、调解、公证工作机制,培育和发展仲裁机构、调解组织和公证机构"。
② 该《意见》指出:"健全行政确权、公证存证、仲裁、调解、行政执法、司法保护之间的衔接机制,加强信息沟通和共享,形成各渠道有机衔接、优势互补的运行机制,切实提高维权效率。"

(四)加强行政执法力度

"要加大行政执法力度,对群众反映强烈、社会舆论关注、侵权假冒多发的重点领域和区域,要重拳出击、整治到底、震慑到位。""加大行政执法力度",不仅要强化知识产权领域的行政执法力度,更需要完善打击侵权假冒制度和建立体现互联网特色的智能平台系统,通过有效的平台系统、花费较少的行政成本实现对侵权行为"精准打击"。2019 年,中共中央办公厅、国务院办公厅印发的《关于强化知识产权保护的意见》明确要求,一方面要"强化打击侵权假冒犯罪制度建设",另一方面则要"建设侵权假冒线索智能检测系统,提升打击侵权假冒行为效率及精准度"。

(五)建立和完善统一的执法标准

中央强调,"要促进知识产权行政执法标准和司法裁判标准统一,完善行政执法和司法衔接机制"。应当说,"行政执法标准"和"裁判标准"相统一,是对未来知识产权行政执法工作的新要求。在以往的政策性文件中,更多侧重于建立行政执法的判断标准,但并没有明确要求行政执法和司法裁判标准相统一,如中共中央、国务院于 2019 年印发的《关于强化知识产权保护的意见》中规定:"制定完善行政执法过程中的商标、专利侵权判断标准。规范司法、行政执法、仲裁、调解等不同渠道的证据标准。"

这一最新政策精神,无疑给未来行政执法工作提出了更高的要求。互联网领域的行政执法对于专业性具有非常高的要求。应当说,这一新要求将给未来行政执法工作带来巨大的变化。以《电子商务法》中的知识产权行政执法条款为例,该法第八十四条[①]规定,电子商务平台经营者对平台内经营者实施侵犯知识产权

---

① 《电子商务法》第八十四条:"电子商务平台经营者违反本法第四十二条、第四十五条规定,对平台内经营者实施侵犯知识产权行为未依法采取必要措施的,由有关知识产权行政部门责令限期改正;逾期不改正的,处五万元以上五十万元以下的罚款;情节严重的,处五十万元以上二百万元以下的罚款。"

行为未依法采取必要措施的,由有关知识产权行政部门介入进行行政执法。据目前所掌握的信息和资料,行政机关很少适用该条款进行执法,但在"行政执法标准和司法裁判标准统一"的要求下,如何制定相关行政执法标准和程序,是未来需要解决的重要课题。

三、网络时代我国知识产权司法保护的最新进展

相比于传统的知识产权问题,网络时代最为典型和特殊的知识产权问题就是涉及电子商务平台的特殊主体侵权问题。因此,本章主要介绍电子商务平台的知识产权法律问题。

目前,我国互联网的网民数量约占全球总数的五分之一[①],庞大的网民数量,也为互联网消费带来了可观的基础人口。伴随电子商务的快速发展,电子商务平台经营者以及平台内的虚拟商家、线上消费者之间发生的法律纠纷,也常常诉诸法院,不少案件经由新闻媒体报道后,引发广泛关注。

(一)电子商务平台知识产权治理现状

2019年,国家知识产权局知识产权发展研究中心发布了《中国电子商务知识产权发展研究报告(2019)》[②],报告第一次号召将"技术赋能+多元共治"的假货治理模式作为我国的成功经验和样本在全社会推广。所谓"多元共治",是指越来越多的执法机关、权利人和消费者等各方主体都参与到假货社会共治中,不仅是消费者和权利人,各地的执法机关也更加愿意借助数字技术参与到对各地制售假货团伙的溯源打击当中。

[①] 环球网:《最新全球网民数量公布:我国增长规模排第二》,网站地址:https://www.sohu.com/a/292651212_162522,2020年12月1日访问。

[②] 知识产权发展研究中心电子商务知识产权发展研究报告课题组:《全文〈中国电子商务知识产权发展研究报告(2019)〉完整版》。网站地址:https://mp.weixin.qq.com/s/ICQkKZhcFEwiXpl45BrxOg,2021年1月10日访问。

实践中，对于互联网领域销售假冒商品的行为，越来越多的相关主体愿意通过民事、行政和刑事三种手段共用的方式来予以打击，其中特别引人注意的是越来越重视运用刑事手段。据《2019 阿里巴巴知识产权保护年度报告》①统计，2019 年阿里巴巴协助全国 439 个区县的公安机关开展线下假货打击活动，参与执法机关的数量，相比于 2017 年增长了 93%。全年累计推送超过 5 万元起刑点的涉假线索共计 1045 条，协助政法机关抓捕犯罪嫌疑人 4125 名，涉案金额达 84 亿元。当然，刑事手段主要还是针对制造和销售假冒商品的直接侵权人，对于网络服务提供者而言，主要还是偏向于民事责任。不过，这并不意味着网络服务提供商没有承担刑事责任的风险。我国《刑法》从网络信息管理的角度对网络服务提供平台提出要求，并新设了相应的罪名。2015 年，《中华人民共和国刑法修正案（九）》新增了第二百八十六条之一"拒不履行信息网络安全管理义务罪"。当网络服务提供者不履行法律、行政法规规定的信息网络安全管理义务，经监管部门责令采取改正措施而拒不改正，并造成法定严重后果的，构成该罪②。在司法实践中，（1）网络服务提供商在网站上直接销售非法软件，经提醒后拒不改正的③；（2）网络服务提供商管理的系统中含有大量的淫秽作品，经提醒后拒

---

① 《2019 阿里巴巴知识产权保护年度报告》，网站地址：https://ipp.alibabagroup.com/infoContent.htm?skyWindowUrl=AACA-mediaCenter-right/cn，2021 年 1 月 10 日访问。
② 网络服务提供者不履行法律、行政法规规定的信息网络安全管理义务，经监管部门责令采取改正措施而拒不改正，并且满足下列情形之一的，处三年以下有期徒刑、拘役或者管制，并处或者单处罚金：
（一）致使违法信息大量传播的；
（二）致使用户信息泄露，造成严重后果的；
（三）致使刑事案件证据灭失，情节严重的；
（四）有其他严重情节的。
有前两款行为，同时构成其他犯罪的，依照处罚较重的规定定罪处罚。
③ 上海市浦东新区人民法院（2018）沪 0115 刑初 2974 号刑事判决书；湖北省荆州市荆州区人民法院（2018）鄂 1003 刑初 150 号判决书。

不改正的①;(3)网络服务提供商管理的系统中含有损害国家荣誉和利益,或者侮辱、诽谤他人,侵害他人合法权益的违法信息,经提醒后拒不改正的②,既可能构成处罚更重的犯罪,也可能构成拒不履行信息网络安全管理义务罪。

(二)电子商务平台涉及的知识产权法律

对网络服务提供商的法律规制,早期主要集中在著作权领域。2006年,我国借鉴美国1998年数字千年版权法案(Digital Millennium Copyright Act, DMCA),制定了《信息网络传播权保护条例》,对网络服务提供商的著作权侵权责任作出规定,其上位法理论,则是依据当时《中华人民共和国民法通则》中关于共同侵权的规定。

2009年制定的《侵权责任法》第三十六条关于责任主体的特殊规定③,以规制网络服务提供商责任为主要目的,不再局限于著作权领域,其适用对象进一步扩展到包括侵犯商标权在内的所有民事权益。另外,从部门法的角度,《商标法》

---

① 北京市海淀区人民法院(2015)海刑初字第512号;北京市第一中级人民法院(2016)京01刑终592号。
② 四川省泸州市中级人民法院(2019)川05刑终41号。
③ 《中华人民共和国侵权责任法》第三十六条:网络用户、网络服务提供者利用网络侵害他人民事权益的,应当承担侵权责任。
网络用户利用网络服务实施侵权行为的,被侵权人有权通知网络服务提供者采取删除、屏蔽、断开链接等必要措施。网络服务提供者接到通知后未及时采取必要措施的,对损害的扩大部分与该网络用户承担连带责任。
网络服务提供者知道网络用户利用其网络服务侵害他人民事权益,未采取必要措施的,与该网络用户承担连带责任。

第五十七条①、《商标法实施细则》第七十五条②等也作出了网络商品交易平台可构成帮助侵权的规定。

2019 年实施的《电子商务法》则沿袭了《侵权责任法》的规制模式，在此基础上更为全面和具体地规定了更为细致的保护规则。已于 2021 年 1 月 1 日实施生效的《中华人民共和国民法典》第一千一百九十四至一千一百九十七条也沿用了《侵权责任法》的规定，在侵权的特殊主体章节专门针对网络服务提供商作出了相应规定。

在司法解释方面，2020 年 9 月，最高人民法院印发了《关于审理涉电子商务平台知识产权民事案件的指导意见》的通知（法发〔2020〕32 号），同月还公布了《最高人民法院关于涉网络知识产权侵权纠纷几个法律适用问题的批复》。

2020 年 11 月，由国家市场监督管理总局牵头，多部门共同参与、制定的《电子商务平台知识产权保护管理》（GB／T39550—2020）的国家标准，已于 2021 年 6 月 1 日起实施。该国家标准是在我国《电子商务法》框架下研究形成的国家推荐性标准，其结合了我国电子商务领域发展实际情况，借鉴了电子商务平台知识产权保护已有的成功经验，从范围、规范性文件、术语和定义、电子商务平台管理、电子商务网络信息平台要求、组织知识产权管理、一致性测试等七方面提出了明确要求。

（三）电子商务平台的知识产权涉讼案件情况

北京反侵权假冒联盟和浙江省知识产权研究与服务中心共同编写的《2020

---

① 《中华人民共和国商标法》第五十七条：有下列行为之一的，均属侵犯注册商标专用权：……

（六）故意为侵犯他人商标专用权行为提供便利条件，帮助他人实施侵犯商标专用权行为的。

② 《中华人民共和国商标法实施条例》第七十五条：为侵犯他人商标专用权提供仓储、运输、邮寄、印制、隐匿、经营场所、网络商品交易平台等，属于商标法第五十七条第六项规定的提供便利条件。

我国电商平台反侵权假冒趋势报告》一书，①综合分析了我国部分涉及电商平台的知识产权诉讼案件情况，得出如下结论：

（1）从地域分布来看，目前电商平台的知识产权诉讼案件主要集中在浙江省（占22.22%）、广东省（占20.41%）、北京市（占17.57%）、上海市（占15.33%）等地区。

（2）从案件性质来看，目前电商平台的知识产权案件中，民事案件占93.93%以上，其次是数量较少和占比较小的行政和刑事案件。

（3）从案件标的来看，标的额为50万元以下的案件数量最多，占全部案件的75%左右，100万元至500万元的案件占比12%，50万元至100万元的案件占比9%。

（4）审理案件由多到少的法院分别为北京市知识产权法院、杭州市中级人民法院、上海市徐汇区人民法院、广东省高级人民法院、杭州市余杭区人民法院。

（5）电商平台知识产权涉诉讼案件当事人中，大企业占了较高的比例。其中，阿里巴巴集团占比24.68%，拼多多占比9.87%，京东占比7.49%，这三家都是市场知名度较高的电商企业。其他个人、企业占比58%。

以上是全国范围内电子商务平台涉及知识产权的部分案件的统计情况。作为网络服务提供者的典型代表之一，以2014—2018年阿里巴巴所在地、浙江省法院审结的涉电商平台知识产权案件为例进行分析，可以得出如下结论：②

（1）商标权案件占比最高。在2014年至2018年法院审结的12731件司法案件中，商标权的案件为4740件，占比为37.23%，侵权形态主要体现为通过电商平台销售假冒商品，或在平台的商家页面上使用了他人的注册商标；著作权案件

---

① 北京反侵权假冒联盟、浙江省知识产权研究与服务中心：《2020我国电商平台反侵权假冒趋势报告》。网站地址：http://caasa.org.cn/article/1734.html，2021年1月10日访问。
② 数据引自：浙江省高级人民法院联合课题组《关于电商领域知识产权法律责任的调研报告》，载《人民司法（应用）》2020年第7期。

占比为36.74%；专利权案件占比为24.42%；不正当竞争案件占比为0.60%。

（2）在大部分案件中，电商平台都作为共同侵权的被告。在绝大部分案件中，权利人往往以电商平台构成帮助侵权为理由，将其一同作为共同被告提起诉讼，在少量案件中则直接以电商平台为直接侵权的主体提起诉讼。

（3）诉讼的最终结果，电商平台被法院判决实际承担连带赔偿责任的案件很少。权利人起诉电商平台的目的，往往在于督促其尽快制止平台内商家的侵权行为，或者将其作为司法管辖的连接点，很多权利人在确认平台内的侵权商品链接已被电商平台删除后，就撤回了对电商平台的起诉，或者选择放弃对电商平台的诉讼请求。

（4）判决电商平台实际承担停止侵害责任和损害赔偿责任的比例很低。2018年，浙江省法院审理的1443件涉电商平台知识产权一审民事案件中，判决平台承担停止侵害责任的有62件，占所有相关案件的4.3%左右，仅有1件判决平台承担损害赔偿责任。从2014—2018年浙江省的所有涉平台知识产权民事案件来看，判决平台承担损害赔偿责任的也仅有4件。

（5）恶意投诉现象严重。阿里巴巴平台治理部在其2017年公布的数据显示，一些商家或个人的恶意投诉总量，已占到阿里巴巴平台收到的所有知识产权投诉总量的24%。而究其原因，主要有以下几点：第一，与信息网络传播权相比，判断商标侵权的专业性更强，平台第一时间难以辨认通知正误；第二，平台内商家之间的商品链接排名的竞争尤为激烈，部分行为人滥用"通知—删除"规则进行不正当竞争，意图控制该类商品的销售渠道；第三，我国《电子商务法》中规定的反通知15天等待期，尤其是在"双十一""6·18"等大促活动前夕，一旦删除商品销售链接，对被通知人的利益影响极大。

（四）电子商务平台面临的恶意投诉问题

恶意通知又称恶意投诉，是指通知人以权利人的身份，在明知或应知无权通知或通知依据不充分的情况下，仍然以电商平台内商家的商品构成侵权为由向电商平台发起侵权通知,从而对被通知人即平台内的商家造成相关损失的行为。近几年来,我国的恶意投诉现象非常普遍,在一些电子商务平台上,恶意投诉甚至已经占到所有投诉数量四分之一的比例。①

《电子商务法》针对恶意投诉的行为,也规定了明确处罚措施,该法第四十二条规定:"恶意发出错误通知,造成平台内经营者损失的,加倍承担赔偿责任。"另外,2020年9月,最高人民法院在其批复②中表态:不仅是权利人,被通知人"恶意"作出不构成侵权声明而导致电子商务平台终止了必要措施,给真正的知识产权人造成损害的,也可以适用惩罚性赔偿。

1. 典型恶意投诉案

《电子商务法》实施后,首例认定为恶意投诉的司法案件是由杭州互联网法院判决的,③该案的被告江某实施了伪造印章的行为,使用虚假的身份材料和商标证书,冒用商标权人的名义,向电商平台进行了投诉,投诉平台内的商家未经授权平行进口相关商品,该案最终被法院认定为恶意投诉,判令江某赔偿商家损失210万元。

2. 遏制恶意投诉的司法策略:反向行为保全

电商平台收到权利人的投诉后,要第一时间通知被投诉人,被投诉人申诉后,再将申诉材料转通知给权利人。权利人收到转通知的申诉材料后,《电子商务法》第四十三条的规定等于给予了权利人"十五日的等待期",权利人可以考虑向法院起诉或者撤回投诉,此时电商平台才能决定是否恢复被断开的商品销售

---

① 《知识产权遭受恶意投诉,阿里首次封杀"知产流氓"》,网站地址:http://m.haiwainet.cn/middle/352345/2017/0208/content_30712565_1.html,2021年1月10日访问。
② 《最高人民法院关于涉网络知识产权侵权纠纷几个法律适用问题的批复》(法释〔2020〕9号)中规定:"因恶意提交声明导致电子商务平台经营者终止必要措施并造成知识产权权利人损害,权利人依照有关法律规定请求相应惩罚性赔偿的,人民法院可以依法予以支持。"
③ 王某诉江某、第三人淘宝公司不正当竞争纠纷案,杭州互联网法院(2018)浙8601民初868号民事判决书。

链接。但问题在于，经过通知和转通知以及十五日的等待期，可能造成网站平台内的商家丧失重要的商机，造成其难以弥补的损失，特别是针对销售旺季的热销商品而言，更是如此。

为了避免恶意投诉所带来的巨大损失，一些法院允许在提供担保的情况下针对一些季节性产品提供"反向行为保全"，裁定电子商务平台可以先予恢复被删除的销售链接。

在江苏省南京市2019年判决的案件①中，（1）被告电子商务平台天猫公司认为被投诉商品不构成侵权，直到权利人提起诉讼之后再次投诉，被告天猫公司才采取了删除销售链接的措施。（2）根据当事人之间举证和质证有关情况，并结合权利人持有的另一项实用新型专利已经被宣告无效的情况，法院初步判断被告的商品侵权可能性较小。（3）被诉侵权产品的销量有赖于口碑的积累和商誉的保持，且该产品是蚊帐，因此其销售周期也具有较强的季节性，"6·18"活动的前夕是其非常重要的销售节点。鉴于其构成侵权的可能性不高，且不及时恢复销售链接将造成难以弥补的商誉损失和交易机会的丧失。（4）被告商家同时也提供了现金上的担保。基于上述四点理由，法院裁定被告天猫公司立即恢复被告平台内商家两款涉案被诉侵权蚊帐产品在天猫网购平台上的销售链接。

近期，最高人民法院也认可了通过"反向行为保全"恢复电商平台链接的做法。2020年11月，最高人民法院知识产权法庭在收到当事人申请后的26小时内裁定了行为保全，责令被告天猫公司立即恢复申请人在"天猫网"上诉侵权产品的销售链接。该案也系最高法院作出的首例涉恢复电商平台销售链接的行为保

---

① 郑州曳头网络科技有限公司与丁晓梅、浙江天猫网络有限公司等侵害外观设计专利权先予执行案，江苏省南京市中级人民法院（2019）苏01民初687号民事判决书。

全裁定案。①

（五）新技术对涉电商平台知识产权执法标准的影响

《电子商务法》中规定了电子商务平台对经营者的身份、地址、联系方式、行政许可等真实的信息进行核验、登记并报送的义务。除此之外，该法第八十四条规定，电子商务平台经营者对平台内经营者实施侵犯知识产权行为未依法采取必要措施的，由有关知识产权行政部门责令限期改正。

虽然目前没有接触到适用该法第八十四条对电子商务平台进行行政处罚的案件，但是，随着全国范围内统一的知识产权保护信息化系统和保护监测信息网络的筹建，以及目前对行政执法标准的最新政策精神，未来发生变化的可能性明显增大。

1. 统一的电子商务领域知识产权保护信息化系统的建立

2019年，中共中央办公厅、国务院办公厅印发的《关于强化知识产权保护的意见》中规定："建立健全全国知识产权大数据中心和保护监测信息网络，加强对注册登记、审批公告、纠纷处理、大案要案等信息的统计和监测。建立知识产权执法信息报送统筹协调和信息共享的机制，加大信息集成力度，提高综合研判和宏观决策的水平。"

不仅仅是前述国家层面的知识产权保护检测信息网络，国家知识产权局近期公布的政策性文件②中也提到了要尝试建设统一的电子商务领域知识产权保护信息化系统，即要"针对电子商务平台跨地域经营的特点，研究建设统一的电子商务领域知识产权保护信息化系统，对接全国主要电子商务经营网站，实现知识产

---

① 原晓爽、徐飞、郝小娟：《"双十一"前夕，最高法作出首例裁定：立即恢复电商平台链接！》，网站地址：https://mp.weixin.qq.com/s/ML3iPh1HO8q6ZCk-Y-CGGg，2021年1月10日访问。
② 国家知识产权局印发《关于深化知识产权领域"放管服"改革营造良好营商环境的实施意见》的通知（国知发服字〔2020〕1号）。

权权属在线确认和在线监管等功能"。在这份政策性文件中，除了电子商务领域，版权领域也要"建立社会化网络版权保护监测机制"。

2. 基于全国统一化知识产权信息系统的行政执法标准的变化

基于前述强大的知识产权信息网络监测体系的建设愿景规划，中央对电子商务领域的行政执法标准也提出了更高的要求。中共中央政治局 2020 年 11 月 30 日下午就加强我国知识产权保护工作举行了第二十五次集体学习，强调"要加强知识产权信息化、智能化基础设施建设，推动知识产权保护线上线下融合发展"，"要促进知识产权行政执法标准和司法裁判标准统一，完善行政执法和司法衔接机制"。

所以前述《电子商务法》第八十四条关于电子商务平台的知识产权行政责任，虽然目前行政机关很少适用该条款进行执法，但未来在"全国知识产权保护信息监测体系＋行政执法标准和司法裁判标准统一"的双重要求下，一旦知识产权信息监测体系建立，其行政执法标准也极可能随之变化。

（六）新技术运用带来电商平台侵权民事责任判断的新问题

互联网技术的快速发展和应用，也带来了更为隐蔽的新型商标侵权方式，立法、司法乃至执法机关如何予以认定和解释，是当前面临的重要课题。譬如对于隐性使用竞争者商标作为付费搜索广告关键词的行为，如何认定其性质，是否构成侵权，国内法院的判决持不同观点。甚至有的地方法院判决电子商务平台也要承担相应的民事责任。

1. 北京地区法院否定侵权的判决 [①]

法院认为，被告公司在设置百度推广服务关键词时，将"慧鱼"设置成关键词，因此网络用户搜索"慧鱼"相关的词语时，在搜索结果页面上显示出被告

[①] 费希尔厂有限责任公司等诉北京百度网讯科技有限公司等侵害商标权纠纷上诉案。一审：北京市第一中级人民法院（2011）一中民初字第 9416 号；二审：北京市高级人民法院（2013）高民终字第 1620 号。

设置的网页链接地址。但是这一行为属于在计算机系统内部进行操作，并没有将"慧鱼"这一关键词向作为公众的网络用户展示，没有起到区别商品来源的作用，不属于商标法意义上的使用行为。因此，被告的行为不构成侵权。二审法院也维持了一审判决。

2. 上海地区法院肯定侵权的判决①

在该案中，原告公司是小说《凡人修仙传》的著作权人，也拥有"凡人修仙传"的商标，同时是国内著名文学门户网站"起点中文网"的运营商。被告公司是"风云无双"游戏的经营者，也是该游戏网站的运营商。被告公司在搜狗搜索中设置"凡人修仙传同名游戏"的关键词推广链接，网络用户搜索相关内容时会被链接到与"凡人修仙传"无关的被告公司运营的游戏网站中。对于这样一起将他人商标设置为搜索引擎的关键字从而引发推广链接是否侵犯商标权的案件，法院认为这种设置网页关键词的行为同样发挥了指示商品来源的作用，属于商标使用行为，应当构成侵权。

3. 电子商务平台存在构成侵权的风险

对于电子商务平台是否应承担责任的问题，天津地区的一审和二审法院给出了不同的答案。

直接侵权人在被告百度推广过程中，未经原告许可，擅自将原告注册商标"华夏未来"作为在被告百度搜索引擎系统中链接其网站的关键词，可能导致相关公众误认为该链接指向的网站及网站提供的舞蹈培训服务与原告华夏未来基金会有关。

一审法院②认为，《百度推广服务合同附件》及公示的《百度推广服务合同》中并没有对其注册的关键词及存在搜索引擎系统中的标题、描述性文字内容作出

---

① "凡人修仙传"商标侵权纠纷案，上海市浦东新区人民法院（2015）浦民三（知）初字第141号民事判决书。
② 天津市和平区人民法院（2013）和知民初字第0298号民事判决书。

任何禁止侵犯他人知识产权的警示内容,应当承担审查义务方面不作为的法律责任。判决被告百度公司对涉案的损害后果承担相应的补充责任,即首先由直接侵权人对原告华夏未来基金会承担全部的赔偿责任,如果直接侵权人无力承担,或不足以承担全部赔偿责任时,则由被告百度公司在该赔偿范围内承担相应的补充赔偿责任。

二审法院[1]则不同意一审的观点,认为:被告百度公司对直接侵权人后续添加的关键词、链接标题及描述并没有全面审查义务。首先,直接侵权人添加的关键词及链接的标题及描述的内容是否侵犯他人商标权,与其添加的内容与他人商标是否相同或相似,以及其使用是否可能给消费者造成混淆相关,作为被告的百度公司并不具有对此进行判断的能力。其次,推广用户后续随时可能添加、修改关键词、链接标题及描述,利用关键词工具一次可以添加的关键词多达500个,百度公司实际上无法对如此众多的关键词及链接标题、描述逐一进行审查。尽管如此,若权利人就其商标权对被告百度公司作出声明,被告百度公司能够通过过滤等技术手段以低成本预防和制止侵权行为的发生,此时被告百度公司的注意义务应包含主动、及时采取必要的措施防止侵权。权利人华夏未来未举证证明其作出了权利声明,也未证明搜索结果页面存在明显的侵权信息。因此,法院认为被告百度公司已经尽到审查义务,不构成侵权。

---

[1] 天津市第一中级人民法院(2014)一中民五终字第0020号民事判决书。

第六章
网络知识产权保护

一、网络知识产权概述

（一）知识产权内容

知识产权是指人们对智力创造成果和经营标记、信誉所依法享有的专有权利。传统的知识产权主要包括著作权、专利权、商标权。随着科学技术的发展，知识产权增加了新的保护客体，知识产权的内容得到了扩展。现代知识产权制度除了包括上述传统权利内容外，还包括反不正当竞争权、集成电路布图设计权、植物新品种权等内容。

1.著作权

著作权是作者对其创作的文学、艺术和科学技术作品所享有的专有权利，既包括发表权、署名权、修改权、保护作品完整权等人身权利，也包括复制权、发行权、出租权、展览权等财产权利。著作权中的人身权由于具有极强的人身属性，专属于作者本人，但其中的财产权益可以继承或转让，使财产权在流通中获得最大价值。在取得方式上，区别于工业产权的申请取得，著作权为自动取得，作者自创作完成之日起对作品享有著作权。

著作权保护的客体是具有独创性的表达,在判断某一作品是否落入著作权保护范畴时要进行形式和实质的双重判断。在形式要件上,要坚持思想表达二分法,著作权不保护抽象意义的思想,只保护特定思想的具体表达。此外,《著作权法》第三条对作品形式进行了限定,著作权意义上的作品需要满足上述形式要件。在实质要件上,著作权不保护一般意义的劳动,只有作品的具体表达体现了作者独特的安排和取舍,才符合著作权保护客体的实质要件。

2. 专利权

专利权是专利权人独占使用、收益、处分其发明创造,并排除他人干涉的权利,具体包括发明、实用新型、外观设计三种。发明和实用新型虽都属于新的技术方案,但发明适用于产品、方法或其改进,而实用新型仅针对产品。

与著作权的自动取得不同,专利权的取得需要主动申请。专利申请需满足书面申请原则、在先申请原则、单一性原则。申请人按照要求提交专利申请文件后,专利行政部门对申请文件进行审查和批准。对于发明和实用新型,授权专利权的实质条件为新颖性、创造性和实用性。新颖性要求专利申请不属于现有技术,在申请日之前不为公众所熟知。此外,新颖性还需满足不存在抵触申请的条件即没有任何单位或者个人,就同样的发明或者实用新型在申请日以前向国务院专利行政部门提出过申请,并记载在申请日以后公布的专利申请文件或者公告的专利文件中。创造性对于发明和实用新型在程度上有所区别,与现有技术相比,发明应具有突出的实质性特点和显著的进步,实用新型应具有实质性特点和进步。突出的实质性特点要求在所属技术领域技术人员看来,其创造性相对于现有技术是非常明显的;显著的进步要求发明与现有技术相比能够产生有益的技术效果,如发明克服了现有技术存在的缺点和不足,或为解决某一技术问题提供了不同构思的技术方案,或代表某种新的技术发展趋势。实用性要求发明或者实用新型能够制造或者使用,并且能够产生积极效果。与发明、实用新型相比,外观设计的授权要求程度较低,只需满足新颖性,且不与他人在先权利相冲突即可。

3. 商标权

商标是用于标示商品或服务来源、担保商品或服务质量的标记。商标权是商标权人对其注册商标享有的专有权。显著性是商标获得注册的实质要求。一般而言，任意的、暗示性的文字或图形具有显著性，纯粹描述性文字或图形不具有显著性。此外，即使商标没有固有显著性，也可通过长期使用获得显著性，使特定产品和服务与他种产品和服务有区别，达到识别来源及质量担保的功能。

4. 其他知识产权

除了著作权、专利权、商标权之外，地理标志、商业秘密、反不正当竞争等也属于广义的知识产权保护范畴。对于上述知识产权内容的保护，除了通过《著作权法》《商标法》等设权模式加以保护外，也可通过侵权、合同、反不正当竞争等模式进行保护。

（二）知识产权权利属性及特征

知识产权作为一种私权，具有专有性的制度特征。知识产权利益专门由特定权利主体享有，该特定主体对知识产权享有排他权利。在承认知识产权私权属性的同时，知识产权也具有公共政策属性。知识产权作为无形财产，多属于思想领域范畴，为了给公有领域留有"足够好足够多"的东西，有必要对知识产权进行适当安排。因此，知识产权具有地域性和时间性的特征。通过限定知识产权的地域范围和时间期限，平衡知识产权的私权属性与公共政策属性的矛盾。

（三）网络知识产权特征

网络知识产权是网络环境背景下产生或与之相关的知识产权。网络环境的应用，扩大了知识产权的外延。网络知识产权除了具有传统知识产权无形性、专有性等特征外，还具有其独有的特点如无形性更明显、共享性与专有性之间的矛盾关系更突出、客体范围扩大、地域性更淡薄、保护期限可能缩短等特点。

传统知识产权依附于一定的有形物质载体，而计算机技术的发展使得网络知识产权的载体转化为以信息的数字化为基础的磁盘、光盘、光纤、各种计算机存储器等，从而呈现出无形的、非物质化特点。网络传输的特点是"无国界性"的，网络环境的应用使知识产权的"地域性"趋于减弱，知识产权的客体（智力成果）可以迅速地在各个地域范围被广泛传播。此外，网络知识产权的客体范围呈现不断扩大的趋势。网络知识产权的客体不仅包括作品、专利、商业秘密等，随着网络环境的应用还出现了一些新客体如网络著作权中，其客体不仅包括单纯的文字作品、图形作品、摄影作品、影视作品等，还包括集文字、图形、声音、FLASH 动画于一体的多媒体作品。

网络环境的应用可能导致知识产权的受保护时限缩短。知识产权有其法定保护期限，超过这一期限即进入公有领域，丧失专有权。知识产权保护时限制度在保护权利人一定时期内享有对已公开的智力成果的专有权的同时，避免产生因权利人长期垄断妨碍科技进步和文化传播的弊病。由于计算机技术的发展和网络环境的应用，信息的传播速度和覆盖范围获得飞速发展，这可能导致原本已获得知识产权保护的权利客体由于广泛传播而快速进入公有领域，如在商标领域，若注册商标由于广泛地传播和使用成为某一商品或服务的通用名称，则丧失其新颖性，无法继续获得专有权的保护。

二、网络知识产权保护

（一）立法保护

1. 著作权的立法保护

对于著作权保护，在国内立法层面，著作权的现行法律框架如下：法律层面主要有《著作权法》，行政法规层面主要包括《著作权法实施条例》《计算机软件保护条例》《信息网络传播权保护条例》《著作权集体管理条例》《实施国际著作权条约的规定》等。此外，《刑法》第二百一十七条、第二百一十八条、第二百二十条对侵犯著作权的刑事法律责任作出了规定。

在国际条约层面，我国目前加入的国际公约主要包括《保护文学和艺术作品伯尔尼公约》《世界版权公约》《保护录音制品制作者防止未经许可复制其录音制品公约》《世界知识产权组织版权条约》《世界知识产权组织表演和录音制品条约》《与贸易有关的知识产权协议》等。

2. 专利权的立法保护

对于专利权保护，在国内立法层面，专利权的现行法律框架如下：法律层面主要有《专利法》，行政法规方面主要包括《专利法实施细则》《专利代理条例》《专利代理暂行规定》《国防专利条例》等，部门规章主要包括《专利优先审查管理办法》《关于规范专利申请行为的若干规定》《专利代理管理办法》等。除了上述法律规定对专利权进行特别规范外，《刑法》第二百一十六条专门规定了侵犯专利权罪，对侵犯专利权的刑事法律责任进行了规定。

3. 商标权的立法保护

对于商标权保护，在国内立法层面，商标权的现行法律框架如下：法律层面主要有《商标法》，行政法规层面主要包括《商标法实施条例》《商标法实施细则》以及《国务院关于我国加入〈商标国际注册马德里协定〉的决定》等。此外，《反不正当竞争法》和《刑法》第二百一十三条等也对侵犯商标权的行为进行了规制。

（二）行政保护

1. 行政保护的优势

对于知识产权的保护，我国已构建了行政执法和司法保护"优势互补"的两条途径，并通过行政执法、司法裁判、仲裁调解、行业自律、社会监督等保护渠道，促进知识产权多元保护机制不断发展。

知识产权行政保护是国家行政管理机关依据有关法律规定，依照法定职权和法定程序，通过行政手段对知识产权进行全面的保护。虽然理论界对于知识产权的行政保护一直存在争议，但不可否认的是我国知识产权行政保护制度有其存在和发展的内在因素。除了我国行政权强势的历史传统外，知识产权行政保护的自身优势也是其得以发展的重要因素。

行政保护程序相对简便，具有高效率和低成本的特点。行政机关和司法机关在价值取向上有不同侧重。行政机关追求效率，而司法作为解决争议的最后一道防线，优先追求公平。价值取向的差异让知识产权的行政保护具有立案迅速、处理程序相对简便、结案迅速等优势。高效的行政保护机制同时是低成本的，能有效减少权利人的时间、金钱、精力等交易成本，在降低个人成本的同时能缓解司法资源紧张的压力。

知识产权的行政保护具有主动性，行政机关依职权主动打击侵犯知识产权的行为，保护权利人合法权益。司法保护具有被动性，法院遵循"不告不理"的司法原则，而知识产权除了涉及权利人的个人权益外，还涉及公共利益，单纯地依赖权利人主张权利，难以达到保护公共利益的目的，需要行政权主动介入以保护公共利益。此外，知识产权保护除了涉及法律问题外，还需要借助专业技术知识。知识产权行政管理部门具有人才、设备、技术等优势，能对涉及复杂技术问题的专利侵权行为和专利违法行为进行专业判断，解决司法人员缺少技术知识造成的事实及法律认定上的困难。

2.行政管理体制

我国传统的知识产权行政管理体制为多头分散管理。从主管部门来看，中央层面由国家知识产权局主管专利，国家市场监督管理总局主管商标，国家新闻出版署主管著作权；地方层面的知识产权主管更为复杂。多头管理造成部门之间职能交叉或相互推诿、重复执法现象严重，部门利益存在冲突，不利于行政相对人合法权益的保护。事实上，针对知识产权行政管理分散的问题，国家相继出台了系列政策以建立统筹协调机制。1998年，原中国专利局更名为国家知识产权局，并划入原国务院知识产权办公会议办公室职能；2004年，国务院成立保护知识产权工作组；2009年，建立国家知识产权战略部际联席会议制度。这些举措虽然在一定程度上起到了跨部门整合作用，但并未从根本上解决因多头管理导致的效率低下、规则不一等问题。

2015年12月,国务院印发的《关于新形势下加快知识产权强国建设的若干意见》,提出"有条件的地方开展知识产权综合管理改革试点"。2016年12月,中央全面深化改革领导小组第三十次会议审议通过了《关于开展知识产权综合管理改革试点总体方案》。2017年1月,国务院办公厅印发《知识产权综合管理改革试点总体方案》,确定了第一批知识产权综合管理改革试点地方,决定首批在福建厦门、山东青岛、广东深圳、湖南长沙、江苏苏州、上海徐汇区等6个市(区)级层面开展知识产权综合管理改革。该《方案》提出"科学划分知识产权部门政策引导、公共服务、市场监管职责,探索有效可行的知识产权管理体制机制。按照推进综合执法的要求,减少层次,提高效率,有效避免多层次多头执法"。2018年3月,中共中央印发《深化党和国家机构改革方案》对深化知识产权管理体制改革进行规定。提出"将国家知识产权局的职责、国家工商行政管理总局的商标管理职责、国家质量监督检验检疫总局的原产地地理标志管理职责整合,重新组建了国家知识产权局,由国家市场监督管理总局管理。重组后的国家知识产权局负责商标、专利、原产地地理标志的注册登记和行政裁决,指导商标、专利执法工作等。商标、专利执法职责交由市场监管综合执法队伍承担"。

(三)司法保护

1. 司法保护现状

司法保护是审判机关通过行使司法权解决争议的途径,也是解决纠纷的最后一道防线。在"双轨制"解决知识产权纠纷的体制下,知识产权的行政保护虽然具有高效率、低成本的优势,但应充分发挥司法保护的体制机制性优势,妥善处理司法保护和行政保护之间的关系,强化对行政执法行为的程序审查和执法标准的实体审查,在依法支持行政执法行为的同时,加强监督,严格规范。

在审理案件数量上,人民法院以民事审判为基础,行政审判和刑事审判并行发展,公正高效地审理大量知识产权案件。2013年至2021年6月,全国法院受理各类知识产权一审案件218.1万件，审结206万件。其中，审结专利案件14.3万件，著作权案件131.6万件，商标案件43.7万件，技术合同案件1.8万件。①

我国知识产权审判机制逐步健全。1995年10月，最高人民法院成立知识产权审判庭。2014年11月起，北京、广州、上海的知识产权法院相继成立。2017年初，南京、苏州、成都和武汉的知识产权专门审判机构先后设立。2016年7月，知识产权民事、行政和刑事案件审判"三合一"在全国法院推行。技术调查官以及司法鉴定、专家辅助人、专家咨询等技术事实查明多元化机制初步形成。

在司法政策上，我国知识产权司法政策不断完善。最高人民法院通过制定司法政策指导审判实践，确保不同时期、不同地区、不同领域知识产权创造、运用和交易纠纷解决的法律适用标准统一透明，切实有效。2013年至2021年6月，最高人民法院共制定知识产权司法解释19件、司法政策性文件11件，发布指导性案例30个。②

2. 司法保护要点

（1）诉前临时措施

为了防止侵权损害结果的扩大化，权利人或利害关系人在提起诉讼前通常会提出诉前临时措施的请求。广义的知识产权案件诉前临时措施包括财产保全、行为保全、证据保全等；狭义的诉前临时措施仅指行为保全。知识产权案件诉前临时措施是命令侵权人停止有关的涉嫌侵权的行为，如不生产、不销售涉嫌侵权的产品。

2012年修订的《民事诉讼法》在原来民诉法的"财产保全和先予执行"一章，引入了行为保全，第一百条第一款规定"人民法院对于可能因当事人一方的

---

① 最高人民法院：《最高人民法院关于人民法院知识产权审判工作情况的报告》，2021年10月21日，第十三届全国人民代表大会常务委员会第三十一次会议。
② 最高人民法院：《最高人民法院关于人民法院知识产权审判工作情况的报告》，2021年10月21日，第十三届全国人民代表大会常务委员会第三十一次会议。

行为或者其他原因，使判决难以执行或者造成当事人其他损害的案件，根据对方当事人的申请，可以裁定对其财产进行保全、责令其作出一定行为或者禁止其作出一定行为；当事人没有提出申请的，人民法院在必要时也可以裁定采取保全措施"。此外，知识产权相关的实体法中也对知识产权案件中诉前临时措施作出了规定。《著作权法》第五十六条规定："著作权人或者与著作权有关的权利人有证据证明他人正在实施或者即将实施侵犯其权利、妨碍其实现权利的行为，如不及时制止将会使其合法权益受到难以弥补的损害的，可以在起诉前依法向人民法院申请采取财产保全、责令作出一定行为或者禁止作出一定行为等措施。"《专利法》第七十二条规定："专利权人或者利害关系人有证据证明他人正在实施或者即将实施侵犯专利权、妨碍其实现权利的行为，如不及时制止将会使其合法权益受到难以弥补的损害的，可以在起诉前依法向人民法院申请采取财产保全、责令作出一定行为或者禁止作出一定行为的措施。"《商标法》第六十五条规定："商标注册人或者利害关系人有证据证明他人正在实施或者即将实施侵犯其注册商标专用权的行为，如不及时制止将会使其合法权益受到难以弥补的损害的，可以依法在起诉前向人民法院申请采取责令停止有关行为和财产保全的措施。"司法实践中，法院根据案件具体情况裁量决定是否采取诉前临时措施。北京海淀法院在百度诉奇虎案中发布禁令，[①] 要求奇虎立即删除其在 360 搜索官方微博上发布的"百度广告吐槽大会"相关内容；在优酷诉优视案中裁定优视科技等公司应停止提供 UC 浏览器"页面视频下载"功能下载优酷网视频的行为。

上述法律虽然肯定了知识产权案件诉前临时措施的合法性，但由于法律规定的概括性使行为保全和财产保全之间的界限过于模糊，且法律没有直接规定行为保全即临时禁令具体的执行方法，实践中法院难以把握具体标准，运用较少。实践中，权利人出于保险，会申请多重临时措施，对相同的对象同时提出停止侵权

---

① 北京市海淀区人民法院民事判决书（2014）海民初字第 5724 号。

行为、财产保全和证据保全的申请，既加重了权利人的负担，也难免造成司法资源的浪费。

(2) 网络服务提供商侵权责任问题

我国对网络服务提供商承担知识产权侵权责任实行过错责任原则。如何准确地界定网络服务提供商的"过错"，与该网络服务提供商是否履行了注意义务相关。一般来说，网络服务提供商如果不承担对其系统或网络的监控义务即被认定为未尽到合理的注意义务，在具体案件中网络服务提供商注意义务的判定与其提供的具体服务内容与性质、对侵权信息监控的权利与能力大小、参与行为的程度、范围等因素有关。

按照网络服务提供商履行注意义务的时间点，可将其注意义务分为事先注意义务与事后注意义务。由于网络空间存在海量用户及数据，网络服务提供者一般不负有对网络用户上传内容进行事先审查、监控的事先注意义务，但这不意味着网络用户提供者对网络用户的侵权行为可以不加任何干预和限制。网络服务提供者对其平台上传的作品是否侵权不做实质性审查，但一旦收到权利人有关平台内容侵权的通知，需协助权利人清除侵权内容，否则要为自身的不作为承担侵权责任。在承担事后注意义务的一般情况外，如果网络服务提供者明知或者根据一般的注意义务应知侵权行为的存在而未采取相应措施，即使其经权利人通知删除侵权内容之后，也不能免除其侵权责任的承担。

事先注意义务与事后注意义务类似美国知识产权保护的"红旗原则"与"避风港原则"。我国立法中也对上述原则进行了借鉴。《信息网络传播权保护条例》第二十三条规定："网络服务提供者为服务对象提供搜索或者链接服务，在接到权利人的通知书后，根据本条例规定断开与侵权的作品、表演、录音录像制品的链接的，不承担赔偿责任；但是，明知或者应知所链接的作品、表演、录音录像制品侵权的，应当承担共同侵权责任。"

(3) 网络知识产权案件的举证、质证

网络知识产权案件的证据多为计算机数据，与传统的证据类型相比，具有脆弱性、隐蔽性等特点。计算机数据的脆弱性使网络知识产权案件证据的真实性受到挑战。由于计算机信息以数字信号的方式存在，存在被截取、删减、剪接等风险。此外，人员操作、系统网络环境等因素都会对计算机数据造成影响。同时，由于计算机数据是以二进制编码表示的，相对传统有形介质更具隐蔽性。从另一角度看，网络空间的虚拟性加剧了主体与证据归属关系的模糊性，造成难以准确判断侵权主体并有效收集证据的问题。

由于网络知识产权侵权案件证据的脆弱性、隐蔽性对证据收集造成的认定上的困难，证据收集要避免上述问题，保证证据收集的可行性及客观真实性。公证是实践中收集计算机数据的通常做法。《民事诉讼法》第七十二条规定："经过法定程序公证证明的法律事实和文书，人民法院应当作为认定事实的根据，但有相反证据足以推翻公证证明的除外。"为了及时固定证据，当事人可通过中立的第三方机构对证据进行全面取证，由公证机关按照法定程序对该次公证的时间、地点、操作方法等具体内容进行记录，形成公证文书。此外，由于网络服务提供商的技术支持主体地位，网络用户的传播行为会在其计算机系统留下记录。因此，网络用户提供者相对权利人而言，对于网络用户的侵权行为掌握更直接、全面的证据材料。在权利人因客观情况无法取证时，网络服务提供者应给予必要的便利，协助权利人收集、固定证据。权利人个人通常无法直接要求网络服务提供商进行取证，为了平衡权利人合法权益与网络服务提供商的正常经营秩序，从经济的角度考虑，在具体案件中通常为人民法院等国家机关直接与网络服务提供商联系，通过发送书面《调查令》或《协助调查函》等形式进行沟通接洽。《互联网信息服务管理办法》第十四条规定："从事新闻、出版以及电子公告等服务项目的互联网信息服务提供者，应当记录提供的信息内容及其发布时间、互联网地址或者域名；互联网接入服务提供者应当记录上网用户的上网时间、用户账号、互联网地址或者域名、主叫电话号码等信息。互联网信息服务提供者和互联网接入服务提供者的记录备份应当保存 60 日,并在国家有关机关依法查询时,予以提供。"该办法为规范网络信息服务商的信息管理和协助人民法院调查取证提供了明确依据,但具体实施措施还需配套法律规范予以细化。

(四)调解机制

网络知识产权纠纷除了通过行政保护、司法保护途径解决外,还可通过调解方式解决。《专利法》第六十条以及《专利法实施细则》第八十五条、第八十六条对可进行调解的专利纠纷的范围、调解与专利行政部门的衔接作出了规定。

加强网络环境下的知识产权司法保护,充分发挥行业协会在知识产权纠纷中的调解作用,积极推动诉调对接机制的完善与发展,是人民法院积极贯彻"调解优先、调判结合"工作原则,更好地化解社会矛盾,稳定社会秩序的需要。创新和完善"大调解"工作机制,对于缓解审判工作压力,实现司法和谐具有十分重要的意义。

中国互联网协会是我国互联网从业者的社团组织,对营造和引导良好的知识产权环境,建设健康、文明、和谐的网络环境承担行业责任。互联网调解中心在互联网企业纠纷双方当事人自愿平等的前提下,依据法律法规,对涉及网络的知识产权纠纷在诉讼、行政调处之外进行调解。互联网协会调解中心的调解具有群众性、民主性、自治性、专业性、公益性等特点。调解中心对于网络知识产权纠纷案件的调解工作在诸多方面体现了互联网企业的特点。一方面,调解中心通过聘任专职调解员和兼职公益调解员对诉讼和非诉讼纠纷进行调解。另一方面,为了充分发挥互联网企业的自律与深度参与,调解中心在调解员调解的基础上设立了企业纠纷联络人制度,通过涉案企业指定的联络人对其涉及的纠纷进行针对性快速处理,加大加快调解的覆盖范围和及时性。

2017 年 12 月 19 日,中国专利保护协会成立知识产权纠纷人民调解委员会,调解委员会的成立将完善知识产权纠纷多元化解机制,破解知识产权保护周期长、成本高等难题,为知识产权纠纷提供快速、灵活的解决渠道。人民调解作为构建知识产权"大保护"工作格局及知识产权纠纷多元解决机制的重要一环,与知识产权行政、司法保护等途径形成合力,为相关产业的发展保驾护航。

三、食品药品领域网络知识产权司法保护

(一)食品药品领域网络知识产权司法保护概述

食品药品是人民的基本生活需求,食药安全性关系到人民群众的生命健康,涉及广泛的公共利益。面对食药领域巨大、持续的市场需求及利润,部分生产商、销售商为了销售其商品,恶意仿冒质量及信誉良好企业的商品,使消费者误以为二者之间存在特定关系或将该仿冒产品认定为名优产品。类似行为扰乱了正常的市场秩序,也使消费者的生命健康存在被侵害的风险。

2017年11月,原国家食品药品监管总局印发《食品、保健食品欺诈和虚假宣传整治工作实施方案》,将未经许可生产经营食品和保健食品以及食品和保健食品标签虚假标识违法行为,利用网络、会议营销、电视购物、直销、电话营销等方式违法营销宣传、欺诈销售食品和保健食品违法行为,未经审查发布保健食品广告以及发布虚假违法食品、保健食品广告违法行为,食药监、质检等监管部门在食品、保健食品欺诈和虚假宣传等问题监管方面的不作为、乱作为等行政违法行为列为整治重点,并对涉嫌食品、保健食品欺诈和虚假宣传行为制定了专项整治抽检监测工作方案。[1] 2018年1月,最高检下发《关于加大食药领域公益诉讼案件办理力度的通知》,重申了上述重点整治问题。该《通知》同时强调,要结合加强食品药品安全领域质量安全公益诉讼工作,重点关注食品药品安全领域进出口商品质量方面存在的假冒伪劣、隐瞒缺陷或不按规定召回等违法行为。[2]

网络环境下,食药领域知识产权侵权案件主要集中在侵犯注册商标专用权方

---

[1] 原国家食品药品监管总局:《食品、保健食品欺诈和虚假宣传整治工作实施方案》,2017年。
[2] 最高人民检察院:《关于加大食药领域公益诉讼案件办理力度的通知》,2018年。

面。侵犯注册商标专用权是一种侵权行为,需要解决侵权责任认定、责任主体及责任范围确定的问题。同时,由于网络环境的特殊性,网络平台作为网络服务提供者,其在网络商标侵权中的责任问题也存在争议。下文将通过具体案例对网络商标侵权问题及网络平台责任展开讨论。

(二)食药领域网络知识产权司法保护案例分析

1. 网络商标侵权问题 [北京庆丰包子铺与来货宝（北京）商贸有限公司、稻香村（玉田）食品有限公司等侵害商标权纠纷案]

(1) 基本案情。2014年至2015年,市场上出现速冻的"庆丰包子"。北京庆丰包子铺声明其未推出速冻包子产品,目前市场上所销售的袋装"速冻庆丰包子"并非其生产或授权生产。北京庆丰包子铺于2016年9月向北京知识产权法院提起诉讼,认为被告御品庆丰（唐山）食品有限公司（以下简称御品庆丰公司）、稻香村（玉田）食品有限公司（以下简称稻香村公司）未经其许可,生产、销售与其驰名商标高度近似的商标的产品,并且实际导致了相关公众的混淆误认,被告来货宝（北京）商贸有限公司（以下简称来货宝公司）未经许可擅自销售侵权产品,三被告的行为侵害了原告的商标专用权。此外,御品庆丰公司、稻香村公司还侵害了原告的企业字号权,构成不正当竞争。原告主张被告实施的侵犯商标权的行为包括：行为一,被告御品庆丰公司生产、被告稻香村公司监制的速冻包子使用"御品庆丰"文字；行为二,被告来货宝公司在其经营的超市销售上述被诉侵权的商品；行为三,被告稻香村公司在其网站上展示带有"庆丰包子"标志的速冻包子；行为四,被告稻香村公司监制的带有"庆丰包子"标志的速冻包子在淘宝网、京东商城销售。北京庆丰包子铺向法院提交四份公证书证明被告实施了被诉侵权行为。[1] 要求三被告承担停止侵权、消除影响、赔偿损失及

---

[1] 涉案公证书：（2016）京国信内经证字第03576号公证书；（2016）京国信内经证字第04367号公证书；（2016）京国信内经证字第04367号公证书；（2016）京国信内经证字第04367号公证书。

承担为制止侵权而支付的合理费用的法律责任。

（2）争议焦点。案件的争议焦点包括：①被告涉案被诉行为是否侵害原告享有的注册商标专用权；②商标侵权损害赔偿数额确定规则。

（3）案例评析。本案侵犯商标权行为的构成要件应包括：第一，被诉行为系商标意义上的使用；第二，被诉行为使用的商品或服务与涉案商标核定使用商品或服务构成同一种或类似商品或服务；第三，被诉行为使用的标志与涉案商标标识构成相同或近似商标；第四，被诉行为容易导致消费者对商品或服务的来源产生混淆误认。商标侵权判定遵从"商标使用＋相似性＋混淆可能性"的判断路径。在商标侵权判定中，只有被诉侵权标志使用行为发挥识别商品或服务来源的作用，构成商标法意义上的使用，才需进一步判断"相似性"以及"混淆可能性"。

第一，商标意义上的使用。

如前所述，在认定被控侵权人的行为是否构成侵犯他人注册商标专用权时，需要判断被诉侵权行为是否是未经商标注册人的许可而构成的商标使用行为。《商标法》第四十八条规定："本法所称商标的使用，是指将商标用于商品、商品包装或者容器以及商品交易文书上，或者将商标用于广告宣传、展览以及其他商业活动中，用于识别商品来源的行为。"

商标由文字、图片、颜色等特定形式的符号组成。符号学说认为商标作为一种符号同样可分解为：商标标志（符形），指示的产品或服务（指称对象）和商品来源及商誉等信息（符号意义）。① 例如，"NIKE及其图"是符形，可感知的形式；指称对象是附着"NIKE及其图"的鞋、衣服等商品；"NIKE及其图"标志所蕴含的来源于耐克公司及其商誉等信息则是符号意义。商标犹如符号，是由符形、指称对象、符号意义三要素构成的有机系统，一些商标法规则的设定正是为了维护三要素之间的联系。

---

① 朱晓睿：《商标侵权中"商标使用"的认定》，载《知识产权》2017年第11期。

在消费者心理认知层面上，商标纯粹是存在于消费者心中的财产，商标仅在消费者将它们当作来源区别标志的程度上存在。① 商品的形状、颜色、气味等属性作用于消费者的感觉器官，商品的包装、广告宣传等能够在引起消费者注意的基础上加深消费者对商品的认识记忆，商品的质量、性能、使用体验则会反映在消费者购买商品时的思维过程之中，商品的商标与品牌效应则诉求与消费者的想象和情感相连接。消费者从接触商品的图形、颜色等外在特征建立对特定商品的认知，并通过对该商品或服务质量、性能等内容的体验确立对于该特定商品的评价倾向。

符号说及消费者心理认知理论均建立了特定符号与主体主观感受和评价的关联，这体现了商标区分商品来源的基本功能，也是商品及服务提供者的有力市场竞争优势。因此，在实践中，除了法律明确规定的商标意义上的使用行为，只要被诉侵权行为发挥了识别商品来源功能的作用，就应认定为商标意义上的使用。但在使用某一标志时，若仅仅是介绍、叙述本商品的通用名称，或者直接表示该商品的质量、主要原料、功能、用途、重量、数量、产地及其他特点，不具有识别商品来源功能的，就不属于商标意义上的使用。

本案中，原告于北京市房山区长阳镇加州水郡文化广场西区华联生活超市购买的三袋速冻包子包装正面显示有"御品庆丰"文字，字体较大，能够起到识别该商品来源的作用，虽然被告辩称该包装左上方有字体较小的"御厨坊"文字，然而，商品包装上一项商业标识的存在并不能否认其他标识无法起到区分商品来源作用，同一包装上显示一项以上商业标识的情形在市场实际中确实存在，并且在本案中，比较"御品庆丰"和"御厨坊"文字，字体大小差异较为明显，字体较大的"御品庆丰"在商品包装上起到更加显著的识别效果，容易使得消费者用

---

① See Richard L. Kirkpatrick, Likelihood of Confusion in Trademark Law, at xx (2000) from Barton Beebe, Search and Persuasion in Trademark Law, 103 Michigan L. Rev. 2020, 2021 (2005).

以识别该商品来源，故被诉侵权商品上对"御品庆丰"文字的使用属于商标意义上的使用行为。

第二，认定商品或者服务类似的判断。

《商标法》第二十二条第一款规定："商标注册申请人应当按规定的商品分类表填报使用商标的商品类别和商品名称，提出注册申请。"《商标法实施条例》第十三条第一款规定"申请商标注册，应当按照公布的商品和服务分类表填报"。

我国商标注册申请需要确定商标类别并填写《类似商品和服务区分表》（以下简称《区分表》）。《区分表》的作用在于在商标申请时指定商标和服务范围，统一商品和服务分类，方便商标检索、查询和行政管理。但《区分表》中对商品和服务类别的确定并不是认定同一或类似商品的绝对依据。《最高人民法院关于审理商标民事纠纷案件适用法律若干问题的解释》第十二条、《最高人民法院关于审理商标授权确权行政案件若干问题的意见》第十五条均规定，认定商品或者服务是否类似应当以相关公众对商品或者服务的一般认识综合判断，《区分表》仅作为判定类似商品或者服务的参考。《区分表》在说明中也指出"认定商品或服务是否类似，应以相关公众对商品或服务的一般认识综合判定"。"相关公众对商品或服务的一般认识"存在较强的主观色彩，为了减少判定时的不确定性，《最高人民法院关于审理商标民事纠纷案件适用法律若干问题的解释》第十一条规定："商标法第五十二条第（一）项规定的类似商品，是指在功能、用途、生产部门、销售渠道、消费对象等方面相同，或者相关公众一般认为其存在特定联系、容易造成混淆的商品。"

本案中，原告在第30类"馅饼、包子"等商品上享有第8988464号"庆丰及图"组合商标，该商标于2014年4月28日获准注册。被诉侵权商品速冻包子与原告商标三核定使用的"包子"商品属于同一种或类似商品。

第三，相同或近似商标的认定。

《最高人民法院关于审理商标民事纠纷案件适用法律若干问题的解释》第九

条规定：商标相同是指被控侵权的商标与原告的注册商标相比较，二者在视觉上基本无差别；商标近似是指被控侵权的商标与原告的注册商标相比较，其文字的字形、读音、含义或者图形的构图及颜色，或者其各要素组合后的整体结构相似，或者其立体形状、颜色组合近似，易使相关公众对商品的来源产生误认或者认为其来源与原告注册商标的商品有特定的联系。

同时，《最高人民法院关于审理商标民事纠纷案件适用法律若干问题的解释》第十条还对认定的基本原则作出说明：一是以相关公众的一般注意力为标准；二是既要进行对商标的整体比对，又要进行对商标主要部分的比对，比对应当在比对对象隔离的状态下分别进行；三是判断商标是否近似，应当考虑请求保护注册商标的显著性和知名度。

本案中，"御品庆丰"完整包含了原告商标"慶豐"和"庆丰包子铺及图"的主要识别部分，虽然商标二文字"慶豐"为繁体字，然而其读音与"庆丰"相同，且原告的两件商标具有较高知名度，故消费者容易认为"御品庆丰"与"慶豐""庆丰包子铺及图"存在一定关联，从而对商品和服务的来源产生混淆误认，"御品庆丰"与"慶豐""庆丰包子铺及图"构成近似商标。

第四，混淆标准。

混淆的可能性指的是相关消费者在施以一般注意力的情况下，是否会对两个商标产生误认，包括直接混淆与间接混淆。直接混淆，指消费者无从分辨产自不同企业的商品。间接混淆，包括从属、赞助和联系混淆，消费者虽然很清楚某商标标识的商品不是由某一企业直接生产，但可能认为该企业与实际生产者之间存在某种许可、赞助、参股、控股或其他关系。

《商标法》第五十七条对侵害注册商标专用权的行为进行列举，但由于现实情况的复杂性，立法无法列举所有侵害注册商标专用权的行为，因此，《商标法》对侵害注册商标专用权的行为采用了开放式立法模式。因此，需要确定商标侵权的判定标准，对实践中复杂、多样的行为进行判断。学界认为对于商标侵权的认定,主要有"混淆可能性标准"和"淡化标准"两种标准。

商标混淆理论是商标法的基本理论,"防止混淆"是防止可能导致消费者混淆的商标使用行为,是以商标混淆的可能性作为商标侵权的主要判断标准。"防止混淆"是保护商标的最佳模式,并能从根本上克服"符号保护"模式的缺陷。[①] 商标的基本功能在于区别商品和服务的来源。混淆可能性是商标混淆侵权认定的标准和权利界定的基础。"如果两种商品或市场足够分离,则两个企业可以同时使用相同的词语做商标。这就意味着,商标所有人的权利边界必须通过'混淆'这一概念才能划定。"[②] 在立法层面,《最高人民法院关于审理商标民事纠纷案件适用法律若干问题的解释》第九条第二款和第十一条在对《商标法》第五十二条第一款中的"商标近似"和"商品或服务类似"的解释中也认为,商标近似和商品或服务类似,都是指其容易造成消费者混淆。

结合相关法律及司法实践,在认定混淆可能性时主要考虑以下因素:引证商标的显著性与知名度、争议商标的使用与知名度、两商标指定商品的关联程度以及争议商标申请人的主观恶意。本案中,庆丰包子铺经过原告的长期使用和广泛宣传,使其注册商标具备了较高的知名度和影响力,被诉商标完整包含了原告商标"慶豐"和"庆丰包子铺及图"的主要识别部分,容易使消费者认为"御品庆丰"与"慶豐""庆丰包子铺及图"存在一定关联。且被告御品庆丰公司于2014年12月12日成立,被告作为食品行业的从业者对此应当知晓,在企业字号有较大范围选择的情况下,其对于在先的知名字号和商标应当给予合理的避让,然而其仍然选择与原告字号及商标相同或高度接近的文字作为字号,体现了其搭便车的主观恶意。因此,被告御品庆丰公司的商标使用行为具有混淆可能性,在符合其他商标侵权要件下,侵犯了北京庆丰包子铺的注册商标专用权,应承担相应的

---

① 邓宏光:《〈商标法〉亟须解决的实体问题:从"符号保护"到"防止混淆"》,载《学术论坛》2007年第11期。
② 彭学龙:《商标法的符号学分析》,法律出版社2007年版,第190页。

民事赔偿责任。

第五，商标侵权损害赔偿。

《商标法》及《最高人民法院关于审理商标民事纠纷案件适用法律若干问题的解释》对侵犯商标专用权的赔偿数额进行了如下规定：

①权利人履行举证责任无客观障碍时的赔偿数额确定规则。首先，商标侵权损害赔偿数额按照权利人因被侵权所受到的实际损失确定。被侵权所受到的损失，可以根据权利人因侵权所造成的商品销售减少量或者侵权商品销售量与该注册商标商品的单位利润乘积计算。其次，实际损失难以确定的，可以按照侵权人因侵权所获得的利益确定。侵权所获得的利益，可以根据侵权商品销售量与该商品单位利润乘积计算；该商品单位利润无法查明的，按照注册商标商品的单位利润计算。最后，权利人的损失或者侵权人获得的利益难以确定的，参照该商标许可使用费的倍数合理确定。对于恶意侵犯商标专用权，情节严重的，可以按照上述方法确定数额的一倍以上三倍以下确定赔偿数额。此外，赔偿数额应当包括权利人为制止侵权行为所支付的合理开支。

②权利人因客观情况举证困难情形下的赔偿数额的确定规则。人民法院为确定赔偿数额，在权利人已经尽力举证而与侵权行为相关的账簿、资料主要由侵权人掌握的情况下，可以责令侵权人提供与侵权行为相关的账簿、资料。侵权人不提供或者提供虚假的账簿、资料，人民法院可以参考权利人的主张及其提供的证据判定赔偿数额。

③上述规定均难以确定损害赔偿数额时，适用法定赔偿确定规则。权利人因被侵权所受到的实际损失、侵权人因侵权所获得的利益、注册商标许可使用费难以确定的，由人民法院根据侵权行为的情节判决给予300万元以下的赔偿。人民法院在适用该条款的规定确定赔偿数额时，应当考虑侵权行为的性质、期间、后果，商标的声誉，商标使用许可费的数额，商标使用许可的种类、时间、范围及制止侵权行为的合理开支等因素综合确定。

本案中，原告北京庆丰包子铺主张参考许可使用费及被告获利情况，提出 30 万元的损害赔偿请求。关于参考许可使用费计算损害赔偿数额，法院认为："原告主张，其在河北唐山特许经营的许可加盟费为一次性加盟费 10 万及每年 8 万元的运营管理费，被告的侵权行为自 2014 年开始持续三年，应为 10 万 +8 万 +8 万 + 8 万，共计 34 万元，超过原告在本案中主张的 30 万元。本案被诉侵权行为虽然并非开办加盟店之情形，但该许可费在一定程度上体现了原告'庆丰'商业标识的价值，可以予以参考。"关于参考被告因侵权行为的获利情况，法院认为，被告在相关报道中曾称"速冻包子产品销往家乐福、物美、永辉、沃尔玛等各大超市""庆丰速冻包子每袋售价 13.9 元，每天发货 1000 多箱，产品供不应求"等情况，原告主张根据该报道，按照每袋 13.9 元计算，20 袋为一箱，每天 1000 箱，将被告销售情况按照 200 天计算，销售数额为 5560 万元，法院认为原告的上述计算方法存在一定合理性，而被告在本案中不出庭应诉，未提交证据，亦未向法院说明其经营情况或对原告的损害赔偿计算方式提出异议，应当承担由此带来的不利后果。同时，法院综合考虑原告商标及字号的价值、被告侵权及不正当竞争行为的表现形式、侵犯客体的数量、持续的时间、主观恶意等因素，对原告的损害赔偿数额予以全额支持。

2. 网络平台法律责任

（1）基本案情

案例一：唐玉杰与盐城诚膳餐饮管理有限公司、北京百度网讯科技有限公司侵害商标权纠纷案。

唐玉杰为第 3124271 号"一闻香"注册商标的权利人，该商标经续展，目前在商标注册有效期内。原告取得上述商标后，一直授权常熟市一闻香餐饮管理有限公司用于迷踪蟹产品的门店经营与加盟许可。2016 年 6 月，经常熟市一闻香餐饮管理有限公司的客户及加盟店反映，被告盐城诚膳餐饮管理有限公司（以下简称诚膳公司）经营管理的百度搜索推广页面中存在侵权网页。原告多次要求被告关闭相关网页,但两被告均未及时处置,致使侵权行为持续发生。原告特诉至人民法院,要求被告诚膳公司、百度公司停止侵害原告注册商标专用权并承担连带赔偿责任。

案例二:张川、浙江淘宝网络有限公司网络购物合同纠纷案。

张川在淘宝平台的深圳市信康汇贸易有限公司(以下称信康汇公司)累计购买蔬果粉20瓶,总计价款3150元。张川认为涉案产品不符合食品安全标准要求退还价款3150元并按照十倍赔偿标准支付31500元,淘宝平台与信康汇公司应对上诉内容承担连带赔偿责任。一审法院判决"深圳市信康汇贸易有限公司自判决生效之日起十日内退还张川货款3150元",并驳回了其他诉讼请求。张川、淘宝公司均不服一审判决,向广州市中级人民法院提出上诉,广州市中级人民法院判决驳回上诉,维持原判。

(2)争议焦点

网络平台的法律责任。

(3)案例评析

第一,案例二中的一审、二审裁判差异。

虽然二审法院维持了一审法院的判决结果,二者均仅支持了原告退还涉案产品价款3150元,未支持其十倍赔偿的请求,但一审、二审法院对案件的事实认定和裁判理由存在较大差异。一审法院基于原告购买行为的次数、数量、涉案产品的单次服用量等因素,排除了原告在购买涉案产品时的消费者身份,因此,未支持其惩罚性赔偿请求。二审法院承认张川的消费者身份,但认为张川"既没有提交法定检验机构的检验报告,也没有证据证明涉案产品存在'有毒、有害,不符合应当有的营养要求,或对人体健康造成任何急性、亚急性或者慢性危害'的情形。张川仅凭自己对有关规定的理解推理而主张涉案产品不符合食品安全标准,证据不足,本院不予采纳"。因此,二审法院是因张川证据不足,未支持其惩罚性赔偿请求。

本案中，一审、二审法院除了对于消费者认定存在差异外，对于淘宝平台在涉案买卖合同中的地位也存在不同看法。一审法院认为淘宝公司在涉案交易中获利，因此与信康汇公司为共同经营人。二审法院认为"由于张川以网络购物合同纠纷提起本案诉讼，根据买卖合同的相对性原则，淘宝公司作为网络交易平台，并非本案买卖合同的相对人，且张川未能提供证据证明淘宝公司存在未适当履行网络交易平台服务者职责的行为，故张川要求淘宝公司承担本案连带责任，缺乏事实和法律依据。原审法院认定淘宝公司与信康汇公司属于共同经营人，淘宝公司在案涉交易中应承担相应责任欠妥，本院予以纠正"。

第二，网络平台法律责任。

知识产权维权诉讼中，权利人主要依据《商标法》《专利法》等法律规定要求涉嫌侵权人承担经济损失及合理支出的费用，而关于电商平台承担的责任部分，则是依照《侵权责任法》第三十六条的规定，要求电商平台承担连带责任。无论是因网络购物合同而产生的合同纠纷，还是因知识产权侵权而产生的侵权纠纷，平台往往都易在诉讼中被原告起诉，要求其承担连带责任。那么，在知识产权保护中，网络平台的责任边界在哪里？

网络平台的法律责任认定并非因具体案件而不同，而是由其具体地位决定。在网络推广服务中，推广服务提供者作为网络服务提供者，为推广人的推广内容按照价格等因素进行排序，为支付推广费的推广人提供推广环境，并承担适度的审查推广内容的义务。在网络交易中，买卖双方是买卖合同的当事人。此外，淘宝平台作为网络交易平台为买卖双方的交易行为提供交易场所、交易系统维护、交易支付等条件。

《侵权责任法》第三十六条第二款规定："网络用户利用网络服务实施侵权行为的，被侵权人有权通知网络服务提供者采取删除、屏蔽、断开链接等必要措施。网络服务提供者接到通知后未及时采取必要措施的，对损害的扩大部分与该网络用户承担连带责任。"该条款是"避风港原则"在我国法律中的具体体现，这一原则最初适用于版权法领域，由美国千禧年数字版权法所确立，而后逐步为各国家所接受。我国在侵权责任法的立法过程中，吸收借鉴了"避风港原则"的规定，按照该原则确定网络交易平台在网络侵权行为中的法律责任。

对于案例二，在网络交易过程中，网络交易平台并不直接提供商品的销售，而是提供连接买家和卖家的渠道。网络交易平台通过技术手段及措施对其平台上的网络商品经营者进行管理。当网络商品经营者销售侵权产品时，第三方交易平台对于其侵权行为一般不具有预见和避免的能力，特别是在平台经营者提供的商品种类繁多的情况下，其进行主动核查的能力也有限，其也不可能完全穷尽所有权利人的权利进行核查。因此，其并不因为网络商品经营者的侵权行为而当然承担侵权赔偿责任。但网络交易平台并不能以其审查能力的有限性主张绝对免责。立法上适当减轻网络交易平台的责任是从扶持平台成长、促进平台经济的角度出发，为了平衡平台方权益与购买者权益，立法需要对平台的免责作出一定限制。因此，《侵权责任法》第三十六条第三款规定："网络服务提供者知道网络用户利用其网络服务侵害他人民事权益，未采取必要措施的，与该网络用户承担连带责任。"这也体现了"避风港原则"的例外——"红旗原则"。若网络交易平台明知或应知网络商品经营者利用其平台实施侵权行为，仍然为其提供服务或者没有采取适当地避免侵权行为发生的措施的，则应当与网络商品经营者承担连带责任。

第三，通知—移除规则。

"通知与移除"规则在我国源于《信息网络传播权保护条例》针对网络信息存储空间、搜索和链接服务提供者向他人提供作品信息传播服务的网络著作权侵权纠纷进行的特殊制度设计。《最高人民法院关于审理侵害信息网络传播权民事纠纷案件适用法律若干问题的规定》第十三条、《信息网络传播权保护条例》第十四条、《侵权责任法司法解释》第六十一条等法律法规对权利人的通知作出了相关规定。具体看来应具备以下特征：在通知主体上，通知主体应为合法的知识产权权利人；在通知形式上，权利人可通过线下和线上多种形式发起维权通知，如线下通过发送律师函、拨打客服电话等，线上通过发送电子邮件、联系旺旺客服等；在通知的内容上，应包括被侵权人的主体信息、具体侵权内容的网络地址或者足以准确定位侵权内容的相关信息、证明侵权的初步证明材料。

网络服务提供者在接到通知后，有义务采取怎样的必要措施，防止损失的扩大。网络服务提供者应根据具体情况采取必要的措施：对涉嫌侵权的文字、图片、音频、视频等信息进行删除处理、通过计算机技术手段对特定的侵权信息进行屏蔽、对于无法通过局部删除内容或屏蔽信息的方式阻止其传播的侵权信息，在服务器上对链接进行断开、采取其他足以阻止侵权信息的传播的必要措施。

在案例一中，经审理查明：原告发现涉案网络搜索后，由其代理人季晓光、刘方达于2016年7月20日向百度公司、诚膳公司发送了律师函，但未附相关的权利证明及授权证明；7月26日，百度公司以电子邮件方式告知刘方达，因投诉人未能提交相关的身份证明、权利证明、委托书及侵权网络链接与截图，需要补充相关的材料方能予以处理。当日，刘方达将补充后的投诉材料以电子邮件的方式再次发送给百度公司。2016年8月5日左右，被告百度公司将诚膳公司设置的关键词与创意描述等在百度推广中移除。

在推广服务项目中，百度公司仅仅提供技术服务，既未对被告诚膳公司设置的相关信息进行主动的、人工的过滤，也无证据证明百度公司有诱导或帮助被告诚膳公司擅自添加涉案创意描述的行为。因此百度公司无教唆、帮助被告诚膳公司实施添加涉案创意描述的行为。同时，搜索引擎服务旨在方便用户快捷、准确地找到其所需要的内容，由于网络内容庞杂、数量巨大，在目前的技术条件下，搜索引擎无法对所搜索内容的合法性进行预先判断。因此，在目前的技术条件下，百度公司对被告诚膳公司擅自添加涉案创意描述也就不具备知道或应当知道的可能性。唐玉杰发现涉案侵权行为后，委托相关人员于2016年7月20日向百度公司进行投诉，但其投诉并未提交相关的权利证明、委托授权书以及侵权网页与链接等信息。因此，虽然唐玉杰有向百度公司投诉的行为，但是该次投诉属于无效投诉。因而，应以原告唐玉杰向百度公司发出有效投诉的时间考量百度公司是否在合理时间内对相关的侵权创意描述进行屏蔽、移除。唐玉杰于2016年7月26日将补充后的投诉材料发送至百度公司，百度公司于8月5日左右将诚膳公司设置的关键词与创意描述等在百度推广中移除，应认定百度公司及时采取措施防止损害的继续扩大。

第四，反通知—恢复规则。

通知—移除规则旨在通过明确、便捷的程序，平衡权利人合法权益的及时保护和网络服务提供者责任的承担。除了通过通知—移除规则使权利人向网络服务提供者进行通知，以便网络服务提供者及时采取合理措施外，还应设置反通知—恢复规则以防止权力的滥用。

《侵权责任法》第三十六条第二款明确规定了通知—移除规则，网络服务提供者基于避风港原则不必主动审查涉及侵权的信息，只需在收到被侵权网络用户有效通知后采取删除、屏蔽、断开链接等必要措施，避免进一步扩大被侵权人所受损失即可。网络服务提供者虽然尽到了"善良管理人"的义务采取了必要措施，对被侵权网络用户所受损失可以免除责任，但是如果被侵权网络用户基于故意或过失致使通知内容不实，其他网络用户的合法权益可能会受到损害，"通知—移除"规则不能免除网络服务提供者对侵权网络用户及其他网络用户的违约责任，网络服务提供者依据通知规则在采取必要措施时会存在不特定风险并陷入两难境地。因此需要设立反通知—恢复规则解决上述网络侵权责任确认中的困境。

反通知—恢复规则，是被控侵权的网络用户或其他主体通过向网络服务提供者进行意思表示，要求网络服务提供者恢复被删除的内容或链接，修正网络服务提供者因"通知"而错误删除内容的行为。反通知的权利人是通知指向的侵权网络用户和受到必要措施侵害的其他网络用户。反通知使侵权网络用户参与到"通知—移除"程序中来，侵权网络用户可以据此行使抗辩权对抗被侵权网络用户的请求权。反通知权利的义务人是网络服务提供者,网络服务提供者在接到反通知后应决定是否采取恢复措施。

反通知的发动必须以通知发动为前提,其目的在于抵消通知效力的形式,无通知则无反通知。虽然反通知的发动来源于通知人的通知,但反通知的指向对象并不是通知人,而是网络服务提供者,由网络服务提供者对反通知进行审查,以决定是否进行恢复。在形式上,和通知一样,反通知也应当为书面的并符合形式要件,有利于证据保存和提交,以及网络服务提供者针对是否恢复进行判断。

通知—移除规则存在被滥用的风险,特别是对于淘宝之类的电商平台,实践中侵权、恶意侵权并存,如果过分信任投诉人,因为投诉人的一纸通知直接将店铺商品下架,则可能让卖家失去抗辩和举证的机会,误伤商家的正常经营权。因此,有学者主张电商平台作为商业经营者,并非专业法律人员,难以对侵权与否做出专业判断,通过增设"反通知与恢复",让被投诉方有机会提出抗辩,通过"反通知"将被删除商品重新"上架",如果双方仍然存在争议,权利人可以通过诉前禁令、直接起诉、请求行政机关处理等程序另行解决。